岭南文史拾贝（第五辑）

广东省政协特约专栏文汇

广东省政协文化和文史资料委员会
羊城晚报社 编

羊城晚报出版社
·广州·

图书在版编目（CIP）数据

岭南文史拾贝：广东省政协特约专栏文汇. 第五辑 / 广东省政协文化和文史资料委员会，羊城晚报社编. 广州：羊城晚报出版社，2025.6. — ISBN 978-7-5543-1386-2

Ⅰ．K296.5-53
中国国家版本馆CIP数据核字第2025AW2487号

岭南文史拾贝：广东省政协特约专栏文汇. 第五辑
LINGNAN WENSHI SHIBEI：GUANGDONGSHENG ZHENGXIE TEYUE ZHUANLAN WENHUI. DIWUJI

责任编辑	廖文静
责任技编	张广生
责任校对	杨　群
装帧设计	友间文化
出版发行	羊城晚报出版社
	（广州市天河区黄埔大道中309号羊城创意产业园3-13B　邮编：510665）
	网址：www.ycwb-press.com
	发行部电话：（020）87133053
出 版 人	陶　勇
经　　销	广东新华发行集团股份有限公司
印　　刷	佛山市浩文彩色印刷有限公司（佛山市南海区狮山科技工业园A区）
规　　格	787毫米×1092毫米　1/16　印张19.5　字数360千
版　　次	2025年6月第1版　2025年6月第1次印刷
书　　号	ISBN 978-7-5543-1386-2
定　　价	88.00元

版权所有　违者必究（如发现因印装质量问题而影响阅读，请与印刷厂联系调换）

编委会

顾　　问　林克庆　许瑞生　郑　轲　陈文明

主　　任　黄斌　任天阳

副 主 任　林海利　洪晓龙　金宏慧　陈桥生

主　　编　郭力　邓琼

执行主编　任海虹　朱绍杰

副 主 编　易芝娜　黄宙辉

目录

与共和国同行

传奇林东海：奔光明两岸一心　盼团圆矢志不渝　·002
叶季壮：战时筹军需、立国主外贸的"红管家"　·012
绝密要道历烽火　红色血脉亘昔今　·023
筑路新疆的广东子弟兵（上）：
　　壮哉！他们从温润岭南挺进严寒天山　·035
筑路新疆的广东子弟兵（下）：
　　伟哉！边疆风雪犹忆南粤好儿郎　·047

黄埔百年

将帅根植百年名校　丰碑无愧岁月峥嵘　·058
两校同育航空英才　空天逐梦百年翩跹　·071
军校遗珍遍羊城　铭记历史续精神　·083

名家与南粤

东坡先生在雷州　·098
秦牧：花街十里一城春　幻成百万赏花人　·111
邓世昌蹈海殉国130载：
　　舍生取义为国酬　有公足壮海军威　·121
何香凝：双清品格狮虎寄意　爱国救民矢志不移　·132

南粤科学家

陈心陶：送瘟神以身报国　葆初心情寄苍生　·146

蒲蛰龙："生物环保"勇先锋　科学报国勤育人　　　　·156
"北京时间之母"叶叔华：
　　烽火粤北山野承教　仰望星空终成大家　　　　　·168
西医东渐羊城始　柔心济世开先声　　　　　　　　　·179

南粤考古

广州，中国近现代田野考古策源地　　　　　　　　　·192
考古探源水陆并进　"重瓣花朵"岭海飘香　　　　　·202
皇陵探秘几反转　南汉史脉正古今　　　　　　　　　·215

地域撷珍

咏春拳：开一扇门　传千万灯　　　　　　　　　　　·228
广府龙舟：灵秀水乡划出威猛民俗　　　　　　　　　·238
广东醒狮：始于江湖　威震八方　　　　　　　　　　·248
"世界灌溉工程遗产"佛山桑园围：
　　千年水脉顺势而围　文兴商盛涵育一方　　　　　·259

广东书院

广州古城文脉绵延　书院林立蔚为壮观　　　　　　　·272
丰湖书院：西湖半壁涵书藏　师席传续誉古今　　　　·283
梅州东山书院：梅岭英才钟此地　不辍弦歌蝶变新　　·294

编后语　　　　　　　　　　　　　　　　　　　　　·305

与共和国同行

岭南文史拾贝

○ 传奇林东海：奔光明两岸一心 盼团圆矢志不渝
○ 叶季壮：战时筹军需、立国主外贸的"红管家"
○ 绝密要道历烽火 红色血脉亘昔今
○ 筑路新疆的广东子弟兵（上）：壮哉！他们从温润岭南挺进严寒天山
○ 筑路新疆的广东子弟兵（下）：伟哉！边疆风雪犹忆南粤好儿郎

传奇林东海：
奔光明两岸一心　盼团圆矢志不渝

文/羊城晚报记者　易芝娜
图/羊城晚报记者　何文涛（部分为翻拍照片）

2024年是中华人民共和国成立75周年，也是中国人民政治协商会议成立75周年。

在广东，有这样一位95岁高龄的传奇老人：

75年前，他在中国人民政治协商会议第一届全体会议上以中国台湾籍军人代表的身份为毛主席和朱德总司令献旗，并见证了中华人民共和国开国大典；之后，他连任八届广东省政协委员，还曾出任第八届广东省政协副主席；

林东海老人，拍摄于2024年9月13日

他亲历过1949年从香港护送进步人士北上参与中国人民政治协商会议第一届全体会议的"惊天大转移"，也上过抗美援朝战场，还当过中大教师……

在历史洪流裹挟下，他始终激情向前，坚定信仰，不惧艰险，毕生致力于祖国的统一大业和多党合作事业。

2024年国庆前夕，羊城晚报记者随广东省政协文化和文史资料委员会的同志，专程前去探访林东海老人。为了迎接我们的到来，老人特意佩戴上三枚珍贵的勋章——"庆祝中华人民共和国成立70周年"纪念章、"中国人民志愿军抗美援朝出国作战70周年"纪念章、"光荣在党50年"纪念章。当世

1949年中国人民政治协商会议第一届全体会议上献旗的林东海（右一）

能同时拥有这样三枚纪念章的人，极为罕有。

这位老人来自台湾，原名陈昭德，后来改名林东海，身为一位特殊的历史见证人，他注定与众不同。

95岁老人为祖国送上祝福

探望当天，林老刚病愈出院回家，虽行动不便，精神状态却不错，一早已衣着整齐，安静地坐在客厅沙发上等候。林家客厅不大，收拾得干净整齐，林老和女儿林虹热情地接待了记者一行。

老人虽然语音含混，仍坚持轻声说出了自己对祖国的祝福："我爱我的祖国，祝愿祖国繁荣昌盛，统一大业早日实现！"

记者与林虹聊起林老过往的经历，林老一直安静地听着，并不插话，但如果女儿对哪个年份不确定时，他会立刻补充。林老依然能清晰地记得自己的入党时间是1949年3月1日，能准确地说出当年参与护送行动时一起北上的同行人的名字，甚至还记得当年一同来广州的三位战友的名字……

林虹给我们展示了不少林老当年的旧照片，在一张开国大典的老照片上，我们一眼就认出了那个站在毛主席身后的高大帅气的军人，正是林老。老人手持这张老照片与我们合影留念，眼神中满是自豪。

直到说起他自18岁时离开台湾，经香港到大陆，自此再没有回过老家，谈话的气氛才略有些低沉。林老这一路走来，承载着我们无法想象的对团聚的渴望。

"我从小就知道祖先来自大陆"

1929年9月1日，陈昭德出生在中国台湾彰化县鹿港镇。当时台湾地区还被日本帝国主义统治，陈昭德幼时接受的是殖民教育，除了台湾本地的闽南语和自幼儿园就学会的日语，他一句普通话都不会说。

但陈昭德却从小就认得祖先墓碑上刻着的"南邑"二字，还有家中祖先牌位两旁挂的灯笼上的"颍川"字样。他说："家里有族谱，我们的祖先应该是从河南迁至福建南安再到台湾的。我从小就知道，自己的祖先是从大陆来的。"

陈昭德说，台湾人民在近代被日本殖民统治了50年，当地人几乎是"三年一小反，五年一大反"。"1945年8月15日日本投降时，当地人都非常高兴，烧香祭祖。当时有人用竹子搭起一座凯旋楼，上面写着四个大字'还我河山'，到现在我印象还很深刻。"

1947年2月28日，台湾爆发"二·二八"起义。这是一场台湾当地群众反对国民党当局专制统治、要求民主自治的群众运动。起义爆发后，革命浪潮波及整个台湾，陈昭德也与同学去参加了在台中戏院召开的宣传"二·二八"起义的"市民大会"。

陈昭德回忆道，其中有一场演讲格外激动人心，演讲者名叫谢雪红，他心中由此燃起反对腐败的国民党当局统治的革命之火。不久，他参加了谢雪红组织的游行，甚至拿起武器去攻打国民党军队驻地。

但这场起义以失败告终，为逃避国民党当局的迫害，陈昭德只好在家人帮助下，从台湾辗转去往香港。

在香港，他意外与谢雪红重逢，才知道她就是"二·二八"起义领导人之一，当时正与杨克煌等人在筹建台湾民主自治同盟（以下简称"台盟"）。在她的引荐下，陈昭德与另外3位年轻人一起到香港达德学院插班学习。

达德学院是中国共产党与民主党派以及爱国人士密切合作开办的一所革命大学，当时郭沫若、李济深、沈钧儒、柳亚子、茅盾等一批民主人士和文化名人都在该学院任教。

1948年于香港

学院的办学条件虽然简陋，但探讨革命真理的学习气氛很浓郁，陈昭德在这里接触到不少进步人士，他如饥似渴地学习《大众哲学》《社会发展史》和毛泽东的《新民主主义论》《论联合政府》《目前形势和我们的任务》等进步著作，也与杨克煌、苏新、周明等中共地下党员相识。

陈昭德对祖国大陆、对解放区产生了强烈向往，1948年1月，他加入了刚组建两个月的台盟组织。

从"陈昭德"到"林东海"

1948年4月30日，由毛泽东同志亲自改定的中共中央《纪念"五一"劳动节口号》（史称"五一口号"）发布，诚邀"各民主党派、各人民团体、各社会贤达迅速召开政治协商会议，讨论并实现召集人民代表大会，成立民主联合政府"，为筹建新中国作准备。当时活跃在香港的一批爱国民主人士，如李济深、沈钧儒、马叙伦、郭沫若、何香凝、蔡廷锴等，决定响应中共中央的"五一"号召，北上"共同策进，完成大业"。

但这些重要人物，想要离开香港北上解放区困难重重，不仅需避开国民党特务的严密监视,还要途经国民党统治区。于是,在周恩来同志的总指挥下,中共隐蔽战线力量全面动员,开始帮助这批爱国人士北上转移。

陈昭德见证并参与了这一场意义非凡的"北上"转移行动。1948年秋,谢雪红分派他护送从南京撤退到香港的王亦清夫妇及牟决鸣等3位地下党同志到山东解放区去。党组织安排他们扮作去韩国做高丽参生意的商人,坐船走海路,取道韩国仁川,再前往山东半岛。

出发前,组织上建议陈昭德用化名,他想了想,这一路要经过东海,决定给自己取名"东海",再加上他母亲的林姓——自此,陈昭德就成了"林东海"。

这一趟护送困难重重,不仅要突破国民党的封锁,中途还遇到台风,船一度不得不在一个无人岛靠岸下锚……历尽艰辛,一行人总算安全到达设在西柏坡的中共中央组织部。

完成护送任务后,林东海留了下来,被中共中央组织部推荐到华北军政大学学习。他受到了校长叶剑英的亲切接见,叶剑英与他共进午餐时,说:"听说你是大地主、大资本家出身。你不要怕,前途自己闯,要好好学习,解放区欢迎像你这样的台湾青年,你要为祖国统一多学习,多工作,多努力。"这些温暖有力的话语,令林东海备受鼓励,也找到了方向。他终于正式融入了革命的洪流,并顺利通过党组织的考验,于1949年3月1日光荣加入了中国共产党。

抗美援朝功臣来到广东

1949年9月21日至30日,中国人民政治协商会议第一届全体会议召开,刚从华北军政大学毕业的林东海被选为中国台湾籍军人代表之一,在会议现场向毛泽东主席和朱德总司令献旗,随后他又光荣地获邀参加了开国大典。这可以说是林东海一生最为辉煌的一段时光。

1950年6月朝鲜战争爆发,此时林东海到上海某部情报处侦查科报到后,迅速响应"抗美援朝,保家卫国"的号召,投身朝鲜战场。

一次侦察任务中，林东海带着小分队前往敌军后方寻找突破口，他深入虎穴为部队找到一条可直达敌军后方的小路，又亲自带领工兵队拓宽道路，最终使我军作战部队成功前后包抄，一举歼灭敌军，林东海也因此荣立战功。

1951年7月，朝鲜战场停战谈判，林东海奉命调回上海，经过一年的系统学习统战理论后，他被调到广东任台盟广东省委会组织工作负责人。

从18岁离开家乡来到香港后，林东海一直未能有机会联系台湾的家人。到广东后，他终于有机会托信转告身

1951年在山海关留影（前一）

在台湾的母亲：儿子一切安好，现在广东，与广东省人民医院一位护士成了家。可接下来又是数十年，他都只能将对海峡对岸家人的惦念藏在心里。

1979年1月1日，全国人民代表大会常务委员会发表《告台湾同胞书》，郑重宣告中国政府和平解决台湾问题的大政方针。与亲人失去联系已有32年的林东海，才再次联系上台湾那边的亲人，此时他的老母亲已经去世，而亲族同胞们一直不知道，他陈昭德已易名林东海。

工作中的"引进来"和"走出去"

中华人民共和国成立之初，百废待兴，全面建设社会主义现代化国家的任务艰巨。而20世纪50年代到70年代，林东海在广东多部门任职，省政协机关、省参事室和省文史馆等地都留下了他兢兢业业的身影。

仅以林老擅长日语这个细节为例，1961年广州文史夜学院成立时，他就任过该院副教育长兼日语专业主任和教师，他还曾到中山大学教了3年日语课，编了一套教材。

中国共产党十一届三中全会召开以后，改革开放的春风吹遍祖国大地，林东海依然在为坚持和完善中国共产党领导的多党合作和政治协商制度不懈努力。他负责台盟广东省委会的领导工作，同时还是广东省政协第一至八届委员、常委，全国政协第七、第八届委员和第九届常委，第八届广东省政协副主席，他一直从切身的人生阅历和革命经历出发，衷心拥护"和平统一、一国两制"和平解决台湾问题的大政方针。

他应邀或受台盟委派，屡次到中国香港和日本访问，也接待过不少来访的台湾朋友。在对台工作中，林东海总结出两点经验："引进来"和"走出去"——"引进来"就是要做好招商引资工作；"走出去"则是要多往外走，多交朋友。

曾有些朋友劝他利用这些社会关系到中国香港经商或到日本安度晚年，但林东海拒绝了，他说："我只要有一口气，就要为祖国做事，为国家的统一、民族的振兴服务。"

改革开放后，不少台湾同胞到大陆发展，包括林东海在台湾的一些亲戚，有后辈甚至在大陆娶妻生子、安家落户。

林东海总是教导孩子们："台湾和大陆经过这么多年，一点一滴，需要相互更多融入。"他一直刻意保留着名片上的两个名字也正是此意：他是陈昭德，也是林东海，虽然台湾和大陆隔着东海，中国人的心始终还是连在一起的。

2007年2月17日《羊城晚报》"花地·纪实"版报道

访谈

他是"协龄"最长的广东省政协委员

梁川 广东省政协机关原一级巡视员

羊城晚报：您对林老的印象是什么样的？他为后辈树立了何种榜样？

梁川：林主席的人生是一部传奇。从刚认识他的时候起，我们就称呼他林主席。一身正气，又始终谦和，这是林主席给我留下的最深印象。他的革命生涯，为我们后辈树立了爱党爱国、努力奋斗、矢志不渝追求祖国统一的光辉榜样。

林主席的爱国情怀，从小便根植于心。他始终相信祖国，在磨难中坚守住了初心。也正是因为热爱祖国、坚定不移地听党话跟党走，才成就了他一生的传奇。从他早年改名换姓投身革命的真实故事中，就可看到，他们那一代革命先辈，确实言行一致地为了革命事业将个人得失、将生死置之度外。

羊城晚报：林老一人同时获得三枚纪念勋章，这样的殊荣几乎找不到第二人。

梁川：林主席所荣获的三枚勋章，每一枚都来之不易，都镌刻着热血、忠诚与奉献。而他又始终保持谦逊、低调的作风，一直严格要求自己和家人，力所能及地为国家和社会作贡献，其人生境界值得我们好好学习。

羊城晚报：中国人民政治协商会议汇聚了很多像林老这样来自不同界别、一生积极参与革命建设事业的前辈，为爱国统一战线作出了杰出的贡献。

梁川：是的，这与人民政协的特点和性质密切相关。人民政协是我国政治架构中唯一一个以界别为单位组成的政治组织。75年来，在中国共产党领导下，人民政协坚持团结和民主两大主题，服务党和国家中心任务，在建立中华人民共和国和社会主义革命、建设、改革各个历史时期发挥了十分重要的作用。

林老是唯一一位从第一届至第八届历任的广东省政协委员，并在其中六届当选常委，他也是广东省政协历史上协龄最长的委员。

他平素努力学习党和国家大政方针和政策，除积极参加全国政协、省政协组织的视察和专题考察外，每年都会带领台盟省委机关干部到台资企业比较集中的地区调查研究，曾就改善投资环境、引进台资等政策性问题提出意见和建议，并写成报告送中共广东省委、省政府及有关部门决策时参考，不少建议都被采纳过。

目前的十三届广东省政协，通过提案履行职能、建言献策，在建设和改革事业中发挥重要作用。现在我们经常提到的"粤港澳大湾区"的说法，最早也是出现在广东省政协的相关提案中的。

2008年，由时任中共中央政治局委员、广东省委书记汪洋领衔督办的省政协"推动构建粤港澳经济合作区，加快三地经济从合作迈向融合"提案，内容便涉及《粤港澳大湾区发展规划纲要》内容的雏形。后来，也正是在广东省政协重点提案接续助推下，"大湾区"逐步发展成为国家战略的一部分。

扫码看视频

延伸

为新中国成立，110多位代表"北归"成就传奇壮举

1949年9月21日至30日，出席中国人民政治协商会议第一届全体会议的正式代表当中，有110多人是从香港"北上"而来。

中国人民政治协商会议第一届全国委员会的5位副主席当中，除周恩来之外，李济深、沈钧儒、郭沫若、陈叔通4位都在这支"北上"队伍中。足见这次护送民主人士的秘密"北上"行动，对于中华人民共和国的成立意义非凡。

1948年4月底中共中央发布"五一口号"，通过香港《华商报》刊发，得到民主人士热烈响应之后，从1948年9月至1949年9月，由周恩来同志亲自谋划部署的接送民主人士和文化精英"北上"的工作进行了大大小小20多次，涉及1000多人，其中民主人士350多人。

政协广东省委员会办公厅、广东省政协文化文史委特别组织编撰的《从"五一口号"到协商建国——护送旅港民主人士北上参加新政协会议史料汇编》，收录了该行动中大量非常珍贵的史料。

回顾护送工作的整个过程，这一"北上"行动堪称一项伟大的"系统工程"，上自中央，下至地方，南起香港岛，北达哈尔滨，整个过程忙而不乱，全无错失，被称为一段"传奇壮举"。

原载于2024年11月28日《羊城晚报》A5版

叶季壮：
战时筹军需、立国主外贸的"红管家"

文、图/羊城晚报记者 黄宙辉 黎存根 实习生 谢珂婧

2023年5月，广东省第二批革命文物名录公布，云浮市新兴县六祖镇水湄村的叶季壮故居被纳入其中，再度引发人们对这位革命先贤的无尽追思。

130年前，叶季壮出生于水湄村，并从这里走上了奋发奉献、鞠躬尽瘁的革命道路，历任中央红军总供给部部长、中共中央军委后勤部部长、陕甘宁边区物资局局长等职；中华人民共和国成立后，又曾任中央人民政府贸易部部长、对外贸易部部长等。

叶季壮

叶季壮主持改革部队的薪饷制为供给制；参与创建东北根据地，建设后方支援前线；打破帝国主义国家的经济封锁，大力发展对外贸易……他虽不以疆场杀敌闻名，却以缜密勤恳的"后勤"工作、经济建设成就获得党和国家领导人的高度肯定，深受敬仰，被誉为我党我军的"红管家"。

志向远大,投身革命

叶季壮故居在水湄村的西南部,建于清代,是老式青砖瓦木结构的平房。1893年,叶季壮诞生于此,并在这里度过他的童年和学生时代。

走进这座故居,墙上的生平事迹简介历历在目,带领观众进入故居主人不凡的革命历程。简介旁配的一张黑白照片,是抗战初期叶季壮与林伯渠、朱德、徐海东等领导同志在西安八路军办事处的合影。

已87岁的村中老人叶自成说:"叶季壮很早就离开新兴,走上革命的道路。中华人民共和国成立前,大家对叶季壮的事迹没什么了解,后来才知道,原来村里面走出了一位为党为国鞠躬尽瘁的大人物。如今,他的事迹家喻户晓。"

叶季壮故居数十米之外,就是新建的"水湄村红色教育展示馆"。展览前言部分以莫文骅同志纪念他的诗来展现他勤勉的一生:"战时筹军食,艰苦计锱铢。立国主外贸,四海积财资。秉公耀日月,清白不徇私。理财称前

叶季壮故居

辈，德行众所师。"

叶季壮出生于水湄村一个农民家庭。1900年，他进入村私塾学习，年龄稍长，转到明德小学堂读书，因读书非常勤奋，成绩一直名列前茅。

1912年，叶季壮由明德小学堂的叶老师带到广州求学，后成功报读公立广东法政学堂。在该校求学期间，叶季壮关注时事，阅览进步报刊，萌生了革命思想。

毕业后，叶季壮做过法官、律师，还担任过新兴县政府总务

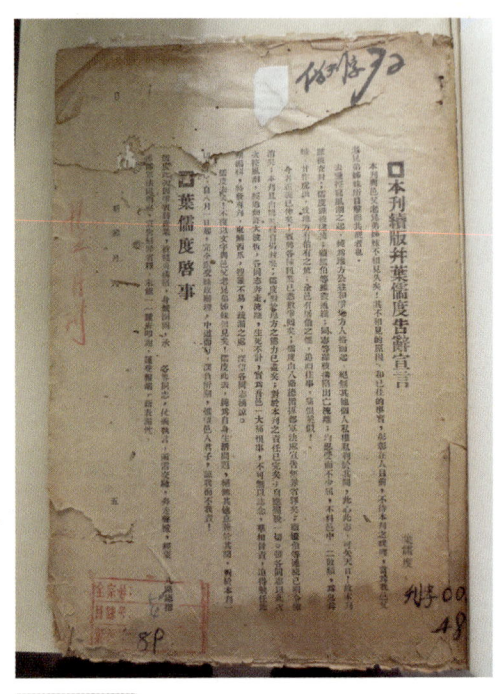

叶季壮20世纪20年代初办的《新兴月刊》

科长。1917年，他到江门《四邑平报》担任记者、编辑，1923年担任报社社长兼总编辑。

在这段职业生涯中，叶季壮不断报道反帝反军阀斗争、五四运动等大事、要闻，走上了向民众传播新思想、新文化的道路。

1925年6月19日，省港大罢工爆发。叶季壮率江门罢委会纠察队同英帝国主义作斗争。10月，他还团结广大江门工人到税捐局请愿，要求废除不合理的苛税。

这些经历使叶季壮逐渐认识到，要创造一个新世界，先要有群众的觉醒。他继续倾力办报办学——在新兴县创办了《新兴月刊》、育才小学，到江门又创办天声报社、天声通讯社、四邑通讯社、育才中学。

叶季壮在一系列革命活动中迅速成长，于1925年12月加入中国共产党。入党后，叶季壮以双重身份担任中共广东区委巡视员和中国国民党广东省部巡视员，在粤中、新兴开展工农运动。

1927年，他还先后担任中共新会县委书记、中共五邑地委书记、五邑暴

动总指挥。当蒋介石发动四一二反革命事变时,叶季壮毫不退缩,勇敢地置身于革命的洪流之中。

改革供给,保障后勤

1929年,中共中央派邓斌(邓小平)和龚饮冰等为中央代表到广西,与已在当地工作的陈豪人、张云逸、龚鹤村、叶季壮等共产党人一道,团结主政当地的国民党左派人士共同开展广西的革命工作。当年12月,百色起义胜利,并正式成立了中国工农红军第七军,迎来了革命的新局面。

红七军成立后,叶季壮任经理处处长,开始展示出自己在理财、后勤方面的出色能力。由于根据地和红七军日益壮大,军需开支也越来越大,原来实行的薪饷制已不适合形势的需要。

于是叶季壮提出,红七军财经工作的重要任务是开源节流。他主持改革部队的薪饷制为官兵一致的供给制,每人每天只发给七分钱菜金,粮食由公家发给,从而保证了红七军的后勤给养。

"供给制是我党我军划时代的政治创举和重要制度。它打破了以往一切旧军队的等级薪饷制,真正实行了官兵平等、同甘共苦,消灭参军升官发财思想,在思想上政治上纯洁了革命队伍,同时也保证了我军后勤供给和战斗力。"新兴县党史县志办公室副主任张光正介绍,"在后来的革命生涯里,叶季壮一直做后勤工作,管物资,善理财,这是他被称为'红管家'的由来。"

在后来一系列重大历史事件中,叶季壮更是展露出"红管家"的卓越才能,哪里的革命事业需要他,就在哪里发光发热。1934年10月,中央红军开始二万五千里长征,叶季壮任红军总供给部部长兼政委。

当时,部队的供给出现严重困难,叶季壮每到一个地方都亲自参与后勤筹粮筹款。为解决部队供给,他不惜把兄长叶洁芸送的500元大洋全部捐给中央红军。

1936年12月,西安事变爆发后,叶季壮按组织指示,到西安等地做后

1940年，叶季壮（二排右四）在延安和中央及八路军领导人谈话。站立者为毛泽东

勤方面的统战工作，开辟了一条从国民党统治区直接运送物品到陕北根据地的交通线，使中央红军急需的军用物资得以解决。

1937年7月，抗日战争全面爆发，叶季壮又接任八路军总部野战政治部军需处处长、中央军委后勤部部长，为解决部队的供应困难日夜操劳，精打细算，广辟财源。

他负责组织落实开垦南泥湾，组织边区军民开荒垦田，开发盐田，兴办兵器、纺织、被服、制药、造纸厂，发展进出口贸易，粉碎了国民党当局对陕甘宁边区的经济封锁，想方设法保障八路军的后勤供应。

1945年，抗日战争结束后，叶季壮被上级安排到东北开展工作，被任命为东北人民自治军后勤部部长，主要从事经济与建设相关的工作。

同年9月，毛主席亲自授予叶季壮中将军衔。为了稳定金融，叶季壮率先提出以发行人民币代替军票；为战役的后勤供给保驾护航，他抓紧发展经济，支援前线，也是辽沈、平津战役胜利的幕后功臣。

打破封锁，拓展外贸

张光正介绍："在中华人民共和国成立之后，推动我国外贸经济的发展，是叶季壮另一杰出贡献。"

中华人民共和国成立后，叶季壮担任中华人民共和国首任贸易部部长、对外贸易部部长。中共新兴县委宣传部、新兴县党史县志办出品制作纪录片《红管家叶季壮》时，曾采访中国商务部原副部长沈觉人。他由衷称赞：

"叶部长是新中国对外贸易事业的开创者、奠基人,他为新中国对外贸易的发展作出了重大贡献。"

中华人民共和国成立初期,帝国主义国家对新中国实行经济封锁。叶季壮领导外贸部努力发展与民族独立国家的交往,同时也积极与资本主义国家,尤其是亚非一些国家建立贸易往来。

1952年,他主持我国同锡兰(今斯里兰卡)谈判并签订大米、橡胶互相换货五年贸易协定,打破了帝国主义国家对我国的封锁和禁运,开创了我国同未建交国家开展政府间贸易的新格局。

水湄村红色教育展示馆的多张历史照片,展示了叶季壮当年作为国家外贸工作负责人参加万隆会议的情景。

1955年,叶季壮随周恩来总理参加万隆会议,负责起草有关经济问题的决议。会后,他又率领中国贸易代表团访问了部分亚非国家,坚定而灵活地执行我国外交政策与贸易政策,解决了贸易平衡问题,增进我国与亚非国家的友谊。

推动举办中国出口商品展览会,是他主持国家外贸工作期间重要的工作

水湄村红色教育展示馆

成绩之一。1956年6月16日,时任外贸部驻广州特派员、广东省外贸局局长严亦峻向外贸部建议,于当年九十月间在广州举办一次全国性的出口商品展览交流会。

6月19日,时任外贸部部长叶季壮迅速在这封电报上作出了批示:"我同意,如果大家没有不同意见,即照办。"在后来向中央领导呈送的意见中,外贸部建议举办出口商品展览会并在广州成立永久性陈列馆,并认为这对开展东南亚贸易有很大帮助。

周恩来总理也非常重视,批准了此建议。国务院9月初下发电报,批准外贸部和广东省人民委员会共同以中国国际贸易促进委员会的名义,在广州举办中国出口商品展览会。1956年11月10日,广交会的前身——中国出口商品展览会如期召开。

在叶季壮等人的大力支持和推动下,1957年3月,外贸部决定根据举办中国出口商品展览会的经验,在广州举办一次出口商品交易会。1957年4月25日至5月25日,第一届中国出口商品交易会在广州中苏友好大厦举行,全国各地动员选出了最好的商品参展。

交易会一炮打响,第一届交易会的成交总额近1800万美元,轰动全国,开创了我国商品交易的新模式。从此以后,交易会规模不断扩大,相继改为中国出口商品交易会、中国进出口商品交易会(简称广交会),每年春秋两次在广州举行,吸引大批海内外客商参加。

从此,广交会担负起向世界推广新中国的工商产品和产业形象的历史使命,成为中国融入世界的桥头堡。这背后就有一位从革命战争硝烟中走出的"红管家"叶季壮的远见卓识与不懈努力。

品格高尚,清廉自律

叶季壮的工作岗位长期经手各项物资、资金,他在巨大的利益和利害关系面前,始终严守清廉本色,带头树立廉洁家风和艰苦奋斗优良传统,为党员干部群众树立了良好的典范。

据沈觉人回忆："叶季壮部长生活非常简朴。他每天到部里上班，穿的都是像在延安时穿的那种灰布衣服。"国家给叶季壮做的出国穿的料子服，他坚持要把钱还给国家，不占国家便宜。

叶季壮的孙子叶彬谈道："奶奶写爷爷的回忆录时，提到爷爷的一条皮带。爷爷从苏区反'围剿'、长征、抗日、解放战争一直用到1951年，实在不行了才换新的。"

叶季壮的孙女叶小延则回忆，"有一年爷爷到广州出差，不幸中风住院。情况危急，组织上就紧急安排家里人坐飞机到广州去看他。后来爷爷病好了以后，还特别提醒，要把机票钱交还给组织上"。

叶季壮早在民主革命时期就患上心脏病，中华人民共和国成立后为迅速发展国民经济，他更是日夜操劳，积劳成疾。1965年，叶季壮第二次中风后，再没能康复，于1967年6月27日与世长辞，享年74岁。追悼会上，周恩来总理向到会人员深情讲述了叶季壮在建军、后勤、外贸、援外等方面的卓著贡献。

2022年1月28日，在叶季壮的家乡新兴县，当地政府批准立项建设"新兴县六祖镇水湄村红色教育基地项目（叶季壮故居）"。2023年是叶季壮同志诞辰130周年，该项目已基本完工。当地政府正致力于进一步挖掘其人其乡的红色资源，让更多年轻人认识这位从新兴县走出的"红管家"。

 访谈

保护利用好红色资源,传承红色基因

■陈志发　中共云浮市委党史研究室征研宣教科科长

羊城晚报:叶季壮同志为我党我军和新中国建设事业奉献一生,他最突出的贡献表现在哪里?

陈志发:叶季壮同志突出的贡献主要包括:不断创新和完善我军的供给制度;筹措物资,保障党政军的供给;参与开辟和创建东北根据地;开创了我国对外贸易新格局;组织苏联债务清还工作;等等。

值得一提的是,他对革命军队供给制度的不断创新和完善。1932年,叶季壮建议红七军由薪饷制改为官兵一致的供给制,为部队建立起一套财经制度。1934年,在中央红军和苏区建立起整套适合当时实际情况的供给制度,制定部队供给标准。叶季壮还开办会计训练班,培养了大批后勤干部。

抗日战争全面爆发后,他又总结红军供给制度的经验,结合敌后抗日根据地的特点,建立了一整套八路军的供给制度和系统。

羊城晚报:从叶季壮身上,我们后辈可以学习到哪些革命精神?

陈志发:叶季壮在几十年的革命生涯中,始终忠心耿耿为党和人民脚踏实地做工作,其光辉业绩值得世人好好学习和缅怀。

学习他荣辱不惊、对党忠诚的革命精神。1934年,同村兄弟、国民党军第一集团第二师师长叶肇许诺高官厚禄,劝叶季壮早日离开红军,转投国民党阵营。叶季壮不为所动,劝叶肇归顺红军,为国为民建功立业。

学习他勇于突破的革命精神。抗日战争时期,叶季壮想方设法粉碎日寇和国民党反动派的经济封锁,积极开展统战工作,善于与国民党地方官员周旋,硬是开辟了一条从白区运输粮食物资的渠道。

学习他清廉自律的革命精神。叶季壮管着大批物资,却从来不谋私利。他经常教育家人:"近水楼台先得月,那是剥削阶级的格言。近水楼台

不得月，才是我们无产阶级的追求。"

学习他谨慎办事、对人民负责的革命精神。周恩来总理说过，中央把一个任务交给叶季壮，他总是反复思考，能很好地完成。

羊城晚报：作为"红管家"叶季壮的家乡，将怎样传承这种红色基因？

陈志发：云浮市委、市政府一直重视相关红色资源的保护利用，弘扬、传承叶季壮的革命精神。

我们将叶季壮故居的保护开发利用与红色旅游、乡村振兴、美丽乡村建设、打造云浮特色党建品牌结合起来发展，把叶季壮故居与附近的自然景观、历史景观串联成红色旅游线路，吸引更多游客参观。

我们将他的故居展陈打造为廉洁文化教育基地，面向广大党员干部开展纪律教育学习。为发挥叶季壮革命故事的宣教功能，云浮本地还以微电影、微视频、文艺节目、体育运动等宣传形式，展现有关叶季壮同志的风范事迹，感染带动受众传承红色基因。

扫码看视频

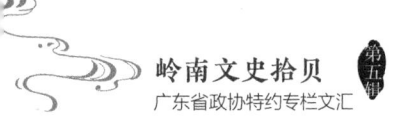

> 延 伸

"工人队伍里培养出来的领袖"——邓发

除了"红管家"叶季壮,云浮还走出了另一位革命先烈邓发,被家乡人民永远铭记和传颂。

邓发(1906—1946),原名邓元钊,云浮市云城区人,是坚定的共产主义战士、无产阶级革命家、中国工人运动著名领袖。

邓发出生于云浮市云城区云城街道簕石塘村,14岁到广州、香港等地打工,先后参加香港海员大罢工、省港大罢工、北伐战争。

1927年12月,邓发参加了著名的广州起义,任第五区工人赤卫队副指挥,指挥油业工人作战。广州起义失败后,他辗转广州、香港、上海等地从事工人运动和武装斗争。

1925年10月,邓发加入中国共产党,在党内先后担任中共广东省委委员、中共中央政治局委员、中共中央党校校长等要职。

1945年9月,邓发以中国解放区职工代表的身份,参加在法国巴黎召开的世界职工代表大会,并在会上发言,提出了著名的战后中国工人运动八项主张,得到各国与会代表的热烈支持。

1946年4月8日,邓发与王若飞、秦邦宪、叶挺等同志由重庆返回延安途中,因飞机失事,在山西兴县黑茶山遇难,时年40岁。

邓发的一生,同中国共产党领导的工人运动紧密联系在一起。他从一个普通的海员,成长为中国工人运动先驱和领袖。周恩来同志称他是"工人队伍里培养出来的领袖"。

原载于2023年9月22日《羊城晚报》A6版

绝密要道历烽火　红色血脉亘昔今

文/羊城晚报记者　孙磊　孙旭歌　赵映光
图/羊城晚报记者　曾柯权（除署名外）

乌桥岛上，梅溪河畔，潮汕铁路总务处车务处旧址公园雏形初现。沿着铺满石子的铁轨往前走，立于"汕头站"指示牌旁，仿若能听到20世纪30年代火车驶进站台时的阵阵呼啸。

这座公园，是广东近年来对中央红色交通线（南方线）深入调查研究以及活化利用的新成果。

这一系统工程不仅首次摸清了中央红色交通线（南方线粤东段）的真实地理空间走向，精准还原了交通线"最艰难的百余里"，还让人们对交通线的认识从粗线条的箭头指向转变为点与点之间的秘密交通网络，为南粤大地红色资源的活化打下了坚实的基础。

1931年4月至1934年10月，这条重要的"生命线"在中共中央机关与中央苏区革命根据地之间双向传输了大量情报与急需物资，先后护送周恩来、刘少奇、邓小平、陈云等多名重要领导人进入中央苏区，在中国革命史上写下了光辉的一页。

随着中央红色交通线（南方线）线路图的完善和史料的挖掘，许多尘封已久的历史记忆被打开，一段隐秘而又波澜壮阔的红色岁月徐徐展开。

潮汕铁路总务处车务处旧址

突破封锁

"家栋,联络点通过测试了。"

"这次任务什么时候开始?"

"25号!线索都在侨批封套里,找齐信息和印章回来。"

"好!任务完成后我们驿站再见。"

…………

2023年4月,以中央红色交通线汕头交通站为背景的电影《暴风》上映,讲述了交通站成立以来惊心动魄的地下工作。

《暴风》取材于真实历史事件。20世纪30年代,正值土地革命战争时期,为了加强党中央与各苏区的沟通联系,打破敌人的反革命"围剿"和经济封锁,中共中央交通局开辟了长江线、北方线、南方线三条最主要的秘密交通线。其中南方线从上海出发,经香港、汕头、大埔进入闽西永定、上杭、长汀,最后到达"红色首都"江西瑞金。

整条南方线中,广东汕头起着重要的交通枢纽作用。1930年底,中央交通局副局长陈刚来到汕头镇邦街7号，以中法西药行分号为掩护，建立交通局直属交通站。1931年，为防止意外，中央交通局又派陈彭年、顾玉良、罗贵昆等人在汕头海平路98号以华富电料行为掩护，建立备用交通站。

1931年4月，中共中央特科负责人顾顺章叛变以后，中法药房停止使用，正式启用华富电料行作为交通站。该交通站所属的南方线绵延3000多公里，是唯一始终未被破坏的交通线，史学界称之为"中央红色交通线"。

如此重要的交通站，为何设在汕头？据中央红色交通线旧址（汕头站）陈列馆原馆长张如强分析，当时的汕头是粤东、闽西南、赣东南的交通枢纽、进出港口和商品集散地，南洋华侨和客商往来频繁，党内同志经乔装打扮不易被发现，建立交通站有得天独厚的条件。此外，潮汕也有着良好的革命基础。

1933年1月，白色恐怖加剧，中共中央已无法立足于上海，决定启动汕头中站华富电料行执行转移的重要任务。到1934年10月，华富电料行完成转移中共临时中央政治局、上海党中央、党中央直属机关等中央机构组织人员的任务，先后护送刘少奇、周恩来、邓小平和陈云等200多名领导干部，保证了党中央组织的安全，为中国革命的胜利作出了特殊贡献。

如今，华富电料行交通站旧址所在建筑已建成中央红色交通线旧址（汕头站）陈列馆，全面展示了中央红色交通线（南方线）建立和发展的历史，让观众感受那段交通线上无名英雄们"刀尖上行走"的隐秘而伟大的历史。

中央红色交通线旧址（汕头站）

水陆转换

汕头不仅水系发达,还在20世纪初就修建了中国第一条由侨商私办的铁路——潮汕铁路。这条铁路于1904年动工修建,1906年11月建成通车,至1939年遭日军飞机轰炸而毁坏,存在的时间仅有33年。

大革命失败后,白色恐怖笼罩全国,中国革命转入低潮。其时,潮汕铁路作为红色交通线的重要一环,不断向中央苏区输送食盐、布匹、药品、电器、印刷及军械等物资,同时担负着把中央苏区在斗争中缴获的黄金、白银、现钞交给党中央的任务,有着十分重要的历史地位。

历史的尘烟散去,很长一段时间里,潮汕铁路总务处车务处旧址所在的火车路18号建筑隐身于茂盛的榕树林中,拱形窗框和木质百叶窗残破不堪,墙壁上钉着"危房请勿靠近"字样,只有建筑物上方的波浪状牌坊印证着年代的久远。

直到2019年4月,全国政协委员、时任广东省副省长许瑞生在汕头参观小公园时,偶然看到这栋建筑的一角,老楼才又走入今人的视野。后经比对,确认此处为潮汕铁路总务处车务处旧址。

2023年7月下旬,记者到此看到,小楼已修缮一新,主体建筑从一座不起眼的危房蝶变为新的市民"打卡"点,背后的红色主题公园也初步完成空间设计与布景。这个红色交通线的遗址点从被发现到成功活化利用,只用了不到五年的时间。

高效背后是对潮汕铁路历史意义的珍视。这条不到50公里的铁路,是中央红色交通线(南方线粤东段)重要组成部分,也是交通线水路与陆路的转接站。当时,它是汕头往返潮州最便捷的交通载体,经海上轮船运至汕头埠的货物可直接装上火车,一直开往韩江边的意溪直接装船,沿着韩江逆流而上,分运至广东梅州、江西各地。

潮汕铁路也是护送领导干部转移的重要节点。"周恩来同志和肖桂昌同志在棉安街旅店住了一天,第二天,坐潮汕火车到潮安。"由中共广东省委

潮汕铁路总务处车务处旧址公园已完成初步空间设计和布景

党史研究室、中共汕头市委党史研究室合编的《红色交通线》如是记载。

根据中共中央文献研究室金冲及、黄峥编著的《刘少奇传》,刘少奇也曾途经这里——他从上海出发,先乘船到广东汕头,同地下交通员接上头,然后由交通员带领,从汕头坐火车到潮安,再从潮安换乘小轮船,溯韩江而上至大埔县。

虎口咽喉

众多革命先辈经潮汕铁路抵达潮州,再由水路至粤闽交界的梅州大埔县。当时,大埔县处于"红白交界"地区,地理位置险要,是中央红色交通线进入苏区"最后一百里"线路上重要的交通中转区域。大埔交通站也被誉为"虎口咽喉",是水运转山地的一条必经之路。

"铁路和水路路线相对简明,进入大埔青溪镇后基本就靠徒步。徒步的具体路线是怎样的,中间有哪些关键节点,都是难题。"广东省政协常委、省"三师"专业志愿者、省文物考古研究院院长曹劲介绍,为了详细调查中央红色交通线在大埔县境内的具体地理走向，2021年4月，广东成立了专门的调研团队。

在省自然资源厅指导下，来自省核工业地质局二九二大队、省文物考古研究院、省城乡规划设计研究院有限责任公司的一大批"三师"专业志愿者走遍大埔县青溪、茶阳镇内各条山路小道，最终还原了一条主线和多条支线，初步确定交通线在大埔茶阳—省界伯公凹的具体地理走向和重要节点。

此次调研共发现与中央红色交通线有关的站点9处、交通员故居3处、码头及沙坝9处，复原了茶阳—永定—伯公凹段路线和羊子岗古道、青溪官路路线，更拓展了茶阳—永定的多条支线，打破了以往茶阳—青溪—多宝坑—铁坑—伯公凹的惯常单一走法。

"每条支线所负责的任务各不相同。"原青溪村文化站站长、青溪革命故事专辑主编余新华多年来致力于收集中央红色交通线的相关史料。据他介绍，当时船到大埔以后，交通员到茶阳接中央领导人，暗号是戴草帽、唱山歌等。"大多数领导干部走的应该是水路，坐船便于掩护，船员都是地下交通员，还有武装班，便于护送。"余新华说。

调研也还原了护送周恩来、李德进入中央苏区的接应路线。周恩来曾在1931年12月遵照党中央指示和安排，从上海转移至瑞金。对于他在大埔的接应点"酒子

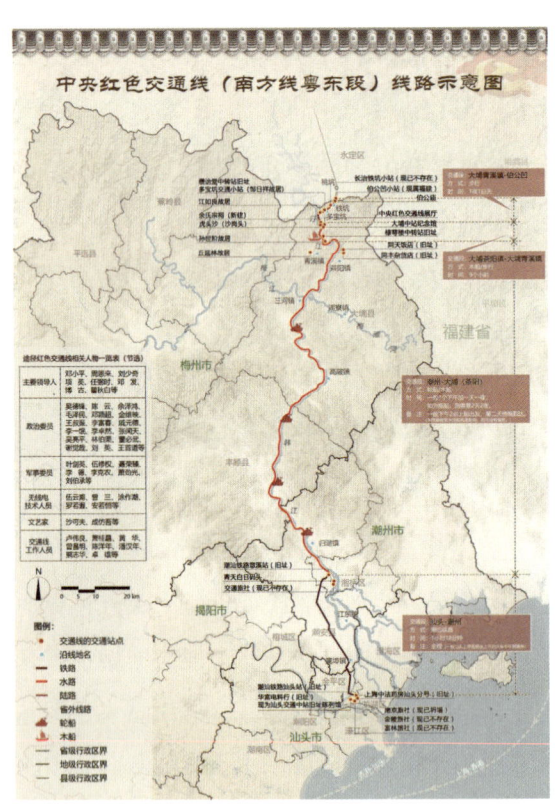

中央红色交通线（南方线粤东段）线路示意图
（受访者供图）

口",项目组并未找到对应实地,据"安全性+便捷性=合理性"的分析思路,在走访的同时继续查证史料,最终寻找到了真正的接应点"狮子口"。

而在确认共产国际顾问李德的行动轨迹时,项目组聚焦史料记载的"田埂、屋角、篱笆"等环境元素,经多方对比,还原了李德穿水田经沙岗头上山的行进路线。

活化利用

青溪永丰店余良晋、棣萼楼李阿应、同天饭店孙世阶、多宝坑小站邹日祥、赤卫队队长余君开、接头户范增珍……造就隐秘"生命线"的正是这些隐姓埋名、默默战斗的地下交通员。

由于党的隐蔽战线工作的高度机密和特殊性,有关文件和史料大多未能公开,红色交通线的历史长期披着一层神秘的面纱。正是经过上述大规模的深度调研,交通线上诸多无名英雄的故事才逐渐揭开。

"孙世阶故居可以说是调研的新发现,故居被发现时的状态比较破败。另外,我们还发现交通员江如良的故居,也只剩半座小房子,被一片田围着。"省"三师"专业志愿者牛丞禹告诉记者,好在如今已展开中央红色交通线(南方线粤东段)中的大埔茶阳—省界伯公凹段规划设计工作,孙世阶、江如良以及丘延林等交通员的故居和沙岗头、调和桥、青溪小学、省界伯公凹、多宝坑小站等相关节点都将得到修缮。

同时,规划工作提出了针对不同人群的体验游、专题游、深度游线路方案,策划了交通线上青溪官路、调和桥—花窗古驿道本体修复和沿线连接线建设。

近年来,广东高度重视红色资源的挖掘保护和宣传利用工作,在做好保护、挖掘的前提下推进活态传承和开发利用,不断擦亮"苏维埃血脉"红色品牌。以弘扬红色革命文化的形式来推动苏区乡村振兴、全域旅游,为全省生态文明建设和城乡高质量发展提供丰富的文化养分和不竭的精神动力。

为了将红色交通线打造成广东红色革命教育新载体,2023年5—6月,广

孙世阶故居所在横屋（受访者供图）

东省政协副主席许瑞生率省政协考察团赴粤东地区，开展"山乡新巨变·重走中央红色交通线（广东段）"专题考察，进一步推动这条红色交通线的保护修复和活化利用工作。

在牛丞禹看来，红色资源的活化利用也离不开媒体的关注。早在2021年，《羊城晚报》就在与省政协合办的"岭南文史"专栏中推出报道《绝密汕头站潜作枢纽 红色交通线接通天地》，翔实介绍了交通线建立的背景和作用；2022年，《羊城晚报》又推出《Vlog打卡中央红色交通线》系列报道；2023年，《羊城晚报》再次跟进报道了中央红色交通线（南方线）调研所取得的新进展与新成果。

中央红色交通线承载的厚重历史、血色征程，值得一再追寻。毛泽东评价这条秘密交通线时曾说："交通线就像我们身上的血脉。"这条血脉不能断也不会断，流淌在交通线上的革命精神长久滋养着这片红色热土。

扫码看视频

 访谈

史路·新路·出路

■ 牛丞禹　广东省"三师"专业志愿者、
广东省城乡规划设计研究院有限责任公司生态景观设计中心主任

羊城晚报：自2021年开展的中央红色交通线（南方线粤东段）线路寻访调查工作，相较于以往对中央红色交通线进行的调查研究有什么不同之处？

牛丞禹：这次调研最大的特色一个是多方合作，既包括了政府与研究单位、村民百姓之间的合作，又包括了不同专业和技术领域的合作。这就进一步丰富充实了调研内容，也开拓了更多视野和角度。

另一个就是把这条线路真正落实到具体的空间上。此前，搜索红色交通线的地图，看到的一定是一个大箭头从一个点指到另一个点的图，它是一条平滑的线。相信经过这次调研，我们再去看红色交通线，就会由点到面，扩展为一个真正的秘密交通网络。

羊城晚报：为何中央红色交通线（南方线）会成为唯一没有被破坏的红色交通线？

牛丞禹：首先，在交通线的顶层设计上，线路启用与否有一定取舍。一些线路未来的意义可能不大，或消耗的时间精力太多，就会考虑放弃，重点经营有效站点和线路。这也是中央红色交通线（南方线）能够坚持到最后的重要前提。

其次，从站点所处环境而言，当时粤东地区人口密集、华洋交错，商贸货物往来频繁，便于人员的来往和物品的隐藏。尤其是粤东地形地貌复杂，有水路，有山路，可选择的路线较多，而且多为低矮丘陵，并非难以翻越，方便通行的同时还能保证安全。

此外，这条红色交通线运营的保密制度非常完善，且严格执行。当时在

建立交通线时，周总理亲自起草了一份方案。在选定交通员时，包括其家属都会经过严密调查，确保没有问题。而且，很多交通员都是家族式的，一人执行任务，亲人皆提供掩护，确保交通线能够安全平稳地运行。

羊城晚报：近年来，广东对中央红色交通线（南方线）的活化利用有哪些经验可以总结？

牛丞禹：2016年，广东省启动南粤古驿道保护利用工作。随着工作深入推进，我们积累了丰富的文化发掘和利用经验，为全国线性文化保护利用提供了可复制、可借鉴的广东方案。

在宣传手段上，可以将红色资源与数字科技相融合，用文化创意构建起新的红色旅游发展平台，突破传统红色景点的静态局限性，强化其体验互动功能，将中央红色交通线相关场景不断内容化、形象化、趣味化，增强年轻受众群体的体验感和获得感。

在发展定位上，可以利用红色资源带动县域经济和乡村文旅发展。结合当下实施的"百县千镇万村高质量发展工程"，找准发力点。中央红色交通线沿线分布的一些村庄，不仅有红色资源，还有着丰富的历史文化，比如大埔的客家文化。可以用红色文化助力乡村文化体系建设，赋能乡村产业、人才、文化、生态、组织振兴。

同时，可以依托现代的公路交通或古驿道，延伸中央红色交通线的辐射范围。这样一来，就不仅是一条线的发展，还是整个区域的联动发展，让沿线老百姓重温昔日峥嵘，让这条历史的大路延伸至百姓如今的新路、广东未来的出路。

棣萼楼航拍
（受访者供图）

> 延伸

红色交通线上的香港

香港是中央红色交通线上一个不容忽视的重要节点,交通线上往来的人员与物资经常选择在香港中转以等候时机。广州四一五反革命政变后,广东省委迁到香港,南方局的总交通站也设在香港,香港的地理位置与决策力都十分紧要。

当时进出香港,华人与在内地一样,无须办理护照即可自由通行,这是红色交通线选择在香港中转的重要前提之一。在香港拥有入口执照,即可无检验进入香港港口,这与当时中央苏区在香港大量采购无线电零配件的行动也具有一定关联。

同时,香港中西杂处,服饰文化复杂丰富,为上海来到香港的同志提供了天然的掩护。

香港大站站长李少石与妻子廖梦醒两位同志为香港交通站的建立与运营维护作出了重要贡献。建立交通站需要当地人,李少石就出生于香港,而廖梦醒是何香凝的女儿,几代在香港土生土长,两人都有着在香港活动的便利条件。

香港大站是李少石与廖梦醒夫妇一手建立,曾接送过邓小平、蔡畅等多位中共领导人,传递过诸多秘密情报。1933年3月,廖梦醒之弟、中共领导人廖承志被国民党逮捕,经过何香凝与柳亚子的努力营救而获释。同年8月,廖梦醒经红色交通线传递中共中央的意图,促成了后来廖承志离开上海赴川陕根据地的行程。

李少石与廖梦醒二人都有着非常优裕的家庭条件,为信仰舍弃了富足平静的生活,为党的秘密事业秘密奔走。

中央红色交通线将香港与线上的其他城市牢牢串在一起。即使是在1934年红军长征后，留在大埔中站的同志与留守苏区的领导同志也始终保持着联系。

1941年底香港沦陷后，交通员们再一次作出了卓越的贡献：在中共中央南方局指挥下，成功营救数百名香港进步文化人士，包括何香凝、许幸之、马思聪等，他们为中华人民共和国成立后文化血脉的延续作出了重大贡献。

原载于2023年8月21日《羊城晚报》A4版

筑路新疆的广东子弟兵（上）：
壮哉！他们从温润岭南挺进严寒天山

文/羊城晚报记者 黎存根 何文涛

新疆独库公路（又称"天山公路"），被誉为"中国最美公路"，是自驾者的"天堂"，每年6月开放之后，前往欣赏沿途雪山、峡谷、河流、草原、湿地风景的游客络绎不绝。

实际上，这条穿越天山山脉、开凿难度极高的公路，是我国西部边陲第一条国防公路，堪称中国公路建设史上的一座丰碑。

从1974年开工建设到1983年9月建成通车，为了修筑这条"天路"，1.3万余名解放军指战员从祖国四面八方挺进天山，其中包括近千名广东籍子弟兵。其间，168位筑路官兵献出了生命。

金秋时节，在举国共迎中华人民共和国成立75周年之际，独库公路也迎来了开工建设50年的重要节点。

羊城晚报记者经过深入寻访，找到曾为这一新中国边疆建设重大项目流血搏命的建设者们，讲述伟大壮举背后广东子弟兵的故事。

英雄舍身成就今日"最美公路"

独库公路全长562.75公里，将天山沿线的独山子、乌苏、尼勒克、新源、和静、库车6个县市区连接在一起。

168位烈士成为永远守望天山的英灵（收录于《筑路天山的南粤老兵》画册）

全部路段都在崇山峻岭、深川峡谷中穿行，地势异常复杂，急弯陡坡众多，其中约一半路段在海拔2000米以上，三分之一路段是险峻悬崖绝壁，五分之一路段位于高山永久冻土层上。

这条公路还翻越终年积雪的哈希勒根、玉希莫勒盖、拉尔墩、铁里买提4座海拔在3000米以上的冰川达坂（注：当地称呼山顶的隘口为达坂），跨越奎屯河、喀什河、巩乃斯河、巴音郭楞河、库车河5条天山地区主要河流，纵穿巴音布鲁克草原。

山区天气多变，时而雨时而雪，一天有四季，十里不同天。今人提到这些，常常赞叹独库公路作为一条"网红公路"的独一无二。但更不应该忘记的是，如今游客能行走在这条最美公路上，离不开当年筑路人、共和国建设者们的牺牲与奉献。

独库公路穿越海拔3390米的哈希勒根达坂（收录于《筑路天山的南粤老兵》画册）

天山深处飞来南粤大军（收录于《筑路天山的南粤老兵》画册）

巍峨的天山山脉把新疆分成南北两部分，交通阻隔。

1974年8月，响应毛泽东"搞活天山"的伟大号召，1.3万余名解放军指战员从祖国四面八方汇集，开启了修筑独库公路的壮举。

1983年8月，独库公路全线贯通，使得南北疆路程由原来的1000多公里缩短近一半，对巩固国防、开发建设新疆、沟通南北疆交通，提高各族人民物质文化生活水平，发挥了积极作用。

筑路期间，先后有2000多名官兵受伤致残，168名官兵因雪崩、泥石流等自然灾害献出了宝贵生命。

来自广东省和平、五华、兴宁、阳春、信宜、连州、阳山、连南8个县市的近千名战士，在巍巍天山留下足迹，其中罗强、罗新荣、刘天友、王新群、颜国林、李清彬6人更是长眠于此。

热心大姐打捞感人故事

2019年9月,《筑路天山的南粤老兵》大型纪念画册由羊城晚报出版社出版,揭开一段封尘40个春秋的英雄往事。

画册的策划者钟晓阳表示,她和画册撰稿人张力方都是家住新疆、在新疆长大的广东籍屯垦戍边军人的女儿。

2016年,刚从广东女子学院退休的钟晓阳在老家梅州市五华县走亲戚时,偶然看到一家酒店门口打出"筑路天山广东老兵联谊"的字幕广告,很是惊讶。"我在新疆那么多年,都没听说过广东子弟兵也参与建设了独库公路,情况到底如何?"

确实,这段故事鲜为人知。钟晓阳果断走进老兵联谊聚会现场,倾听了南粤军人筑路天山的壮举。

后来,钟晓阳找到曾在媒体任职的张力方,两人一起结伴回到当年输送兵源的广东市县及乡村,尽力探寻往事。

为了寻觅老兵们"散落"的身影,钟晓阳和张力方用60天连续走访了粤东、粤西、粤北8个县市,深入乡镇、村落,拜访回乡创业的老兵,采集老兵们珍藏的大量实物和资料。

钟晓阳(左一)、张力方(右一)与兴宁县老兵合影(受访者供图)

她们查阅大量档案和资料后发现，当年参与独库公路建设的广东子弟兵有将近千人之众，其中包括梅州五华县102人、梅州兴宁市102人、河源和平县1人、茂名信宜市210人、阳江阳春市92人、清远连州市206人、清远阳山县117人、清远连南瑶族自治县102人等。

钟晓阳和张力方问筑路老兵们："当年，你们只有十八九岁，到新疆从事那么艰苦、危险的工作，每个月只有六块钱的士兵津贴和三块钱的边疆补贴，后悔过吗？"

"不后悔！我们理应为国家尽责。""我们是祖国的儿子，为了祖国，即便牺牲了也无怨无悔！"这些广东子弟兵无悔为国家建设献出青春。

推出"第一铲"的广东推土机手

张广先是目前已知最早随部队调去修独库公路的广东籍士兵。

1969年从广东和平县入伍的张广先，在工程兵部队时是开推土机的能手。1974年4月，他随部队从湖北调到新疆修筑独库公路，成为首批筑路天山的南粤战士之一。

当时，司令部为了练兵，也为了做好施工前的准备工作，决定由独山子向南开掘18公里样板路。

"我们就住在独山子零公里处。6月份，部队配了一台推土机，我奉命开着推土机工作了十多天，推出了几公里样板工程。我是推出独库公路第一铲的推土机手。"张广先回忆说。

在独库公路建设工地，张广先一待就是4年。

其间，他主要参与修建从独山子到哈希勒根达坂约100公里的路段，途中约51公里处还要经过一段"飞线"（注：这是一段长达6公里的陡峭悬崖，测绘人员无法攀登测量，只能在图纸上用虚线标注，故称"飞线"）。

"飞线"施工，正应了那句古诗"猿猱欲度愁攀援"。

"整个路段难度极大，风险极高，还要经过最难修的老虎口路段。所以，这100公里我们修了4年。"张广先说。

作业中，张广先印象最深的就是推泥石流。"一铲推下去，起码有十倍的泥石流塌下来，只要慢一步，整个推土机都会被泥石流盖住。"张广先说，独库公路工地经常塌方，处处充满艰险。

1976年7月15日，是张广先难以忘记的日子。

就在51公里处"飞线"修筑时，他所属部队的七连连长、指导员、2名推土机手、1名通信员和1名卫生员正在作业，突然发生塌方，把6个人都砸在了里边。

筑路官兵进行"飞线"作业（收录于《筑路天山的南粤老兵》画册）

七连的排长带领战士们抢救了五六个小时，才把那名卫生员救了出来，这也是唯一的生还者。

天山深处南方小伙的苦与乐

张广先退伍之时，又有上千名十七八岁的广东子弟应征入伍，出发去天山修筑独库公路。

"我们当时坐了7天8夜的闷罐车到达乌鲁木齐，又坐了4天汽车才到达那拉提。4月份上山修路的时候，把背包扔地上就看不见了，雪太厚了。"

广东梅州五华籍的老兵牛永祥依然记得，在新兵连时，当地的雪刚化，南方来的战士们太久没洗澡，就跑到水沟里搓澡，结果被连长发现了，命令他们赶紧回去穿衣服，连鞋带都没系好就被罚跑步，直到大汗淋漓才停止。

"一开始想不通，洗澡也要被罚？"牛永祥说，后来才知道，连长其实是怕他们被刚融化的雪水冻伤冻病。

在高原地区，战士们常常吃的是夹生馒头，喝的是雪水。和牛永祥一样，每位来自广东的年轻新兵都面临着超乎想象的困难，但凭着一腔热血，

筑路士兵宿营地（收录于《筑路天山的南粤老兵》画册）

他们战胜了恶劣天气，战胜了险峻山石，筑成了独库公路。

"在天山，让你们感到最高兴、最幸福的是什么？"钟晓阳和张力方曾这样问老兵们。他们你一言我一语地回答——

"是'轰轰轰轰'的爆炸声！我们打好隧洞、放好炸药后就聚精会神地等着，爆炸声一响我们就欢呼雀跃，那简直就是为我们艰辛劳动点赞而鸣放的礼炮啊，顿时所有的疲劳倦怠都没有了。"

"是每星期能吃上一次大米饭，非常高兴。"

"最幸福的就是收到家里的来信，我们在天山也是'家书抵万金'啊！"

1983年9月27日，《解放军报》在头版头条报道了独库公路全线贯通这一令人振奋的消息。

包括广东子弟兵在内的筑路大军，用一锹一镐刨出路基，一寸一寸"抠"出隧道，铸就了一条"英雄路"。

缅怀战友精心修建烈士纪念碑

现在，每一位到访独库公路的游客都会在途中瞻仰乔尔玛革命烈士陵园，致敬为筑路事业献身的先烈。

位于伊犁州尼勒克县独库公路和315国道交会处的乔尔玛烈士陵园占地

伫立在乔尔玛的筑路英雄纪念碑（收录于《筑路天山的南粤老兵》画册）

近百亩，由烈士纪念碑、烈士墓冢和展厅三部分组成。烈士纪念碑矗立在陵园中心，这座碑始建于1984年9月28日，2006年6月10日曾进行修缮。

烈士陵园的建设，也离不开广东子弟兵的付出。

1984年3月，某部副排长（任代理排长）、广东梅州五华籍老兵张国雄接到修建乔尔玛烈士陵园的任务，负责修建烈士纪念碑工程。万分激动的他，怀着神圣的使命感，带领4个班的战士提前上山，起早贪黑，全身心投入施工。

在接受钟晓阳和张力方的采访时，张国雄说："为了慰藉英雄战友们，我们在一年工期要求下，提前完成了任务。一手一足建起的路基、纪念碑、烈士陵园——那是烈士安息之处，是我们筑路天山军人的精神家园。"

张国雄还悉心记录下纪念碑从动工到竣工的详细情况，当年的施工图纸和工作笔记以及报道手稿等资料被他整理成册，并带回家乡珍藏了30多年。

昔日天堑早已变坦途。2022年7月29日，张国雄等广东籍筑路老兵重走独库公路，来到"零公里"起点的独库公路博物馆参观。他郑重地将自己珍藏的资料捐赠给独库公路博物馆，让更多人了解、铭记这段历史。

 访谈

"广东子弟兵吃的苦更多"

■ 毕鸿彬　新疆克拉玛依市独库公路博物馆首任馆长

羊城晚报： 现在独库公路博物馆和广东籍筑路老兵保持着怎样的联系？

毕鸿彬： 为铭记筑路历史，弘扬天山筑路精神，克拉玛依市独山子区委、区政府2019年开始筹划建设独库公路博物馆。2020年6月12日，独库公路博物馆开馆，独库公路起点路碑就坐落于博物馆前的广场上。

为建成这座特殊的博物馆，我们走访了全国各地收集资料，接受天山老兵捐献文物，和老兵们座谈了解修独库公路中的点点滴滴。

我去了广州、信宜、连州等老兵比较集中的地方，在罗新荣烈士的家乡信宜，拜访了其80多岁的老母亲，老人家念叨着想去新疆看看儿子的墓，我们希望以后有机会能帮助老人家实现梦想。

从独库公路博物馆开馆的那一年起，独山子区委、区政府每年都组织"老兵重走独库路"活动。

2022年，我们邀请罗新荣烈士的4个妹妹到埋葬罗新荣的地方做了祭拜；2023年，我们邀请陈卫星及罗强烈士的亲人参加重走独库公路活动。在乔尔玛烈士陵园，筑路老兵陈卫星和陈俊贵时隔近40年再次相见，场面十分感人。

羊城晚报： 独库公路博物馆有哪些与广东子弟兵相关的展品？

毕鸿彬： 重走独库公路可以说是每个筑路老兵的梦想，如今自发组织或受邀重走独库公路的广东籍老兵越来越多，他们中的很多人主动为独库公路博物馆捐出了珍藏多年的各式相关物件。

如张国雄当年修建烈士纪念碑的资料、廖加战的立功证书，还有广东出版的《筑路天山的南粤老兵》画册等，都很重要。

建馆前，我们也去广东信宜开过老兵座谈会，信宜籍老兵为博物馆捐了

不少关于独库公路勘探勘测修理偏技术类的物件和资料。

我们将来自全国各地的征集品、捐赠品汇总，依据独库公路筑路建设的历史脉络，整体陈列。那些老照片、笔记本、军功章、退伍证，当年的军服、军帽、领章帽徽、皮带、大头鞋等实物，配合文字和多媒体的形式，呈现筑路官兵对国家的忠诚和青春的记忆，展示着天山筑路精神。

整个展览也能让参观者了解当年官兵的感人事迹，弘扬天山筑路精神，感受老兵们内心的阳光、意志和豪情。

羊城晚报：如今弘扬天山筑路精神有何重要意义？

毕鸿彬：全国各地都有参加修路的老兵，修路的过程中共有168位战士献出了宝贵的生命，可谓"六里一英魂"。天山筑路部队是一支钢铁般的部队，他们英勇顽强的精神值得学习，对于新时代的强国建设有巨大的感召和激励作用。

实事求是地说，相比很多其他地区来的官兵，来自南方的广东子弟兵吃的苦更多。当时他们普通话说得不太好，沟通吃力。

南方是夏天湿热冬天温暖的气候，而天山常年低温，冬天基本上都是零下三四十摄氏度，他们刚来的时候甚至不会在雪地上走路，特别容易滑倒摔跤。

还有就是生活习惯大不相同，广东人习惯每天冲凉，但是到了天山深处，喝的用的都是雪化的水，洗澡是困难的。他们在广东都是吃米饭，到新疆来，当时经济困难，有馍馍、馒头吃就不错了……

今天我们重温广东子弟兵们感人的事迹，就是要让大家来了解共和国建设中的这段历程，激励大家珍惜生活，向英模学习。

独库公路筑路老兵们的精神，对于新时代的强国建设有巨大的感召和激励作用。

扫码看视频

延 伸

暴风雪中的"最后一个馒头"

在筑路天山的广东子弟兵中,包括罗强在内的6名战士把年轻的生命献给了独库公路。

1980年4月8日,大雪封山,海拔3000多米的山上高寒缺氧,1500多名筑路官兵受困,通信中断。

在零下30多摄氏度的天气里,某部班长郑林书、副班长罗强、老兵陈卫星和新兵陈俊贵受命外出传达命令,配合山下的部队救援。

其中罗强和陈卫星都来自广东连县。他们带了1支防备野狼的手枪和30发子弹以及20多个馒头,计划用一天一夜走完90公里山路。

但暴雪骤降,行路越来越难,最后大家只能在雪地里爬行。到了第3天,他们只剩下最后一个被冻得硬邦邦的馒头。此时,距离目的地还有8公里。

生死关头,大家都明白,这个馒头谁吃,谁就有可能活着出去。最后,郑林书做了一个决定:他和罗强是共产党员,陈卫星是老兵,陈俊贵是新兵,年龄又小,所以馒头让陈俊贵吃。

不久后,郑林书倒下了,接着是罗强,两人牺牲在玉希莫勒盖冰达坂南坡。最后,陈卫星和陈俊贵被哈萨克族的牧民所救并成功报了信,其他筑路战士得救了。

陈俊贵的大腿被冻伤,陈卫星左脚上的五个脚趾全部被冻掉,两人留下终身残疾。

1985年,已经退役回到辽宁安家工作的陈俊贵,为了报答战友的恩情,带着妻子和不满6个月的孩子重返天山,矢志成为乔尔玛烈士陵园的守墓人，用一生书写感天动地的战友情。

后来，陈俊贵获全国道德模范、感动中国人物、全国模范退役军人等称号。

陈卫星退役回到家乡广东连州后，虽然一度生活困难，却从来不向政府多提要求。一直梦想能重回独库公路的他，在2023年夏天终于圆梦。2024年初，陈卫星去世。

现在的乔尔玛烈士墓群中，一共埋葬着6名光荣牺牲的广东籍战士。他们是：

罗强，广东连县人，1980年4月11日牺牲，时年22岁。

罗新荣，广东信宜人，1979年9月25日牺牲，时年21岁。

刘天友，广东阳山人，1980年10月13日牺牲，时年22岁。

王新群，广东兴宁人，1978年6月8日牺牲，时年19岁。

颜国林，广东连县人，1978年6月8日牺牲，时年19岁。

李清彬，广东连县人，1978年6月8日牺牲，时年18岁。

原载于2024年9月27日《羊城晚报》A7版

筑路新疆的广东子弟兵（下）：
伟哉！边疆风雪犹忆南粤好儿郎

文/羊城晚报记者 黎存根 何文涛

2024年10月上旬，被誉为"中国最美公路"的新疆独库公路正式实施冬季封闭。这条纵贯天山南北、开凿难度极高的公路，就此进入每年长达8个月的"冬眠期"。

当地交通运输部门监测显示，独库公路2024年开放4个多月，车流量超过372万辆次，人流量超过705万人次。

欣赏美好风景之余，我们怎能忘记，50年前开工建设的过程中，有多少新中国建设者为筑路伟业而流血搏命！

全长562.75公里的独库公路，先后有近千名广东子弟兵参与建设，历经10年建设全线贯通，不仅是交通的命脉，还逐步成为今日发展经济、振兴乡村的网红公路，让沿线父老乡亲搭上了"农文旅商融合快车"。

为庆祝中华人民共和国成立75周年，广东省政协文化和文史资料委员会与羊城晚报记者挖掘、回溯英雄往事，于2024年9月27日在"岭南文史"栏目独家刊发《筑路新疆的广东子弟兵（上）：壮哉！他们从温润岭南挺进严寒天山》，披露近千名广东籍子弟兵挺进天山、投身独库公路建设伟业的光辉历史，引起社会各界强烈反响。

作为下篇，今天我们继续深入寻访当年参与此伟大壮举的广东子弟兵，听年过花甲的他们讲述当年奋战在天山深处的感人故事。

雪线天山路（收录于《筑路天山的南粤老兵》画册）

廖加战：五年筑路艰苦远超想象

荣获"全国模范退役军人"称号的老兵廖加战，带着他精心保存了40多年的相册和2007年首次重走独库公路的录影光盘，从清远连州驱车300多公里来到广州，向记者讲述他的独库公路故事。

1974—1983年独库公路建设期间，来自广东省和平、五华、兴宁、阳春、信宜、连州、阳山、连南8个县市的近千名战士，在巍巍天山留下了南粤子弟兵的足迹。1978年3月，刚满18岁不久的廖加战应征入伍，和200多名连州青年一起来到天山脚下。他在新疆天山的独库公路工地，一待就是5年。

这是廖加战第一次离开家乡连州，便来到了万里之外的那拉提草原新兵连驻

受访人廖加战（羊城晚报记者 何文涛 摄）

地。"那时那拉提还叫东风公社,初春三月天,山上的雪还有两米多高。"廖加战回忆,当时广东小伙子们面对的新兵连营房是"地窝子"(西北地区一种较简陋的居住方式),一时间,大家都不想从卡车里下来。

虽然廖加战从小生活在粤北山区,但独库公路建设环境的艰苦还是远远超出想象。新兵连指导员对他们说:"我们来这里是保家卫国、建设边疆的,不是来享福的,就是要吃苦耐劳、奉献青春。"

随后,廖加战当上了新兵连里的通信员。当时,新兵要和外界亲友联系只能写信,他跟着老兵学会了骑马,负责每周从连部到团部交接一次信件。第一周、第二周,收到的信不算多,第三周、第四周包裹多了起来,"第二个月收到的都是大包裹,因为大家纷纷写信请家里寄点家乡土特产来"。

包裹一多,廖加战就只能用毛驴拉板车运回连部,这也是他人生头一回见到毛驴,还闹出过自己饿着肚子,"让毛驴吃白面馒头"的笑话。不久,廖加战被分配到汽车连,他勤快耐劳,人也好学,备受上级好评,多次受到连嘉奖、营嘉奖。

2007年是廖加战退伍离开新疆天山25周年。当年9月,他和几位战友相约重走独库公路,这也是他们离开新疆后首次重回当年建设的地方。

廖加战拍摄的重走独库公路视频光盘(羊城晚报记者　何文涛　摄)

廖加战一上车就坐在副驾驶位置,架起摄像机记录,一口气拍摄了27盘录像带:"我要把独库公路起点的独山子大峡谷,到沿途的那拉提、巴音布鲁克草原,再到终点的库车天山神秘大峡谷,一草一木都拍下来,刻成光盘,让战友都可以分享,也让家人们一同见证!"

这张光盘,后来成为众多筑路老兵最想得到的纪念品。

邓龙辉:"情书王子"曾写下出征遗书

邓龙辉现已退休,他在广州番禺家中珍藏着170多封信件,那都是他当年在新疆修路时写给女朋友也是后来妻子的信。"当时都是'报喜不报忧',尽量不提施工的艰难,多分享一些军中生活的趣事。"

曾被战友们戏称为"情书王子"的他平淡地说起信中内容,依然让人感觉到当年从军筑路的不易。

受访人邓龙辉(羊城晚报记者 何文涛 摄)

因为心中一直有从军的梦想,1978年初,已经入党的邓龙辉辞去梅州兴宁县径心公社新洲大队的干部职务,从春暖花开的南国来到冰天雪地的西北边陲新疆。他说,置身艰苦的环境之中,一开始的惊奇与新鲜感很快荡然无存,甚至有些懊恼。

开弓没有回头箭,他选择勇敢面对现实。

1982年初春,邓龙辉当上了排长。连首长命令他带领3名推土机操作手徒步12公里,到一个机械停放点,组织推土机清除道路积雪。这12公里路程是一处山沟地形,两边的山上积雪很厚,随时有发生雪崩的可能。他深知此次任务艰巨、危险,但军令如山,他义无反顾。出发前,他写了一份遗书放在自己的办公桌上。

邓龙辉说,由于道路积雪厚,徒步行进非常吃力,消耗体力惊人,12公里路程走了6个多小时，途中就发生了两次雪崩，但依然按时完成了道路除雪任务，确保大部队顺利上山施工。因为这件事，他受到连首长的表扬，年终总结时连队还为他请了功——个人三等功。

1985年初夏，天山独库公路玉希莫勒盖隧道北口49公里便道大弯处，几万立方米的积雪突然从山顶崩塌，堵住了通往隧道南口以及团

当年的开路先锋——推土机（收录于《筑路天山的南粤老兵》画册）

部的通道。时任某部一机连一排排长的邓龙辉，奉命组织两台推土机赶赴雪崩路段清除积雪，让道路尽快畅通。当时，他站在推土机操作手一侧指挥作业，好不容易清理出一半多被堵的路段，突然遭遇倾泻而下的几千立方米积雪！

"都被雪崩瞬间打蒙了，仅仅几秒钟我就被卷进雪堆，脑子一片空白……没有疼痛，不知恐惧，甚至不知道自己是死是活！"生死一瞬间的惊心动魄，在将近40年后，依然让邓龙辉难以平静。

万幸的是，雪崩巨大的推力把邓龙辉和身边的推土机一起掀推到40多米开外的山坡处，人没有被深雪完全掩埋，也没有被推土机砸到。"战友们奋力拼搏，把我从雪堆中挖了出来。听见他们撕心裂肺的呼喊声，看见他们挂在脸上结了冰的泪珠，巨大的感激融化了我。"

一年后，此路段再次发生大雪崩，积雪又从山顶倾泻而下，大卡车及推土机瞬间被埋在雪垛中，6位战友不幸牺牲。三个月后，邓龙辉的妻子带着不满周岁的女儿来这里探亲，住在那拉提营房。当时，妻子一再要求去天山上看看风景，心有余悸的邓龙辉一直没答应。

1987年末，邓龙辉转业回到广东。2016年夏天，他与8位广东籍战友相约重走天山路。这一次，他带着妻子来到了当年遇险的大致地方，他久久无言，"我已经不记得被大雪吞噬的是哪个山坡，耳边除了雪崩的咆哮声，就

是战友的呼唤声"。

在乔尔玛烈士陵园,他祭奠长眠的战友:"天山筑路的峥嵘岁月,是我此生最为深刻和引以为傲的十年光辉历程。"

董乾启:服务"基建铁军"转战南北

董乾启是当年前往天山筑路的广东子弟兵里,唯一一位在部队经选拔考核进入大学读书的。他在大学毕业后归队,继续奋斗在边疆筑路一线,直至1992年才奉调回广东工作。

受访人董乾启(羊城晚报记者 何文涛 摄)

从小就爱好文学的董乾启,一直向往外面的世界。1978年初,听说部队来征兵,他毫不犹豫地报了名。"从家乡阳春出发,经历近半个月的长途奔波,来到冰天雪地的天山公路工地。"董乾启感慨,当年建设条件艰苦,且不说官兵们需要徒手开辟公路,粮食物资也极度短缺。他记得,有的战士当兵四五年从未下过山,直至退伍回家乡。

天山深处冰峰连绵,终年不化,但筑路工地上总是热火朝天。一线部队每个团负责100多公里的筑路任务,董乾启记得许多细节:当时天天和石头打交道,身上的衣服被磨得破破烂烂,就在腰间系一根绳子,或者用导火线当腰带;风钻打爆破孔时,粉尘极大,战士们认不出谁是谁。

直到开山大炮发出惊天动地的吼声,石山被"搬走"半边,路基渐见雏形,大家才狂喜,大喊"大炮一响黄金万两"!当时,连队破天荒杀了一头大肥猪庆祝,董乾启和战友们都说,这就是过大年啊!

在独库公路极其恶劣的环境中施工,塌方、雪崩等事故经常发生。董乾启难以忘记,1979年9月25日凌晨,三号隧道铁力买堤冰达坂工地上的队伍正准备下撤到营地休整,却突遇雪崩。

当时离洞口近的机修排帐篷被雪堆埋没,河南籍连长一边痛哭一边指挥救援……广东信宜籍战士罗新荣就在这次雪崩中牺牲,阳春籍战士江远文也因为被埋在帐篷里,一氧化碳中毒差点丧命。

战士们就是顶着这样巨大的危险和困难,不断掘进,不屈奉献。

有一副当年在天山公路工地上流传的对联,董乾启至今还能脱口而出:"上联是:碧血洒满天山捐躯为谁——为国威军威振奋;下联是:夫妻分居十年幸福何在——在千家万户团圆。"40多年后,一字一句,依然铿锵有力!

打风钻(收录于《筑路天山的南粤老兵》画册)

独库公路全线通车后,筑路大军成为我国的基建铁军,在祖国最需要的地方承担众多急难险重任务。董乾启又随部队继续修建昆仑和布公路、天山大山口水电站。两大工程竣工在即,董乾启还未畅饮庆功酒,就响应开赴开发大西北另一战场的号令,转战六盘山,到红军长征时翻过的这座名山下,打响"让西部高等级公路穿山而过"的新战役……

 访谈

让更多人关注"老广"建设新疆的事迹

■张力方　新疆粤新民族情援疆纪念馆馆长

羊城晚报：据您了解，广东子弟兵参与新疆的解放和建设的情形有哪些？

张力方：广东子弟兵服务新疆早已有之。1949年新疆和平解放，大批中国人民解放军官兵向新疆进军，其中就有广东籍子弟兵。当时，还有一批随陶峙岳将军和平起义后化剑为犁的广东籍官兵。随后，另有一批应征入伍的岭南大学学生兵，转调进疆。之后，又陆续有大批知识青年通过参军、部队复员转业、兵团招干等途径入疆。直到1974年，新疆天山独库公路开工建设，先后有上千名广东子弟兵参与其中。

不同时期的广东子弟兵和新疆各族人民一道，在和平解放新疆、剿匪和国防公路建设的壮举中付出了心血、汗水甚至生命。例如，出生在广东开平赤坎镇华侨工人家庭的关欧洛，1949年随部队进驻南疆喀什，扎根30年，直至生命的终点。王震将军在唁电中评价他："在抗日战争中、解放战争中英勇战斗，以及在党政工作中数十年如一日，他的一生是革命的一生。"

中华人民共和国成立后，当国家需要，广东的有志青年踊跃报名应征入伍，在远离家人、远离繁华的天山深处，勇敢地挥洒血汗、奉献青春，多人立功、受奖、提干。可以说，广东子弟兵敢打敢拼，为家乡争了光。

羊城晚报：您和钟晓阳两位热心大姐，自发为挖掘和传扬筑路天山的广东子弟兵故事做了大量工作，也是一段佳话。

张力方：当初，我们新疆粤新民族情援疆纪念馆驻广州工作站站长钟晓阳大姐发现"筑路天山广东老兵"的线索后，就找到我，决定要一起投入这个题材。

我和钟晓阳大姐结伴，自费数万元在广东连续60天走访了筑路老兵，记录、采集老兵们珍藏的大量实物和资料,许多珍贵历史照片至今依然震撼着人们。

当年全国有十几个省市子弟兵参与独库公路的建设,目前只有广东省整理完成了较为系统的文字材料,出版了《筑路天山的南粤老兵》画册。我们发掘整理的广东子弟兵援疆的很多实物和资料,如独库公路建设时的军服、证书、笔记、照片等,已被广东省档案馆和独库公路博物馆收藏。

老兵们重返天山独库公路,还把自己的爱人、家人后代带来新疆,不仅是缅怀当年的青春热血,还是粤疆两地情谊的传承,激励青年人心系边疆、接续奋斗。

羊城晚报:近年来,"老广"投身边疆建设的感人事迹确实得到了越来越多的社会关注。

张力方:是的,我们的挖掘整理工作也得到了很多帮助。特别是广东省政协文化与文史资料委员会在与新疆文史工作者的交流过程中,得知了20世纪五六十年代进疆的"老广"们建设边疆的感人事迹,也多次与我们联系、探寻,并将广东老兵参与独库公路建设的历程纳入了他们编印的《从岭南到边疆——20世纪50—70年代广东人援疆"三亲"史料》一书。这让广东人在新疆的奉献往事得到更广泛的传扬,一起讲述中华儿女艰苦创业和民族大团结的故事。

扫码看视频

延伸

筑路天山，情牵公益

从军筑路的经历，让从天山退伍回到岭南的老兵们重情重义，守望相助。廖加战在家乡连州创业，颇为成功。2016年，他偶然发现，曾参与修筑独库公路、荣立三等功的连州战友陈卫星因筑路致残，退伍返乡后生活极其困难，却没有怨天尤人，还努力为村里做事。

廖加战带头捐款，和各界一起共筹集了30多万元为陈卫星建新房。乔迁之时，来自广州、连州等地的独库筑路战友也纷纷表达祝福。2024年1月，陈卫星病逝，廖加战又忙前忙后为其操持家事，承担陈家孩子未来的读书和生活费用。

除了帮扶战友，廖加战时刻不忘回馈社会。他已连续20多年出资80多万元资助了200多名贫困学生，也倡议很多同行和成功人士加入爱心行列。现在，他们团队每学期资助优秀贫困学生175人，每人受惠约6000元。部分受资助的学生在毕业后，也用他们的实际行动回馈社会。

2024年7月29日，全国退役军人工作会议在北京召开。会议表彰了397名全国模范退役军人，筑路天山、情牵公益的廖加战就是其中一员。

原载于2024年10月30日《羊城晚报》A5版

黄埔百年

岭南文史拾贝

○ 将帅根植百年名校　丰碑无愧岁月峥嵘
○ 两校同育航空英才　空天逐梦百年翱翔
○ 军校遗珍遍羊城　铭记历史续精神

将帅根植百年名校　丰碑无愧岁月峥嵘

文、图/羊城晚报记者　黄宙辉　梁善茵（除署名外）

2024年6月16日，黄埔军校迎来建校100周年。17日，纪念黄埔军校建校100周年暨黄埔军校同学会成立40周年座谈会在北京举行，习近平总书记发来贺信。

习近平强调，新征程上，黄埔军校同学会要牢记建会宗旨和政治使命，继续弘扬"爱国、革命"的黄埔精神，进一步强化思想引领和组织建设，发挥特色优势，坚定反"独"促统，为同心共圆中国梦广泛凝心聚力。

为了迎接建校百年这个特殊的日子，位于广州市黄埔区长洲岛的黄埔军校旧址纪念馆筹划了一系列新动作，包括推出全新校史展"国共合作的不朽丰碑——大革命中的黄埔军校（1924—1927）"、开放校本部和俱乐部更新后的原状陈列、新设立黄埔同学录查询室等，既为"广州城标"带来新气象，又为黄埔军校揭开了更为丰富的历史内涵。

黄埔军校是第一次国共合作的产物，是近代中国第一所培养革命军队干部的学校。一批批革命军人从这里成长起来，为民族独立、国家统一英勇奋战。

毛泽东同志曾高度评价黄埔军校："昔日之黄埔，今日之抗大，是先后辉映，彼此竞美的。"

黄埔军校在长期发展和办学历程中形成的"爱国、革命"的黄埔精神，

2024年6月16日，观众参观黄埔军校旧址校本部（许建梅 摄）

在一代代黄埔校友的薪火赓续中不断发扬光大。直到今天，这一精神仍激励着中华儿女为推进强国建设、民族复兴伟业而奋斗。

国共合作，积极酝酿创校

沿着长洲岛军校路，一直走到珠江边，便可见到黄埔军校旧址的大门，门额上挂着"陆军军官学校"横匾。100年前，由孙中山先生创办的这所新型的军事政治学校——陆军军官学校（黄埔军校）在此诞生，走上了中国近现代史的舞台。

1911年，以孙中山为代表的革命党人发动辛亥革命，推翻清朝政府。然而，辛亥革命后，中国却陷入了四分五裂的军阀割据和混战的局面。为挽救革命，孙中山在广州建立革命政府，屡遭挫折。

1923年后，为寻求新的革命力量和出路，孙中山开始与苏联及中国共产党合作，第一次国共合作开启。鉴于过去长期依靠旧军队进行革命而屡遭失败的惨痛教训，孙中山在筹划改组国民党的同时，也在积极酝酿创办一所军

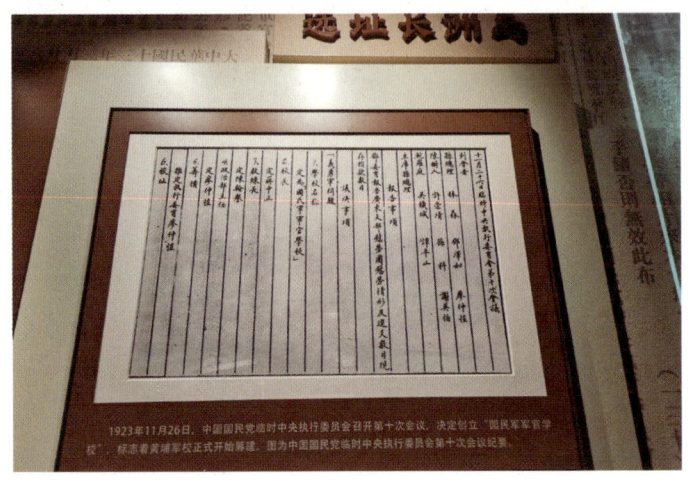

《中国国民党临时中央执行委员会第十次会议纪要》

官学校。

　　黄埔军校展出的《中国国民党临时中央执行委员会第十次会议纪要》显示，该会议决定创立"国民军军官学校"，并决定校长、教练长、政治部主任人选。后来在组织军校筹委会时，军官学校定名为"陆军军官学校"。

　　这标志着黄埔军校正式开始筹建。黄埔军校在广州时期用过不同的校名，包括陆军军官学校、中央军事政治学校、国民革命军军官学校、国民革命军黄埔军官学校，通称黄埔军校。

　　黄埔军校利用原清末广东陆军小学堂和广东水师学堂旧址为校舍，但这两间学堂已停办多年，校园破败不堪。1924年2月，筹备委员会组织对校园进行勘测、设计、修缮，历时两个多月紧张施工，校园基本整修完成，于当年5月开始办学。

　　1924年6月16日，黄埔军校举办开学典礼。孙中山在典礼上发表讲话："我们要把革命做成功，便要从今天起，立一个志愿，一生一世，都不存升官发财的心理，只知道做救国救民的事业，实行三民主义和五权宪法，一心一意地来革命，才可以达到革命的目的！"

　　当年，20岁的曹利生得知孙中山先生创办黄埔军校，毅然放弃正就读的上海大学学业，投笔从戎，在上海大学教授朱叔痴等人的推荐下，成为黄埔军校第一期学员之一。

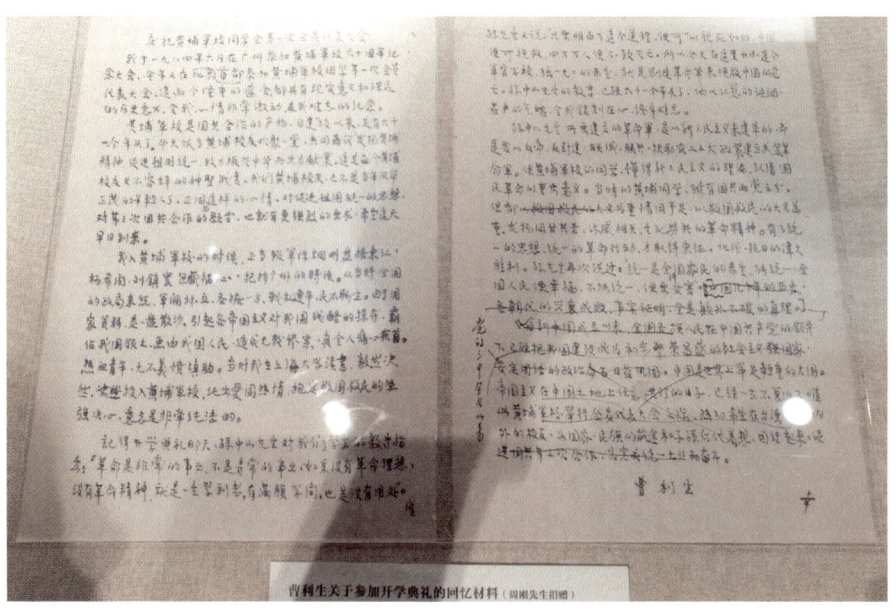

曹利生回忆黄埔军校1924年的开学典礼

1985年,曹利生参加了在北京举办的庆祝黄埔军校同学会第一次会员代表大会,并在手稿里回忆了61年前黄埔军校的开学典礼:

"记得开学典礼那天,孙中山先生教导我们这些学生,革命是非常的事业,不是寻常的事业。如果没有革命理想,没有革命精神,就是一生学到老,有满腹学问,也是没有用处的。孙中山又说:所以今天在这里开办这个军官学校,独一无二的希望,就是创造革命军,来挽救中国的危亡。"

文武并重的军校教育

黄埔军校旧址校本部俗称"走马楼",是一座岭南祠堂式四合院建筑,也是军校办公及部分学生住宿和学习的主要场所。

目前,校本部复原了政治部、官长饭厅(大会议室)、教授部、顾问室、入伍生部、自习室、学生宿舍、教练部、战术总教官室等20余个场景空间。100年前,军校学生们正是在这里接受教育,努力学习。

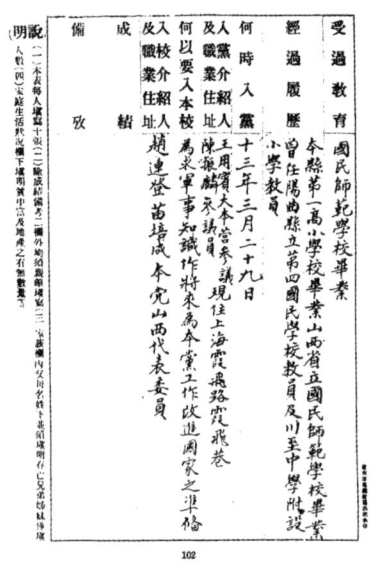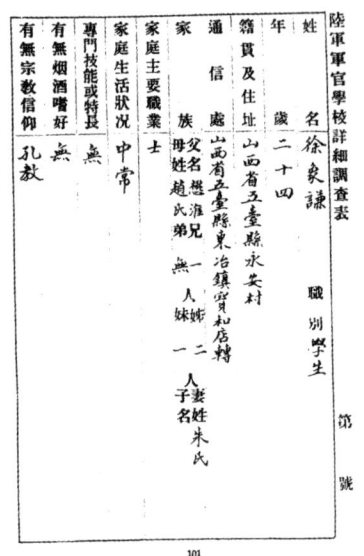

徐向前填写的《陆军军官学校详细调查表》

当时，要想成为黄埔军校的学生，必须经过多重考选，甚为严格。后来成为红军、八路军、解放军高级将领的徐向前，在入读黄埔军校一期时，曾认真填写《陆军军官学校详细调查表》。在"何以要入本校"那项，时年24岁的他写下了"为求军事知识，作将来为本党工作，改进国家之准备"的内容。

据校友回忆，黄埔军校举行入学考试的广州复试，第一场考作文，题目是"论述中国贫弱的原因和挽救之良策"，接着考了算术、历史、地理，并加考几何、三角和代数。

在苏联顾问和中国共产党人帮助下，黄埔军校建立并完善了教育体系，明确提出"军事与政治打成一片""理论与实际打成一片"的教学方针，既注重军事理论教学与实战技能训练，又重视提高学生政治觉悟与政治水平，培养学生的爱国思想和革命精神。

在此次全新校史展的现场，展出了"周恩来在黄埔军校时使用的名片"，名片显示，当时周恩来的头衔之一是陆军军官学校政治部主任。1924年9月，周恩来从欧洲归国，初任中共广东区委委员长兼宣传部长，随即被派往黄埔军校任政治教官。

同年11月,周恩来出任军校的第三任政治部主任。到任后,他雷厉风行地扩大和健全组织机构,政治部增设指导、编纂、秘书3个股。在他的主持下,政治部重新制订了政治教育计划,把政治教育提升到与军事训练同等重要的地位。卓有成效的政治部工作,使军校的面目一新。

"黄埔军校的政治教育和政治工作,很有特色。设立政治部是黄埔军校的首创之举。"著名党史专家、广东省政协文化文史研究专员曾庆榴介绍。这是共产党人在马克思主义指引下,结合中国实际,在参加黄埔军校工作时开拓的新领域,是思想建校、政治建军的起步之作,具有深远影响。

值得一提的是,在该校政治部担任第一至第六期主任、副主任的9人中,就有6人为中共党员,任职先后依次为:张申府、周恩来、包惠僧、邵力子、鲁易、熊雄。中共党员在黄埔军校的建设中发挥了重要作用。

1926年3月,陆军军官学校改名为"中央军事政治学校",增设政治科,以培养军队政治工作干部。政治科(第四期)招收学生将近500人,政

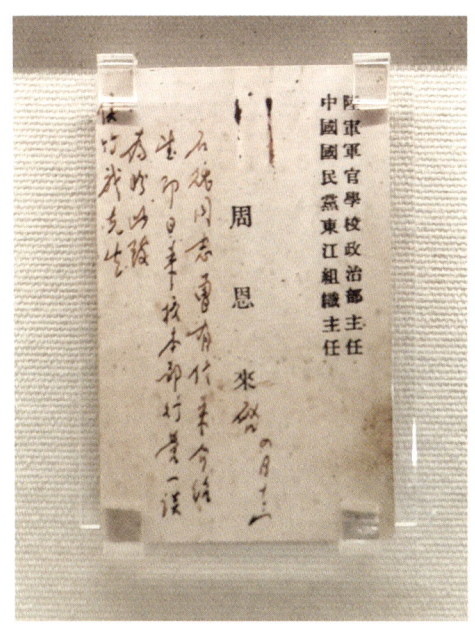

周恩来在黄埔军校时使用的名片

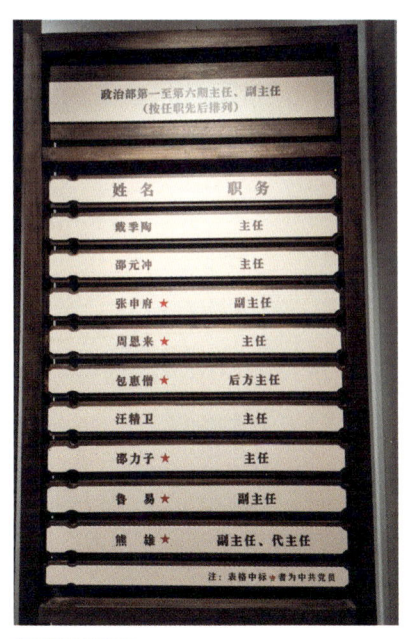

黄埔军校政治部第一至第六期主任、副主任

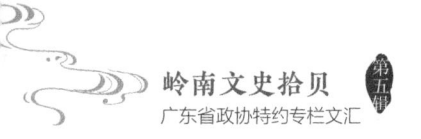

治部职员多达70多人，政治教育的分量大大加重。

同年，河北省完县（今顺平县）西柏山村人裘树凯考入黄埔军校，成为第四期工兵大队学生。赴黄埔军校求学，是他一生难忘的经历。"一进校门，抬头是'中央军事政治学校'；两边对联是早已传闻的'升官发财请走别路，贪生怕死莫入斯门'，横批是'革命者来'。几天来，我都处于精神兴奋状态。"

"黄埔军校原定的训练计划是以三年为一期，由于当时军情紧迫，急需用人，所以缩短为六个月一期，采用军事和政治并重、理学与实践结合的教学方针。"同为黄埔军校四期生的郭化若也在《我的黄埔生涯》里回忆了上军事理论课、实操练习、演习和参战等情况。

黄埔军校政治教育除进行课堂讲授外，还设有特别讲演，定期邀请各界著名人士来校宣讲形势、任务和政策，让学生了解国内外情况，提高政治觉悟。许多著名共产党人，如毛泽东、刘少奇、张太雷、彭湃、邓中夏等都应邀到军校演讲。

此外，鲁迅也于1927年4月8日被邀请到黄埔军校作"革命时代底文学"的演讲。他在演讲中说道："有实力的人，并不开口，就能杀人，受压迫的人开口讲几句，就要被杀……一首诗吓不走（北洋军阀）孙传芳，一炮就把孙传芳轰走了。"

"在战争中学习战争"

黄埔军校为中国革命培养和输送了大批军事政治人才，被誉为"将帅的摇篮"。《中央陆军军官学校史稿》第二期显示，黄埔军校广州校本部时期，第一至第五期学生毕业人数合计为7399人；此外，1926年10月黄埔军校还招收了第六期入伍生4400余人。

用革命思想和先进军事科学武装起来的黄埔军校师生，一登上历史舞台，便披坚执锐，所向披靡。他们抛头颅洒热血，在反帝反封建、争取国家统一和民族独立的斗争中培育出的"爱国、革命"精神，成为实现中华民族

黄埔军校第一期毕业全体官长学生摄影

伟大复兴的重要精神力量。

1925年，广州革命政府发起两次东征，广东革命根据地得到统一和巩固。1926年，国共两党合作开始北伐。以黄埔军校师生为主力的革命军，纵横驰骋于东征、北伐战场，为国民革命立下不朽功勋。1927年8月，黄埔军校第一期步兵科生冯德实参加北伐时在龙潭战役中牺牲。如今，他的黄埔军校毕业证书在校本部的纪念馆中展出，向后人讲述那段峥嵘岁月。抗日战争时期，共产党人和黄埔师生又挺身而出，英勇顽强抵抗日本侵略者，为民族独立解放前赴后继。

曾庆榴教授认为："黄埔军校的军事教育有其特色，主要是从实际出发，学用结合，以战场为课堂，在战争中学习战争。"

中国共产党十分重视黄埔军校的工作，从各地选送大批党员、团员和革命青年到军校工作和学习。据不完全统计，有姓名可查的前六期黄埔军校师生中，为共产党员的有近800人。他们中的很多人成为组建人民军队的骨干力量。

1927年大革命失败后,黄埔军校的教官、学生走上了不同的道路。其中,大批黄埔军校教官和学生加入了共产党人发动和领导的各个起义。其中,周恩来、恽代英、聂荣臻等参加南昌起义;卢德铭、伍中豪、陈毅安等参加秋收起义;叶剑英、徐向前、陶铸等参加广州起义。

1927年,广州"四一五"政变后,黄埔军校笼罩于恐怖之中,国共合作在广州举办军事政治学校的历史,至此终结。

修缮故址,赓续"黄埔精神"

悠悠百年,珠水滔滔。走过百年的黄埔军校,其校本部历经被炸毁、被复建,又多次被修复,为后人留下了宝贵的历史财富。

1938年,侵华日军轰炸黄埔军校,致使黄埔军校大部分建筑被炸毁。1963年12月6日,周恩来总理在张治中、陶铸的陪同下视察了黄埔军校旧址。后在中央及地方各级政府努力下,黄埔军校旧址逐步得到恢复和保护。

1984年6月,黄埔军校旧址纪念馆成立,是国内唯一以保护黄埔军校历史文化建筑,展示黄埔军校发展历程为核心内容的纪念馆。

黄埔军校旧址纪念馆成立后,由广东革命历史博物馆负责管理。广东革命历史博物馆馆长易西兵介绍,40年来,该馆严格遵循革命旧址保护要求,对黄埔军校旧址进行了多次妥善复原维修保护。

其中,1996年,经过全面考古勘探发掘,明确旧址的建筑布局后,按照"原方位、原尺度、原面貌"的原则,重建军校校本部,建筑面积为10600平方米;2004年至2006年,又对旧址进行全面大维修保护。

黄埔军校旧址现包括校本部、孙总理纪念室、孙总理纪念碑、俱乐部、游泳池,总面积约5.7万平方米。

近年来,黄埔军校旧址每年的参观人数都超过200万人次,是广东省参观人数最多、受关注度最高的文博场馆之一。2023年,黄埔军校旧址获评AAAA级旅游景区,彰显出文旅融合的独特魅力。

到2020年,黄埔军校旧址纪念馆转由辛亥革命纪念馆具体管理。"接管

提升后重新亮相的黄埔军校旧址校本部复原陈列（李剑锋 摄）

以来，我们已征集到700多件与黄埔军校相关的文物。其中，1924—1927年期间的黄埔军校证章很有代表性，蕴藏着丰富内涵。"辛亥革命纪念馆（黄埔军校旧址纪念馆）馆长欧阳旦霓介绍，这些证章上有斧头、镰刀等元素，是那段时间国共合作的明显体现。此外，这些证章上基本都有一个地球仪，上面写着"亲爱精诚"，"它代表了黄埔军校的定位，不仅仅是着眼于统一中国，而是着眼于世界革命"。

而"黄埔精神"更被赋予时代的内涵，继续发扬光大。在2024年6月2日举行的"纪念黄埔军校建校100周年学术研讨会"上，原中央党史研究室副主任、中国中共党史学会副会长李忠杰指出，黄埔军校无论在中共党史还是在中国革命史上都占有特殊的地位，百年之后仍具有特殊的价值，"黄埔精神"已经成为中华民族精神文化的重要内容。

 访谈

共产党人对黄埔军校有诸多贡献

■ 曾庆榴 著名党史专家、广东省政协文化文史研究专员

羊城晚报：回望历史，百年前黄埔军校为何会诞生在广州？

曾庆榴：黄埔军校是为适应时代的需要而诞生的一所学校，它落地于广州黄埔岛（又称长洲岛），绝非偶然。

首先，广州是一座有革命传统的城市，孙中山三次在广州建立革命政权，中共三大、国民党一大在广州召开，是大革命运动的发祥地。其次，黄埔军校诞生前30多年，黄埔岛上已办过陆军、海军学校。此外，在地理位置上，黄埔岛是广州的门户，地势险要，适宜于练兵。

羊城晚报：黄埔军校在广州的筹建、开办，共产党人作出的贡献体现在哪些方面？

曾庆榴：共产党人对黄埔军校有诸多贡献，包括：人才投入，当时不足6万人的中国共产党，前后有1000多人加入了黄埔军校，为该校注入新质，济济多士，乃成大业；思想投入，主要体现于主持该校政治教育和军队政治工作，在思想建校、政治建军方面，作了意义深远的开拓；积极参加黄埔军校各项建设，充当教导团、党军、国民革命军骨干，在课堂、操场和战场上起先锋、表率作用，为统一广东、北伐战争都作出了不可磨灭的贡献。

羊城晚报：1926年3月，蒋介石制造"中山舰事件"，破坏国共合作。黄埔军校共产党组织采取了哪些措施来维护国共合作，坚持团结办校？

曾庆榴："中山舰事件"，是国共合作建立以来，也是黄埔军校创建以来发生的最为严重的一宗反共、分裂事件。在严峻的历史关头，共产党人大力维护并继续推进了黄埔军校建设。

"中山舰事件"发生后，在中共广东区委的统一领导之下，黄埔军校共产党组织开展了大量破解危局与积极开拓的工作。主要措施有：

第一，成立中共"黄埔党团"。"党团"是广东区委为应对"中山舰事件"而授权成立的，是黄埔军校党的"核心组织"，统领军校党的工作，吸收新党员，发展了党组织。

第二，维护黄埔军校国共合作的大局。"中山舰事件"后，广东区委对军校党组织作了多次重要指示，总的精神是要举孙中山之旗，坚持国民革命，继续实行"党内合作"。在处于弱势、横遭打压的情况下，顾全大局，积极维护黄埔军校的统战大局。

第三，坚守和加强黄埔军校政治部。政治部是共产党人主持的一个部，在黄埔军校中居于举足轻重的地位。"中山舰事件"后，共产党人坚守并加强了政治部，致力于办好政治科，有力地打破了黄埔军校政治低迷的局面，并激活了整个军校的教育。

第四，占领舆论宣传高地，引领思想政治工作。"中山舰事件"后，军校党组织加大办报、办刊力度。其中《黄埔日刊》尤为引人瞩目，该报的主编、编辑和主要撰稿人多为共产党员。《黄埔日刊》发行量达三四万份，对驱散"中山舰事件"的阴云，掌握舆论导向，加强革命思想、文化、理论的探索和研究，发挥了积极、重大的作用。

"中山舰事件"后，共产党人通过化解危局，积极开拓，维护了国共合作的黄埔军校。军校办学的热潮持续高涨，"到黄埔去"，依然是各方热血青年的衷心向往。

扫码看视频

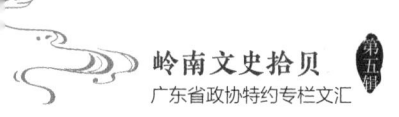

> **延伸**

俱乐部——黄埔军校最具历史价值的建筑之一

黄埔军校俱乐部建于1926年，是军校规模最大的单体建筑，共两层高，也是最高规格的典礼建筑，用于举办大型会议、活动，同时也是师生娱乐放松的场所。其主体空间是一个大礼堂，面积达1020平方米。俱乐部生动见证了国共两党的第一次合作，也经历其后的合作破裂。

1938年日军飞机轰炸黄埔军校时，俱乐部楼房多处被炸毁，但并未像校本部那样被夷为平地。因此，它成了黄埔军校旧址中最具有历史价值的遗留建筑之一。

欧阳旦霓馆长介绍，2021年，馆方对俱乐部屋顶和地面进行补修，复原大堂场景，布设了关于俱乐部历史的展览。进入百年校庆的工作周期后，馆方又对俱乐部从一楼大堂至二楼"阅览室""音乐室""弹子游艺室""化妆室"等空间进行了复原，立体细致展现军校师生在军事训练课程之余的校园生活。

2024年6月16日，俱乐部对外开放。这是俱乐部首次以场景复原后的面貌向公众开放。

原载于2024年6月19日《羊城晚报》A5版

两校同育航空英才　空天逐梦百年翩跹

文/羊城晚报记者　黄宙辉　实习生　叶恩平

　　百年前，黄埔军校在广州诞生。当时，广州还有一所不同寻常的军事院校——广东航空局军事飞机学校（以下统称"广东航空学校"）。

　　广东航空学校成立于1924年9月，与黄埔军校一样，同为第一次国共合作的产物，均在中国共产党和国际进步力量的帮助下，由孙中山创办。

　　广东航空学校为国共两党培育出第一批杰出的航空人才，也让广州成为中国共产党人追梦空天的起点。从黄埔军校毕业的刘云、冯洵（冯达飞）等一批优秀学生，率先进入广东航空学校学习飞行，成为中国共产党的航空先驱。

　　2024年9月是广东航空学校建校100周年。羊城晚报记者通过寻访专家学者、航空先驱后人，回顾该校12年办学历史，以及黄埔军校、广东航空学校走出的中国共产党航空先驱的英勇事迹。

实践"航空救国"

　　广州市水荫路113号，十九路军淞沪抗日阵亡将士陵园的西南角，"广东省航空纪念碑"庄严而肃穆。为纪念我国航空事业的先驱和在东征北伐、抗日战争中阵亡的空军将士，广州市政府于1988年修建了这座纪念碑。

广东航空学校（黄埔军校旧址纪念馆供图）

纪念碑正面镌刻着孙中山先生题写的"航空救国"四个大字，背面刻有徐向前元帅题写的"广东省航空纪念碑"碑名。这里纪念的阵亡空军将士中有不少来自广东航空学校的师生。

广东航空学校于1924年创办。2008年出版的《广州市文物普查汇编·越秀区卷》（广州出版社）中记载：1924年春，苏联飞行专家及德国飞行员数人来广州帮助训练飞行人员，并组建飞行训练班。

1924年底，训练班改为航空学校，校址设在大沙头（注：1924年9月先在广州新河浦东山皮革厂建立军事飞机学校，后学校迁至大沙头航空局飞机制造厂附近）。

这是中国第一所航空学校，也是国共合作的成果之一。在第一次国内革命战争期间，航空学校办了两期。第一、第二期学员曾组成飞行队参加了两次东征，平定滇桂军阀杨希闵、刘震寰叛乱，后又参加北伐战争，建有战功。

"广州大沙头沿江东路421号，是当时落实孙中山先生'航空救国'理想的重要基地。"中国航空学会理事、广东省航空航天学会常务副会长梅卫民介绍。

1923年，中国历史上第一个航空局——广东航空局（即大元帅府航空局）在这里成立，随后中国第一个飞机制造厂又在此建立，该厂造出中国第一架军用飞机"乐士文"号并试飞成功，标志着中国航空工业的起步。

1924年9月，广东航空局军事飞机学校成立，为国共两党培育了第一批杰出的航空人才。

中外合力育才

孙中山先生曾指出，自航空机参加战斗后，已打破了军舰、战车的局限，扩大了控制战场的能力，故现代国防，非扩充空军力量不可。他指导黄埔军校的课程设置，把"航空""无线电"等新兴技术列为军事专门学科。

"黄埔军校办学条件不足，但其军事教学却有'航空'这样的前沿学科。研究中国军校和军事的历史，对这一点不应忽略。"著名党史专家、广东省政协文化文史研究专员曾庆榴在其新作《黄埔军校史（1924—1927）》中指出。

对于黄埔军校和广东航空学校的关联，黄埔军校旧址纪念馆全新校史展中特别设置"黄埔军校与中国空军"章节，作了专门介绍。

辛亥革命纪念馆（黄埔军校旧址纪念馆）馆长欧阳旦霓介绍，广东航空学校创办后，在共产党人的支持下，一批有政治觉悟、有文化的共产党员和进步青年被选送到广东航空学校。

广东航空学校第一期的10名学员中，有7位是黄埔军校的毕业生，其中包括共产党员刘云。刘云曾赴法国勤工俭学，他在"学生详细调查表"中"专门技能或特长"一栏填"航空术"，在"经过履历"一栏中写"法国飞机学校

位于十九路军淞沪抗日阵亡将士陵园内的广东省航空纪念碑（受访者供图）

广东航空学校的中共党员和进步青年（受访者供图）

毕业"。

在广东航空学校,学员们进一步学习飞行与航空技术。广东航空学校第一期学员唐铎之子唐瓦加在《中国早期的飞行摇篮和第一批空中骄子》一文中介绍,学校的首任校长是从德国聘请的雅尔台先生,主持日常教学工作,同时还教授领航、侦察、战术等科目。

学校还从德国聘请了两名德国籍教官：飞行教官冯·格莱姆、机械教官瓦尔特（赫斯）。学校开设的科目有军事学、机械学、空中战术、观察学、气候学、俄文等。

学习期间,同为广东航空学校第一期学员的冯洵（即冯达飞）在一封家书中写道："近来功课更增（航空学、机械学、空中侦察测绘、空中战斗、摄影术、俄文、英文、政治）。每日授课九时,夜添一时速记,实无闲暇之时刻……"

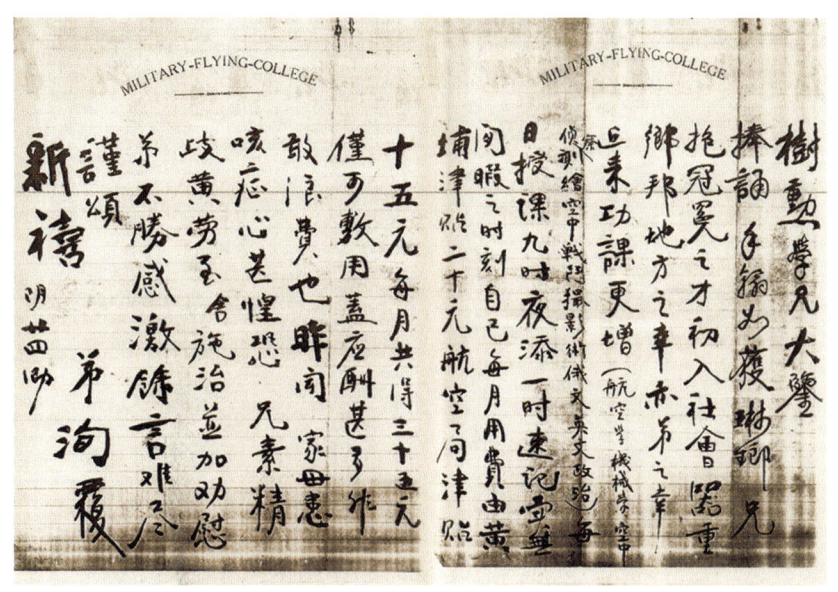

冯达飞在广东航空学校学习期间写的家信（冯达飞后人供图）

高瞻远瞩筑梦

在风起云涌的大革命时代，中国共产党人高瞻远瞩，抓住国共合作的有利时机，在黄埔军校培养发展中国共产党的军事人才，也借广东航空学校培养航空军事人才。

刚从欧洲回国、任黄埔军校政治部主任的周恩来同志，深感航空军事技术在第一次世界大战中发挥的重大作用，他在黄埔军校及学校下属飞机队、铁甲队等机构中设立了党代表。

在黄埔军校一期生1924年11月毕业后，他又抓住机会选送政治觉悟高、身体素质好、学习成绩优异的共产党员和进步青年进入广东航空学校第一期学习，包括刘云、冯洵（冯达飞）、王勋（后改名王叔铭）、王翱、万鹏（又名万少鼎）、袁政、郭一予等人。

据称，广东航空学校开学不久，在廖仲恺和中共广东区委的推荐下，共产党人刘云出任学校及飞行学员队的党代表。

1926年初，广东航空学校继续招收第二期学生20人，大多从黄埔军校第

二、三期学生中选送，常乾坤、徐介藩、李乾元、龙文光等人也是在那时入校。

不久，两班合并，全部学习飞行。另外，学校从黄埔军校第四期学生中选送20名，开办侦察班，持续推动国共两党涌现一大批航空技术人才。

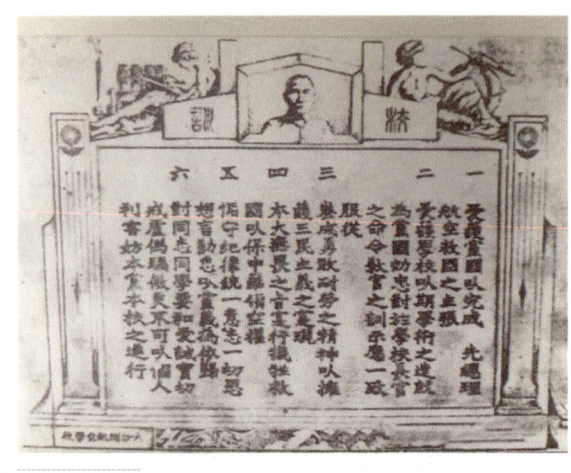

广东航空学校校训（受访者供图）

1925年8月，广东航空学校又选送刘云、冯洵2位共产党员和其他4位进步青年王翱、唐铎、王勋、朴泰下（朝鲜籍）赴苏联第二飞行学校，继续学习飞行。

1926年6月，中国共产党继续从广东航空学校第一期毕业生留校人员和第二期的飞行学员中选调12人，赴苏联学习飞行。其中常乾坤、徐介藩、李乾元、刘铁仙、黎鸿峰（越南籍）、金震一（朝鲜籍）6人是共产党员。

在周恩来等人及中共广东区委的领导下，这些一、二期学员中的共产党员和进步青年得以成长，中国共产党的空天梦从这里起步，广州也成为中国共产党航空事业起航的"摇篮"。

实战展露威力

从黄埔军校、广东航空学校毕业的学子们，思想觉悟高，在航空飞行技术上取得突出成绩。其中部分学员参加东征、北伐等战斗，检验了实力，展露了威力。

刘云的飞行专业成绩极其优秀，他每天坚持自驾飞行两小时，反复研究，直到弄懂为止。

在广东航空学校学习期间，为支援国民革命军东征部队作战，刘云、冯洵、唐铎等学员在教官带领下，还驾机执行了东征陈炯明、平定刘（震寰）

杨（希闵）叛乱的侦察、空袭、撒传单等任务。

冯洵在苏联深造期间，改名冯达飞。据他的警卫员覃恩忠回忆，1932年冯达飞担任红军大学四分校校长期间，奉命维修了红军攻打漳州时缴获的一架国民党飞机，该机后来被命名为"马克思"号（这是红军的第二架飞机）。

这架飞机随后被装上迫击炮弹和传单，由冯达飞驾驶飞往赣州轰炸敌群，

"马克思"号飞机（受访者供图）

完成任务后再飞回中央苏区。这是在没有导航的情况下，红军将领驾机创造的奇迹，在我军飞行史上留下传奇的一页。

上海《世界晨报》1932年曾报道，当时红军已有航空队，有五六架飞机，飞行员全是20多岁的青年，队长是广东人冯达飞，曾在苏联航空学校深造，带领进行军事侦察。

据解密的民国政府军事委员会机要室电文称：1932年6月，这支航空队曾数次驾机经江西萍乡向湖南的汝城、浏阳投掷炸弹。

周恩来同志称赞冯达飞是中共的"航空专家"。1933年，红军需要建立一个飞机场，冯达飞又受命担任机场工程建筑处处长。

他亲自设计机场，偕同欧阳毅等完成建造工程。1936年"西安事变"后，国共两党合作建立抗日民族统一战线，1937年5月冯达飞曾作为共产党4名代表之一赴南京商谈。

当时的报纸敏锐地注意到了他，并描述他由黄埔军校到广东航空学校，再赴苏联及欧洲深造的经历，中国共产党已拥有这样的航空人才，引起各界关注。

广东航空学校第二期毕业生龙文光先加入国民党空军，后在红军首长徐向前的感化教育下投诚红军。1931年5月，鄂豫皖特区工农民主政府军事委员会航空局正式成立，龙文光为第一任局长。

"列宁"号飞机
（受访者供图）

同年12月22日，龙文光驾驶"列宁"号飞机（这是红军的第一架飞机）参加红四方面军攻打黄安县（今湖北省红安县）的战斗，震惊了据守敌人。

敌军弃城南逃，红军乘胜追击，全歼逃敌。这是中国共产党红军历史上的首次空中作战，光耀大捷。

冯达飞、龙文光分别在中央苏区和鄂豫皖苏区驾机参加红军战斗，初步显现了航空飞行器在第二次国内革命战争中的威力，打击了敌人"围剿"根据地的嚣张气焰，提高了红军的战斗力。

不断探索空天

广东航空学校开办8期后，于1936年停办。该校培养出500多名飞行员，为中国空军作出了巨大的贡献。

曾庆榴指出："广州航空学校（即广东航空学校）走出了中国早期的一批飞行员。这与国民党、共产党空军诞生的历史都有割不断的关联。"

梅卫民认为，广东航空学校是中国共产党人追梦空天的起点，广州是中国共产党人空天梦起步的地方。该校优秀的中共航空人才在人民空军的百年发展历程中作出了重大贡献。

除了在大革命时期选派共产党员进国民革命军航空学校学习外，中国共产党还在土地革命战争时期，选调一些共产党员、共青团员到苏联学习航空技术。

广东航空学校第二期学生常乾坤于1926年赴苏联，系统学习飞行12年，其间于1932年考入苏联最高航空学府——茹科夫斯基航空学院深造。

回国后，1938年中共中央决定派常乾坤去迪化（今乌鲁木齐市）从事航空教育工作，党组织从延安派去许多同志都在这里学习航空技术。

常乾坤负责编写多种航空理论教材，包括《飞行原理》《空中射击》《空中领航学》等。这些教材，后来在东北航空学校的教学中起了重要作用，也是中华人民共和国成立后空军各航校的主要教材。

唐铎从广东航空学校第一期毕业后，于1925年10月到苏联继续深造飞行，后在苏联空军工作战斗了28个春秋，曾参加苏联的卫国战争。

1953年，唐铎在周恩来总理的亲自关心下归国。回国后，唐铎曾任中共军事工程学院空军工程系党委书记、系主任等职，为培养空军军事人才勤勉工作。

解放战争时期，中国共产党在东北创办人民军队第一所航空学校——东北民主联军航空学校，专门培养航空技术人才，为建立人民空军做了充足准备。

1949年11月11日，中国人民解放军空军正式成立。至此，中国共产党人的空军梦迈入现实发展的康庄大道。

 访谈

呼吁建立广东航空学校纪念馆

■乔国华　广州地铁集团正高级工程师、

广州新四军研究会宣讲团副团长、冯达飞后人

羊城晚报：2024年是广东航空学校建校100周年。您如何看待这所学校的历史意义和现实意义？

乔国华：广东航空学校虽然只延续了12年，但具有非常重要的历史意义和现实意义。中国共产党人逐梦航空是从1924年开始的，起点就在广州（广东航空学校）。我们不能忘却这段历史。

与黄埔军校一样，广东航空学校为国共两党培育了第一批杰出的航空人才，为中国空军尤其是人民空军的建立、发展、壮大作出了卓越贡献。

纪念广东航空学校建校100周年，与纪念黄埔军校建校百年一样，可团结海内外相关人士，唤起大家的共同情感，广泛凝聚人心，有利于巩固壮大统一祖国的力量。

百年前，中国第一架军用飞机就是在与广东航空学校同址的广东飞机制造厂研制成功，这也成为中国工业发展的里程碑。

纪念广东航空学校建校100周年，也可善用这些具有岭南特色的历史文化元素符号，助力广东发展航空工业、低空经济。

羊城晚报：但与黄埔军校不一样的是，广东航空学校的遗迹已难觅。对此，您有何建议？

乔国华：时值黄埔军校、广东航空学校建校100周年，从这两所学校走出的中国共产党航空先驱及其英勇事迹，非常值得吾辈去缅怀与传颂。

现今广州大沙头沿江东路421号，是当年广东航天局、飞机制造厂、广东航空学校的所在地，但目前已找不到历史痕迹，非常遗憾。

我们后人想去缅怀历史，弘扬先烈的精神，也找不到落脚点。因此我呼

吁,在遗址附近建设广东航空学校纪念馆,或者重新竖立广东航空学校的纪念碑,供大家去了解和铭记这段历史。

羊城晚报:作为人民军队航空先驱冯达飞的后人,您怎样去传承和弘扬他的精神?

乔国华:冯达飞自广东航空学校毕业后,矢志中国共产党航空事业,把毕生精力奉献给军事教育工作,培养了一大批军政干部,人们称他为"飞行教官"。

后来,他在"皖南事变"中被俘,坚贞不屈,1942年6月被敌人杀害于上饶集中营。2019年6月,新华社的报道称誉冯达飞为"人民军队航空先驱"。

近年来,我一直与有志之士一起,收集、挖掘冯达飞的史料、事迹,梳理他对中国革命,尤其是在人民军队航空发展中作出的贡献。

从他和其他人民军队航空先驱的身上,我们深深感受到为国家和民族"追求真理、矢志不渝、不怕牺牲"的奋斗精神,在今天的民族复兴征程中仍具意义,历久弥新。

作为冯达飞的后人,我曾多次受邀去各类学校参加宣讲活动,希望重温岭南近代史上一些不平凡的篇章,也为年轻人提供一些精神力量。

扫码看视频

延伸

中国第一架军用飞机在广州制造

为了发展航空事业，1923年，孙中山任命大元帅府航空局局长杨仙逸兼任飞机制造厂厂长。

飞机制造厂设在广州东山新河浦一间清末废弃的皮革厂内，故称东山飞机制造厂。为了日后飞机试飞方便，又选择了位于今沿江东路421号大门东侧的一座楼房为厂房。

在杨仙逸的直接主持下，工厂员工努力工作，仅用3个月时间即自行设计制造了真正中国化的第一架军用飞机。

1923年8月10日下午，孙中山偕夫人宋庆龄参加了这架飞机的试飞仪式。为了表达敬意，杨仙逸等人当场向孙中山提出请求，以宋庆龄曾用的英文名ROSAMONDE之中译音"乐士文"，来命名这架飞机。

"乐士文一号"就这样诞生了。随后，孙中山与宋庆龄在飞机前合影留念，孙中山亲自题写了"航空救国"四字以资鼓励。

"乐士文一号"试飞成功后交航空队使用，曾参加攻击惠州陈炯明部队的战斗。后来，陈炯明派人深夜潜入大沙头飞机库纵火，"乐士文一号"和一部分飞机器材遭焚毁。

1923年8月10日，孙中山和夫人宋庆龄主持中国第一架军用飞机试飞典礼后，在飞机前合影（资料图）

原载于2024年8月7日《羊城晚报》A5版

军校遗珍遍羊城　铭记历史续精神

文/羊城晚报记者　黄宙辉　梁善茵　实习生　叶恩平
图/羊城晚报记者　黄宙辉（除署名外）

2024年是黄埔军校建校100周年。

黄埔军校是第一次国共合作与中国大革命运动的产物，是一所对中国近现代历史进程产生了重大影响的军事政治名校。它在广州留下的历史遗迹与革命印记，历经百年沧桑，成为这座城市丰厚人文内涵的重要组成部分。

2024年6月，在广州举办的"纪念黄埔军校建校100周年学术研讨会"上，黄埔军校分布在羊城的众多史迹点引发学界关注。

连日来，羊城晚报记者陆续寻访了1923年至1927年间，黄埔军校在广州留下的数处具有代表性的史迹点，探究其背后蕴藏的历史故事。

南堤2号：卷动风云

今日广州市越秀区沿江中路239号附近，车水马龙，南面是奔流不息的珠江水。时光回到百年前的1924年，当时位于这一带的广州市南堤2号，是黄埔军校筹备处的办公地点，它见证众多历史时刻，卷动革命风云。

黄埔军校选址广州市东郊的黄埔岛（即今长洲岛）。岛上虽然有几处房屋，但因年久失修，已是败瓦颓垣，且由于黄埔岛远离市区，水陆交通皆艰难，不便办公。黄埔军校筹备处开始工作时的近半个月里，没有地方可

中共广东区委旧址是周恩来与黄埔军校内的共产党员联络、活动的地点之一

安置,孙中山只好把乘坐的"大南洋号"汽船停靠在江边,作为临时办公地点。随着招生工作的迅速展开,在船上接待外地来的师生很不方便,必须在陆地上设置地址相对固定的军校筹备处。

随后,工作人员在广州的南堤2号寻找到一座西欧古罗马圆柱式小楼房。军事历史学家陈宇在其著作《中国黄埔军校》(解放军出版社2007年出版)曾描述:"这座古建筑,矗立于珠江岸边,南瞰滔滔江水,后临八旗二马路,全楼高约15米,是一幢中间3层、后进2层的西式楼房,建筑占地面积约700平方米。当时,这里是市区最热闹、最繁华的地方之一……"

1924年2月6日,黄埔军校筹备处由"大南洋号"汽船开始迁移至南堤2号。2月8日,蒋介石主持召开军校筹委会首次会议,决定分设教授、教练、管理、军需、军医五部,各以王柏龄、李济深(邓演达代)、林振雄、俞飞鹏、宋荣昌为临时主任,分部办公。

参与筹备处工作的,还有沈应时、顾祝同、陈继承、刘峙、邓演达、严重、陈诚、王登云、朱一鸣等人。时任粤军第二师参谋长的叶剑英，应廖仲恺邀请，亦参加筹备处工作。

广东革命历史博物馆所编《黄埔军校史料（1924—1927）》（广东人民出版社1982年出版）记载："历时三月余，共开筹备会议三十二次，由委员长主席讨论决议关于筹备之各种事项。"

从此，这个地点以军校筹备委员会的名义，不断出现在当时广州的各大报刊上。军校筹备委员在南堤2号门前挂起了筹备委员会办事处的名匾，张贴出了第一期招生公告，正式树起创建革命军校的旗帜。

1924年4月25日，军校筹备处迁入黄埔岛，军校正式在黄埔岛办校。此后，南堤2号又陆续成为黄埔军校驻省办事处、中国青年军人联合会、黄埔同学会等机构的办公场所。

天河珠村：实训实战

黄埔军校正式开办后，受到感召前来求学的革命青年日益增多，位于黄埔岛的校本部无法完全安置。于是，黄埔岛以外的许多场所，成为黄埔军校当时的办学与训练场地。与黄埔军校隔河相望的鱼珠和珠村这两处地方，由于距离相近，更是经常被选为军校师生野外演习、训练的场所。

2004年，广州市天河区珠村老人协会会长潘鸿善曾回忆："1924年黄埔军校开学后，学生就常来珠村训练，在上珠村大塘边街面对秉常、秉忠公祠堂站立，队伍有近200米长。廖仲恺、蒋介石等就站在祠堂门口的石凳上，轮流向'学生军'训话。听完训话，'学生军'就一直操步，到村东北山头训练。'学生军'来珠村，通常都训练几日，如果晚上下雨，就睡在潘姓大祠堂（明德堂）里。"

珠村的北帝古庙，始建于明代洪武年间，香火一直旺盛。今人没想到，这座古庙也与黄埔军校有一段难忘的往事。

记者探访这座北帝古庙，只见古庙门前的标识牌上清晰写着："1924年11月8日，黄埔军校第一期学生进行毕业考试，指挥部就设在珠村的北帝

珠村的北帝古庙曾作为黄埔军校一期学生毕业考试的指挥部（潘剑明供图）

庙……第二次东征陈炯明时，北帝庙成为黄埔军校的弹药中转站。"

民国时的《中央陆军军官学校史稿》（1936年版）第四篇也详细记录过这段历史："（一九二四年）十一月八日起，本（第一）期第一总队学生举行毕业试验，各学生队在鱼珠墟及珠村附近演习战术实施……"

广东革命历史博物馆党总支书记、文物博物研究馆员李岚向记者讲述了这次"毕业试验"的一段轶事。

那是黄埔军校第一期学生举行大规模野外演习时，以鱼珠炮台作为演习起点和露营地，向西经过石牌车站至瘦狗岭一带十余公里。演习情节设定为：以广州市为根据地的"西军"，已占领广州东郊外的瘦狗岭和石牌车站一带，构筑了坚固工事，与学生军组成的"东军"决一死战。"东军"则假想"西军"行至石龙后，作战斗搜索前进。

没想到时隔半年后，平定"杨希闵、刘震寰叛乱"的战斗打响，也恰在此地，黄埔军校教导团和滇、桂军遭遇。敌人把前线指挥部设在石牌车站，就在瘦狗岭构筑了坚固的工事，企图用强大的火力封锁和消灭教导团。但凭借此前的演习，这已成为一道"送分题"，黄埔军凭借对地形熟悉的优势，仅用了3天时间便打垮了滇、桂军，大大缩短了战争的进程。

民俗专家潘剑明就是土生土长的广州珠村人，2024年，他在历史学者陈重阳那里见到一张珍贵旧照——当时黄埔军校党代表、农民部长廖仲恺，黄埔军校的苏联顾问鲍罗廷、加仑等人，与潘文治、夏益叶夫妇的合影。

潘文治是潘剑明的祖伯父，这张照片来源于俄罗斯当代历史国家中央博物馆，摄于1924年的广州，图片注解是"在黄埔参观某位海军少将的村庄及家庭"。当时，潘文治的身份是大元帅府大本营海军练习舰队司令兼广州市郊第二区农民协会会长。他家就在珠村，常常能够接待前来训练的黄埔军校师生。

2008年12月出版的《天河文史》第13期《海军中将潘文治》提到，由于学生在珠村操练，潘文治与廖仲恺，以及苏联顾问鲍罗廷等人结下过一段友谊，他们"都是潘文治家的常客"。

潘剑明介绍，照片上的聚会是在1924年11月黄埔军校第一期学生毕业演习期间，廖仲恺、鲍罗廷、加仑等人共聚于珠村潘文治家中。潘文治的家人齐齐动手，烹饪了美味的珠村美食。饭后，众人登上了二楼阳台花园，摄下了这张珍贵的合照。

1924年，黄埔军校高层在潘文治家中合影（陈重阳供图）

广东区委：筹谋联络

黄埔军校是第一次国共合作的产物,其留下的很多史迹与中国共产党密切相关。在广州市越秀区文明路、万福路,中国共产党广东区执行委员会旧址(以下简称"中共广东区委旧址")和周恩来同志主持的中共两广区委军委旧址是其中两个重要史迹。

走进经修缮对公众开放的革命旧址,展览上的图片和文字在向后人娓娓讲述近百年前的革命往事。

中共广东区委旧址位于文明路194—200号,是1922年至1927年间中共广东区执行委员会的办公地,周恩来曾在此办公。1924年9月,他从欧洲归国,初任中共广东区委委员长兼宣传部长,后被派往黄埔军校任政治教官;同年11月,周恩来出任黄埔军校的第三任政治部主任。中共广东区委旧址成

周恩来曾在万福路190号二楼接待来访的黄埔军校师生

为周恩来与黄埔军校内的共产党员联络、活动的地点之一。

中共两广区委军委旧址位于万福路190号二楼，1926年5月至1927年4月，曾作为中国共产党广东区委军委办公和周恩来、邓颖超夫妇居住的地方。1926年，周恩来同志曾在这里领导黄埔军校及国民革命军的共产党特别支部，派遣共产党员到军校和军队工作。

这栋楼房始建于1922年，是地产商嘉南堂的产业。楼下是南华银行，二楼由当时的中共广东区委军委租赁。二楼大厅部分区域作为会议室，军委经常在此召开会议。

大厅左侧是军委的办公室，至今仍保持原貌的几张办公桌和手摇电话机，让人可以想象当年聂荣臻、黄锦辉等人在此办公的情景。

大厅靠马路的一侧，摆设了一套西式的沙发，两旁还有几张靠背酸枝椅和茶几。军委书记周恩来和夫人邓颖超当年经常在此接待客人，胡公冕、宋希濂、陈恒乔等黄埔军校师生都曾到此拜访。

周、邓二人办公和居住的地方是大厅西南一间狭长的房子，里面陈设简朴，除了一张西式大床、一张方桌、几张椅子，近窗处还有一张办公台，旁边有个藤书架，堆满了各种书刊。

大厅东面的两间小屋，则是聂荣臻、黄锦辉、麻植等人的宿舍。墙上的投影屏幕里，正播放着出身黄埔的共产党员麻植烈士的革命事迹。

著名党史专家、广东省政协文化文史研究专员曾庆榴在其新作《黄埔军校史（1924—1927）》里记载了这一段历史。麻植毕业于黄埔军校二期工兵科，于1924年加入中国共产党，后调任中共广东区委军委秘书。

1926年北伐开始后，他留守军委联络处（广州市惠爱路榨粉街），负责军委与军校的联络工作，保管军校党团员名册及有关文件。1927年4月反革命事变后，为了不让党员名册落在敌人手中，原本已经出城的麻植返回广州，烧毁了这些名册和文件。麻植被捕后被害于广州红花岗。

1988年初，邓颖超接到中共青田县委党史办公室的调查询问信，她于3月29日的复信中这样深情缅怀麻植烈士："……半个多世纪以来，我常常怀念起麻植烈士。他的性格，为人朴实、诚挚，处事沉着稳健，待人温和

黄埔军校政治部工作人员合影，二排左一为麻植（黄埔军校旧址纪念馆供图）

平易。"

此外，广东革命历史博物馆馆员彭浩在其论文《广州黄埔军校史迹点考述》里还提到，除了上述两处旧址，广州城内的中华全国总工会旧址、农讲所、省港罢工委员会、国光书店、广东大学等地，当年都曾留下黄埔军校师生活动的足迹。

报刊剧社：传播新知

在长洲岛上，黄埔军校旧址纪念馆2024年推出的全新校史展中，展出了《黄埔潮》周刊、血花剧社演出等实物和历史图片，为后人留下黄埔军校的另一历史画面。

军事历史学家陈宇在《中国黄埔军校》中提到："组织宣传队和出版刊物，也是黄埔军校政治教育中的两种重要教学方式。"

在周恩来同志主持校政治部工作期间，1925年1月，组织学生成立了血花剧社，通过话剧演出传播革命思想。这个剧社的领导和骨干，多是共产党员和共青团员。

每逢纪念节日,剧社就在军校大操场和广州市内戏院等处,演出自己编导的以反帝、反封建为题材的剧目,寓政治教育于文化娱乐之中,很受观众欢迎。

北伐战争开始后,剧社一部分人员还随军出征,进行战地宣传,鼓舞人心,起到了很好的作用。

《黄埔军校史料汇编(珍藏版)·〈黄埔〉双月刊·2014年增刊》中记载:1926年至1927年,黄埔军校血花剧社在广州南关剧院公开演出《黄埔滩声》《新闻记者》《还我自由》《革命军来了》等剧目,慰劳北伐军并筹款,庆祝北伐胜利暨血花剧社成立2周年,观众拥挤,剧场爆满。

在办学史上,黄埔军校不仅军事教育独树一帜,还曾以大量出版书刊而闻名于世。在大革命期间,军校及其分校出版的报纸刊物多达20多种,有力地传播了马克思主义和革命思想。

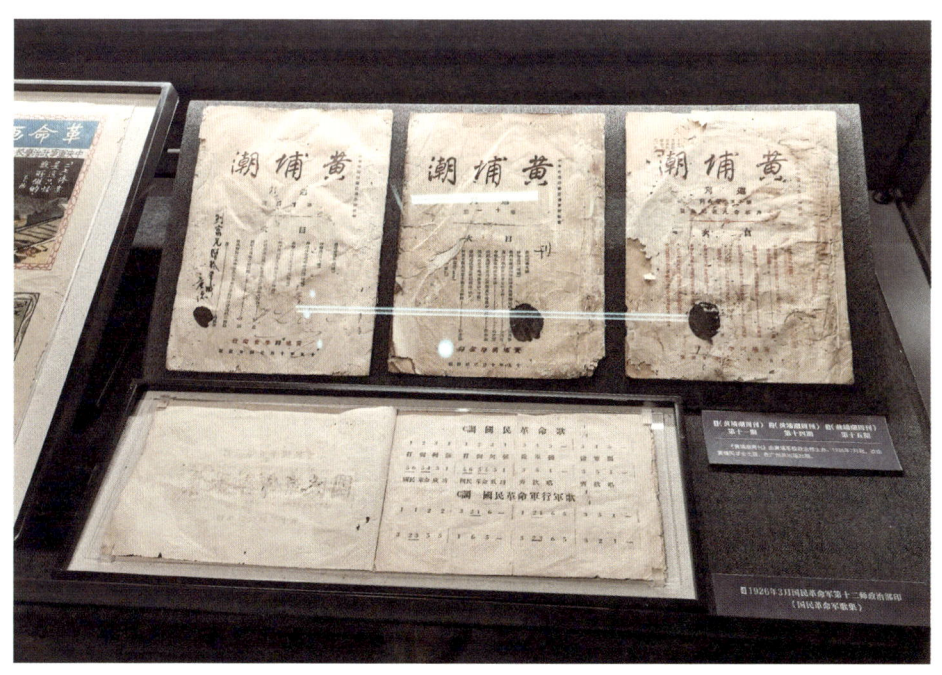

全新校史展展出的《黄埔潮》周刊

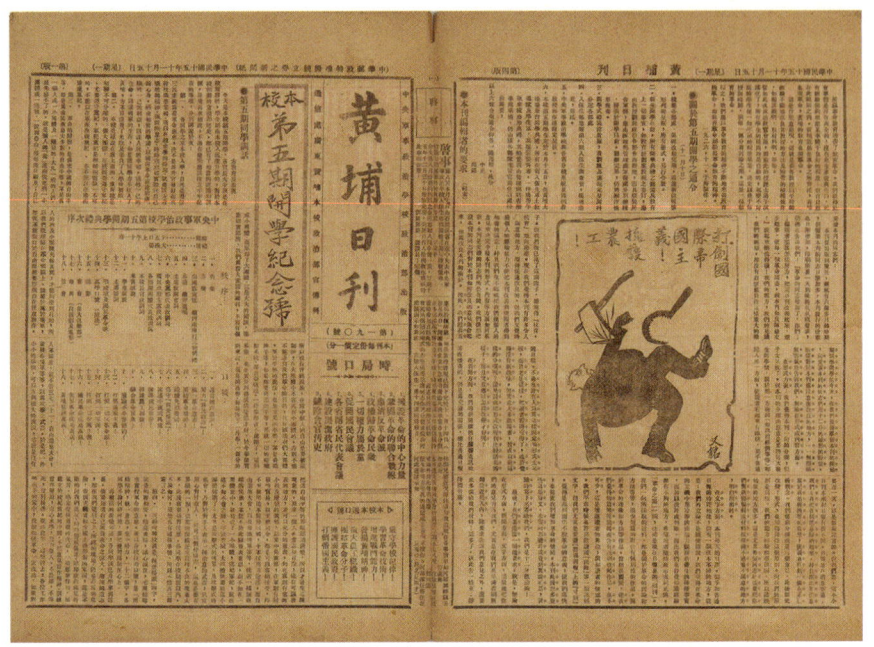

黄埔军校的机关报《黄埔日刊》（黄埔军校旧址纪念馆供图）

军校出版的日报先后有《黄埔日刊》《壁报日刊》等；期刊则有校政治部的《黄埔潮》《黄埔丛刊》《军事政治丛刊》，中国青年军人联合会的《中国军人》《三月刊》，孙文主义学会的《国民革命》等。

其中1926年5月25日创刊的《黄埔日刊》，是黄埔军校的机关报，日发行量高达5万份，而且是面向中外发行。随着革命势力的发展以及军校办学规模的扩大，《黄埔日刊》一度成为当时发行量最大、影响最广的革命刊物。

访谈

黄埔军校不是一间"封闭的学校"

■李岚　广东革命历史博物馆党总支书记、文物博物研究馆员

羊城晚报：一般人不太了解，原来在长洲岛以外，广州城内还有如此多有关黄埔军校的史迹。

李岚：确实，除了长洲岛，广州城内还分布着非常丰富的与黄埔军校相关的史迹点。这些史迹点主要有两种类型。第一种是黄埔军校曾经办学、办公、训练、演习、驻扎的地方。比如荔湾区的陈家祠，曾经是黄埔军校的分驻地；天河区的珠村，曾经是黄埔军校的演习场所。

第二种是黄埔军校师生参与活动的地方。黄埔军校作为第一次国共合作的产物，并不是一间封闭的学校，其师生广泛地参与当时的革命运动、社会活动。黄埔军校的教官如恽代英、萧楚女，曾经当过农讲所的教官，到广州市内的劳动学院去授课。黄埔军校的学生还曾参加"沙基惨案"的声援游行，支持省港大罢工等。

在广州的大佛寺，也留有黄埔军校师生的活动足迹。那是1926年"中山舰事件"后，周恩来利用大佛寺大殿后东、西二廊的佛殿式平房，集中国民革命军第一军等部队中被排挤出来的各级党代表，开办"高级政治训练班"。

从5月22日至7月底，培训班开办两个多月，学员50多名，按军事编制分成几个队，实行军事化管理。学员结业后全体参加北伐，为战争取得胜利起到重要作用。

羊城晚报：对于黄埔军校的历史与文物，广东革命历史博物馆是如何开展保护、研究的？

李岚：广东革命历史博物馆曾是黄埔军校旧址纪念馆的管理单位，现在也是它的产权单位。从1984年黄埔军校旧址纪念馆成立以来，我们馆一直致

力于文物的保护管理、修缮保养以及文物的征集工作。目前，广东革命历史博物馆是国内收藏黄埔军校专题文物最多的博物馆，收藏有黄埔军校专题文物1303件（套）。其中比较重要的有：黄埔军校一期生潘学吟的毕业证书、黄埔军校军医部主任李其芳的委任状、梁桂华在黄埔军校军事训练的修业证书等。

另外，我们还一直坚持做黄埔军校口述历史的研究。从2004年开始至今，总共采访了140多位黄埔老人，留下了非常珍贵的黄埔影音资料、照片资料和口述资料，并以这些资料为基础，出版了《我们的远方故事：中国远征军中的黄埔军人口述录》等书籍。

羊城晚报：100年已过去，黄埔军校的这些史迹和资料在当下具有何种价值？

李岚：广州是黄埔军校的诞生地，同时也是"黄埔精神"的诞生地。爱国、革命，是"黄埔精神"的精髓。"黄埔精神"是黄埔军校的文化符号，也是沟通的桥梁，能把黄埔军校的同学及其后代联系在一起。我们经常说"天下黄埔是一家"。

我认为，好好保存这些黄埔军校的史迹点非常有意义。包括校本部在内的这些珍贵史迹点，是当年历史的见证。正因为有了这些史迹点，所有的黄埔军校同学及其亲属后代都认同广州是黄埔军校的源头。以"黄埔精神"为桥梁，去团结海内外的华人，对促进中华民族的统一、复兴大业都有重大意义。

扫码看视频

延伸

曾在黄埔军校学习的越南师生

从中共广东区委旧址往东走200米，便可到达广州市越秀区文明路248号、250号，这里是越南青年政治训练班（越南青年革命同志会）旧址（以下简称"旧址"）。

2024年8月18日，越共中央总书记、国家主席苏林到访广州就曾参观了此处旧址，并在留言簿上写下"祝越中友谊世代相传、万古长青"。

胡志明同志是越南人民的伟大领袖。此处旧址，是中国大革命时期胡志明领导的越南青年革命同志会（越南共产党的前身）机关所在地，也是第一、二期越南青年政治训练班的办学场所。1925—1927年间，周恩来、刘少奇、陈延年等中国共产党早期重要领导人都曾应邀为训练班学员授课。

百年前，一批越南青年曾经进入黄埔军校学习，成为越南的革命武装力量。1923年10月，苏联政府代表鲍罗廷被聘为国民党组织教练员，帮助国民党进行改组，而后担任黄埔军校政治顾问。

1924年底，鲍罗廷来到广州，随同的还有他的秘书兼翻译、越南人胡志明。胡志明在广州期间，凭借与黄埔军校政治部主任周恩来的相识关系，选送了一批越南青年进入黄埔军校学习，积蓄革命武装力量。

在此期间，越南革命组织"心心社"成员黎鸿峰、黎广达、武鸿英、张云岭等越南青年均化身广东钦州（今属广西）籍人士，先后成为黄埔军校二期和三期学员。直到黄埔军校第五期，越南青年才公开以越南籍投考。特别值得一提的是，1926年越南青年武元博化名朱谔臣，考取黄埔军校四期的入学资格。毕业后，他以"洪水"的名字参加中国的土地革命战争和抗日战争，1955年被授予中国人民解放军少将军衔，是我军唯一一位获得授衔的外籍将领。

此外，还有越南军官在黄埔军校内工作。例如武海秋（原名阮海臣），1920年毕业于韶州讲武堂，1926年就先后担任黄埔军校第四期政治部科员和第五期总务科事务股股长。

原载于2024年9月13日《羊城晚报》A6版

名家与南粤

岭南文史拾贝

○ 东坡先生在雷州
○ 秦牧：花街十里一城春　幻成百万赏花人
○ 邓世昌蹈海殉国130载：舍生取义为国酬　有公足壮海军威
○ 何香凝：双清品格狮虎寄意　爱国救民矢志不移

东坡先生在雷州

文、图/羊城晚报记者 文艺 实习生 苏梓涵

"问汝平生功业，黄州、惠州、儋州。"大文豪苏轼发出的这句感慨，道尽他一生宦海沉浮，也为后人串起了他从湖北黄州，到广东惠州，再至海南儋州的贬谪行迹。

说起苏轼在南粤大地留下的印记，知道惠州的人最多。不过，位于中国大陆最南端的雷州半岛，是他从惠州到海南时往返的必经之地，也与东坡先生结缘不浅。

雷州西湖边上的苏公亭与苏公像

宋绍圣四年（1097），苏轼由惠州被追贬为琼州（今海南琼山）别驾、昌化军（今海南儋县）安置，62岁的他第一次踏上雷州半岛，从这里登船渡海。元符三年（1100），宋徽宗继位后大赦天下，苏轼获赦北归，移往廉州（今广西合浦），再次经过了雷州半岛。

在人生最失意的时候，苏轼仍给雷州半岛人民带来了乐善、雅正之风。千百年后，雷州半岛大大小小的村落中，依旧流传着东坡先生驻足的逸闻美事，其中蕴含的文化精神不断浸润这一方水土。

日前,在广东省政协文化和文史资料委员会与湛江市政协协助下,在研究者和当地有心人的引导下,羊城晚报记者探访东坡先生在这方水土上的足迹。学者的专业考证与村民的口口相传也许不尽一致,但对于这位文豪贤达的尊崇一以贯之,他留给雷州半岛的文化财富弥足珍贵。

新旧党争,遭一贬再贬

新旧党争是北宋政治生态中的一个重要现象。变法派与保守派的交替掌权让"不合时宜"的苏轼一贬再贬。宋绍圣四年(1097),朝廷又一次大规模追贬反对变法的"元祐党人",已谪居广东惠州的苏轼此时再次被列入追贬对象名单。

在惠州的三年,苏轼从最开始的惶恐不安已逐渐变得释然,心情也回归平静。他甚至在当地买地盖房,准备在这里安然终老。一首《纵笔》诗记录了苏轼在惠州的生活日常:"白发萧散满霜风,小阁藤床寄病容。报道先生春睡美,道人轻打五更钟。"可以看出他虽然年高体弱,但基本已经适应了当地生活。

然而,就是这首诗成为朝廷再次追贬他的重要"证据"。据《艇斋诗话》记载,时任宰相的变法派领袖章惇看到苏轼的《纵笔》诗后,认为他在惠州的日子太过安逸,决定把他贬去更远的地方。

据苏轼《到昌化军谢表》记载,宋哲宗绍圣四年(1097)四月十七日,他接到了朝廷"琼州别驾,昌化军安置"的告令。两天后,即四月十九日,苏轼即动身离开惠州。

兄弟相遇,感悲喜交加

走到广西梧州时,苏轼得知被贬雷州的弟弟苏辙也正在报到路上,并于两天前到达藤州(今广西藤县)。于是他决定加快脚步,日夜兼程追赶苏辙。

五月十一日，兄弟二人终于得以在藤州相见。谪迁路上，他们幸运地一路同行直至雷州府城（简称"雷城"，为宋代雷州治所，与今雷州市位置一致）。苏轼在《和陶止酒》一诗引言中记录了此次相见："丁丑岁，予谪海南，子由亦贬雷州。五月十一日，相遇于藤，同行至雷。"

至亲会面对兄弟二人而言都是极大的安慰，弟弟苏辙有诗《次韵子瞻和陶公止酒》："谁言瘴雾中，乃有相逢喜。连床闻动息，一夜再三起。"该诗也描绘了他和苏轼见面后，兄弟二人联床夜话的场景。

从藤州沿绣江到容州（今广西容县），苏氏兄弟在当地会晤了道士邵彦肃。据《舆地纪胜》卷一○四《广南西路·容州·仙释》记载："东坡之儋州，经此，惟都峤邵道士从坡三年。"

然而，苏轼创作的诗文里并没有记载两人从容州到雷州还经过哪些地方。根据长期从事流寓文化相关研究的文史学者张学松的观点，从行程路线的合理性来看，苏轼、苏辙二人应该是从广西容州沿绣江到北流（广西境），然后进入广东，到石城（今广东廉江市），再走陆路经遂溪（时为海康县辖）到雷州，这是一条比较近便的路。

张学松认为："从廉江到遂溪，他们应该乘坐高脚牛车，并且在遂溪县调丰村住了一段时间。虽然不知道具体停留了多久，但后来有诗为证，二人到达雷城的时间是确定的，即当年的六月五日。"

千年官道，遇一代文豪

记者来到位于遂溪县的调丰古官道遗址，只见古官道位于一块巨大的黑色玄武岩石坡上，千百年前的车辙依然清晰可见，两道并行的古车辙呈纵深分布。仔细查看，周围还有深深浅浅的牛蹄印。苏轼兄弟二人乘坐高脚牛车经过的场景仿佛就在眼前。

作为遂溪南北要塞"三十里官道"的一部分，调丰官道是古代南下雷州府城，北上遂溪郡的必经路段。千百年来，这条官道成为官方物资运输、信件传送、官员谪迁的要道。

宋建隆四年（963），朝廷在调丰村北面设茅亭驿站，以供来往官员歇宿饮马。大量贬谪官员曾在茅亭驿站留宿，其中就包括苏轼兄弟二人。据《千年石官道记》（遂溪岭北乡调丰村石官道碑）："苏东坡自惠贬琼，经此道宿村中景兰阁，故阁前遗有东坡井、东坡塘，遐迩驰名也。"

清乾隆年间，茅亭驿站重修为书院，并获进士、翰林编修陈昌齐题字"景兰阁"，称谓一直保留到了现在。如今，这座200多年的建筑更显古朴，门前的东坡井也依旧泉水清澈，四季不涸。

在遂溪县委宣传部相关负责人带领下，记者从调丰村继续南下，不远处就是苏二村。走进村内，这里明清建筑竟多达百余座，村民三五成群在古树下乘凉，怡然自得。在古村落的四周，则是茂密的荔枝林。

当地传说，苏二村原名荔枝村，因村里自古盛产荔枝，苏轼在南迁路上也曾慕名前来，然而此时却已过荔枝季节。北归路上，苏轼再次进村才如愿吃上荔枝。荔枝村因此改名苏二村。

不过，也有学者考证，按苏轼南迁北返的大致时间来看，他经过苏二村的时间与民间传说里荔枝应季的情况不大相符。因此，"苏二"或意指"二苏"，即理解为苏轼、苏辙一同来过更为合适。

苏二村

雷城三日，题"万山第一"

近两个月的赶路后，苏轼于六月五日和苏辙一起抵达雷城。这一时间苏辙在《雷州谢表》中有准确记录："臣辙言：臣先蒙恩责降分司南京，筠州居住。于今年闰二月内又蒙恩责授化州别驾，雷州安置，已于今月五日至贬所讫者。"

据《雷州府志》记载，在雷城停留期间，崇信佛教的苏轼还曾拜访"雷州第一古刹"——天宁禅寺，并为寺庙题下"万山第一"的匾额。

《十贤在雷州》一书作者、湛江市爱周中学教师张春生和湛江市历史文化研究会副会长许冰一道，带领羊城晚报记者循着苏轼的足迹前来探访。

天宁禅寺就坐落在热闹的雷州市中心一隅，叩门而入，里面却是另外一番景象，寺院内古木参天、香火缭绕，环境十分清幽。

"万山第一"的匾额就位于寺庙的正中央。虽然原匾已在"文革"期间被毁，现在看到的是根据大书法家沈定庵收藏拓片所仿制，但这块"万山第一"的牌匾依旧不断吸引着游客前来拜谒。

从天宁禅寺出来，苏轼又到附近的一处风景——罗湖游历。据《元一统志》记载，罗湖因苏东坡的到来而改名西湖，志书中还引用另一位大词人秦观的话"坡公所至有西湖"。罗湖今日虽已无苏轼留下的遗迹，但雷州人民

在天宁禅寺，苏轼题下"万山第一"四字

在湖畔建了苏公亭、十贤祠等,以便后人景仰观瞻,这位文化大家的影响力非同一般。

然而,雷州并不是此行终点。短暂停留后,他很快又启程了。苏轼于六月十日抵达徐闻,隔日便要与弟弟作别,从徐闻"递角场"登船渡海。

人生如寄,有好友相逢

朝夕相处整整一个月后,苏轼在与至亲的离愁中,继续前行。绍圣四年(1097)七月二日,苏轼终于抵达目的地——昌化军(今海南儋县)。在这个天涯海角处,生性达观的苏轼与本地百姓友好相处,深受爱戴。

直到北宋元符三年(1100),徽宗继位大赦天下。五月中旬,苏轼接到了酌情迁往廉州任职的告命。在即将离开海南岛时,苏轼甚至留下"我本海南民,寄生西蜀州"的诗句,这是何等的旷达!六月二十日,苏轼渡海北归,有《六月二十日夜渡海》诗曰:"九死南荒吾不恨,兹游奇绝冠平生。"他没料想自己竟还有北归的一天,心情自然十分愉悦。

北归依然在广东徐闻上岸,苏轼前往徐闻伏波庙拜谒,并乘兴作有《伏波庙记》。再次经过雷城,苏轼最重要的活动是与好友秦观见面。因"元祐党人"之故谪居雷州的秦观,接到指令放还横州(今广西横县),也正要启程北上,二人遂早早相约会面。

为纪念此次相会,苏轼写过《书秦少游挽词后》,记有:"庚辰岁六月二十五日,予与少游相别于海康。"六月二十五日,苏轼辞别秦观,继续北上。

夜宿兴廉,留诗作有二

刚走出雷城不远,苏轼就遇上了连日大雨,桥梁尽毁,水陆皆不能行。于是,他在途中的兴廉村(今遂溪县乐民镇乐民城村)净行院住了下来,并在这里留下两首宝贵的题诗——

自雷适廉宿于兴廉村净行院

荒凉海南北,佛舍如鸡栖。

忽行榕林中,跨空飞拱枅。

当门冽碧井,洗我两足泥。

高堂磨新砖,洞户分角圭。

倒床便甘寝,鼻息如虹霓。

童仆不肯去,我为半日稽。

晨登一叶舟,醉兀十里溪。

醒来知何处,归路老更迷。

雨夜宿净行院

芒鞋不踏利名场,一叶轻舟寄淼茫。

林下对床听夜雨,静无灯火照凄凉。

细读其诗可知,净行院本是一座寺庙,苏轼来到这里后,先是用清冽的井水洗了沾满泥的双脚,然后劳累过度的他倒床就睡了,不一会儿便鼾声四

现在的文明书院。其前身为净行院,据传苏轼曾在此地留宿

起。第二天,因为随行的童仆不愿继续赶路,他又多留了一天。

早上,苏轼便撑着一叶扁舟,向溪水深处划去,因为醉酒最后还迷了路。到了这一天晚上,苏轼久久不能睡去,他听着窗外的夜雨,开始感慨一生的颠沛流离,就像小舟漂泊在茫茫大海中一样。

苏轼在兴廉村大概停留了两天,便去往下一个目的地。根据苏轼《书合浦舟行》中的记载"自兴廉村净行院下,乘小舟至官寨。闻自此以西皆涨水,无复桥船。或劝乘蛋舟并海即白石。是日,六月晦,无月",可知他在六月三十日便已经从兴廉村到达了雷州官寨。

据《双村陈氏族谱》记载和当地流传已久的说法,苏轼在兴廉村停留期间,与北宋廉臣、琼州刺史陈懽的五世孙陈梦英一见如故,并结为挚友。当时,陈梦英正在这里掌教兴廉学塾。苏轼为鼓励兴廉村村民奋发兴学,临走之时还赠送给陈一方宝砚和七亩良田作"助贤田"。

第二年,陈梦英便发动附近儒生、乡绅集资,在村里那座苏轼曾留宿的净行院建起一所文明书院。为铭记赠砚义举,陈家后来在文明书院南侧建了一座赠砚亭。

此地现已改名为乐民城村,走入村中,远远看到一栋白色二层小楼,这就是文明书院。书院内,苏轼的石刻像在正中央供奉着,四周墙上记载的是他的诗文和事迹。村里人介绍,建于宋代的这座书院曾几度损毁,现在的文明书院为民国时期所重修。

赠砚亭

宝砚相赠,启后世师表

在遂溪县委宣传部相关负责人的带领下,记者来到了距离乐民城村十来

双村还砚亭

分钟车程的河头镇双村。那块相传为苏轼赠予陈梦英的砚台至今珍藏于此,被乡民奉若珍宝。

双村乡贤陈坚体为我们讲述:"苏轼逗留兴廉村期间,有一天与陈梦英结伴游览到如今双村族居地附近时,说了一句'斯地景胜,当有文明之祥'。陈梦英后来即携家人从兴廉村来此定居,带着乡民在这里开垦田地,开枝散叶。至今文明书院有一首《助友择居》诗说到此事:'跋山涉水步跟跄,为友开基择住场。景胜双村狮子地,延绵望族世蕃昌。'"

湛江市博物馆原馆长陈志坚介绍,由于年代久远,清末社会动荡,那方砚台曾一度丢失近百年,直到民国年间,被时任广东省警察局局长何荦先生在文物市场偶然寻得。"当他得知这砚台是双村陈氏宗族的传世之宝,又慷慨将其奉还本村。"

为了纪念这桩义举,双村人在陈氏宗祠庭院中修建了一座还砚亭。

我们在还砚亭等候,同行的村干部郑重地捧来一个胡桃木色方形木盒,置于庭中石桌上。陈坚体将包裹有红布的砚台小心翼翼地从木盒里取

砚台正面左下角有落款"苏轼"二字

出,待红布被一层层解开后,我们这才得以一睹宝砚真容。

只见砚台呈瓦片状,颜色温润,制式古朴。砚台正面刻有苏体行书砚铭:"其色温润,其制古朴,何以致之,石渠秘阁,永宜宝之,书香是托。"左下角落款题有"苏轼"两字,钤有篆书"奇珍"印章一枚,背面还刻有行书"元符三年仲秋月制"字样。

双村村民视此砚为"镇村之宝",曾一度执行着古老的保管"纪律":存放砚台处同时以三把锁锁门,村中三位负责人各保管一把钥匙,任何人想要见到这方砚台,必须同时征得三人同意。如今,则由时任村党支部书记负责保管。

双村陈氏宗祠与还砚亭相对而立,宗祠楼里不仅供奉着陈氏先祖,还将二楼专门设为东坡楼,用来供奉苏轼的牌位,显示出东坡先生在村民心中至高至崇的地位。

陈坚体告诉记者,受东坡先生影响,千百年来读书学习之风在双村尤为兴盛。为了鼓励后辈勤奋好学,村里每年都自筹奖金,为每一名考上大学的孩子颁奖。村里还专门成立了东坡诗社,同好者不时聚在一起吟诗作对,雅俗共赏。

在雷州半岛,东坡文化确可称丰富多彩、源远流长。记者沿途可见,不仅在双村,还有调丰村、苏二村、乐民城村等雷州半岛的大小村落,村民们都为东坡先生曾造访自己脚下这片土地而感到自豪。

900多年前的一次蒙冤流放,让东坡先生踏足雷州半岛,从此,他便与雷州半岛人民紧紧联系在一起。每当有陌生人循迹而来,雷州半岛的村民们总会热情迎接,然后乐此不疲地讲述东坡先生的故事。那些老少妇孺皆知的历史掌故,寄托着雷州半岛人民对生活的美好希冀,也一次次拨动探访者的心弦。

尤为重要的是,东坡先生面对人生厄运时的达观精神,更是穿越时间的瀚海,无形中教化着当地民众,让今天的雷州半岛人民骨子里多了一份坚毅与乐观。

跨越千年时光,这样的情感联结和文脉传承更加让人动心、动容。

 访谈

流寓文化应成为湛江"新名片"

■张学松　广州理工学院特聘教授、广东海洋大学文学院原院长

羊城晚报： 我们可以看到，雷州半岛上很多地方都流传着苏轼曾经驻足的故事。在雷州期间，苏轼到底留下了哪些作品？

张学松： 苏轼在雷州的创作总共有六篇作品，包括四首诗和两篇文章。这四首诗是《和陶止酒》《自雷适廉宿于兴廉村净行院》《雨夜宿净行院》《六月二十日夜渡海》，两篇文章是《伏波庙记》《书合浦舟行》。

除了在雷州创作的作品之外，他在其他地方也写了跟此次贬谪有关的诗文，包括给亲戚和朋友写的书信。如果把这些算上，那就多一些。但是苏轼在雷州期间留下的作品只有六篇。

苏轼在雷州有很强的"名人效应"，现在也成为地方的历史文化资源，弥足珍贵。

羊城晚报： 经过您的梳理，苏轼在古代雷州的行迹更加清晰了。这项研究如今还有哪些空间值得进一步发掘？

张学松： 苏轼在全国各地的行迹，除了黄州、惠州、儋州外，包括密州、杭州、徐州、凤翔等，也都比较清楚，唯有在雷州这一段行迹比较模糊。我们经过近一年时间的走访调研，才把他的路线基本梳理出来，最后形成《苏东坡雷州行迹考辨》一文发表在《文学遗产》上。

但要说全部弄清楚了，其实还没有。值得注意的是，苏轼在南迁途中，五月十一日从广西藤州出发，六月五日到广东雷城，这24天的行程路线究竟是怎么样的，跟当地哪些人见过面，这里还有一些空间可以发掘。

苏轼这个人热爱大自然，到哪个地方都要游览山水，他生活再不如意，也要到大自然里寻求真趣与解脱。苏轼抵达雷州城的路上，除我们文中提到的外还经过哪些地方见了哪些人，还有不少考索的空间。

羊城晚报：以苏轼研究为突破口的文人流寓文化，对于雷州半岛本土文化发展的重要性表现在哪里？

张学松：我曾经提出要打造湛江文化品牌，湛江文化品牌的一个重要特色就是流寓文化。雷州文化可以分为两大块，一块是本土文化，比如以雷剧、雷歌、石狗等为代表的传承发展，做得不错，但这些本身是有局限性的。

另一块就是流寓文化，包括苏轼在内，宋代共有十位名相贤臣曾先后蒙冤被贬雷州或路过雷州，也被称为"雷州十贤"。这十个人中有三个做过宰相，两个做过副宰相，苏轼也做过翰林大学士、侍读学士、礼部尚书等，他们都是政治家、文化巨子。

而另在唐代、明清朝，也有一些文化名人流寓雷州。对他们的研究可产生国际性影响。

"雷州十贤"等流寓名人的精神对当地影响是很大的，但对此的挖掘和作为文化名片的塑造还做得很不够。跟其他城市相比，例如柳宗元之于广西柳州、湖南永州，韩愈之于广东潮州，杜甫之于四川成都等，都还有差距。那些地方的流寓文化名片就做得很好，湛江应借鉴学习。

扫码看视频

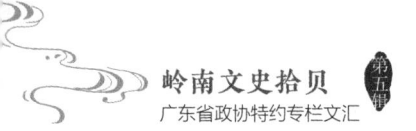

延伸

永志不忘"雷州十贤"

除了苏轼兄弟之外,还有寇准、秦观、李纲、李光、赵鼎、胡铨、王岩叟、任伯雨,因为这一群人的到来,宋代雷州半岛迎来了与本土文化完全不一样的中原文化,极大促进了雷州文化的发展。

"敬贤如师,嫉恶如仇"的雷州半岛人民,敬称他们为"雷州十贤",还在雷州西湖湖畔修建十贤祠以示纪念。

当地中学教师张春生在乡土教材《十贤在雷州》中,对"十贤"与雷州半岛的渊源作了梳理。

在十人当中,要数寇准来雷州的时间最早。寇准原为宰相,1022年被贬为雷州司户参军。他为人刚直足智,为官清正廉明,深得雷州百姓爱戴。在雷州期间,他修建真武堂,教书传艺,使乡民的子孙也能读书;讲授天文地理,破除歪理邪说;传授先进生产技术,促进经济发展;传播中原文化,向当地人传授中州音等。在此生活了18个月后,寇准在雷州病逝。

在"十贤"中,曾官至枢密直学士的王岩叟较为特殊,只有他一人生前从未到过雷州半岛。王岩叟跟雷州产生关联,是因为1097年,他在去世四年后,被追贬为雷州别驾。而雷州半岛人民之所以将他也纳入"十贤"之列,是因为他为官期间刚正不阿、仗义执言,由此可以看出雷州半岛人民对能人志士的推崇。

原载于2023年10月27日《羊城晚报》A10版

秦牧：
花街十里一城春　幻成百万赏花人

文、图/羊城晚报记者　孙磊　何文涛（除署名外）

"看着繁花锦绣，赏着姹紫嫣红，想起这种一日之间广州忽然变成了一座'花城'，几乎全城的人都出来深夜赏花的情景，真是感到美妙。"

秦牧先生的散文名篇《花城》，让广州"花城"的雅称广为人知；花城的花，也成为萦绕作家之生活与写作的底色。

秦牧是中国当代蜚声海内外的杰出作家，尤以散文创作著称，和杨朔一道被誉为中国散文界的"南秦北杨"。他的文学世界亦如同花城的植被一般繁茂。在半个多世纪的文学创作中，他除了散文，还涉猎小说、诗歌、儿童文学和文学理论等诸多领域，被人喻为"一棵繁花树"。

从广州的东山口到华侨新村，秦牧先生在广州居住多年，写就诸多家喻户晓的名作：《花城》《艺海拾贝》《土地》……其人其作，美学品格无不氤氲着独特的岭南印记，极大地丰富和发展了广东文学，成为岭南文坛的一座丰碑。

农历春节的脚步越来越近，广州花市

著名画家杨之光画的秦牧画像，精妙传神（受访者供图）

的氛围也越来越浓。2024年是秦牧先生诞辰105周年,除了阅读他留下的文字,我们还可以在花城看花,到花市迎春,感受一份不曾远去的文学魅力。

写花也爱花

"花落花开无间断,春来春去不相关。"广州的冬日,正如秦牧笔下所写,依旧繁花似锦。

穿过东山口静谧的小巷,行至启明二马路,一座两层红砖曲尺形建筑跃入眼帘,庭院里的两棵桂花树散发着幽香,大门左侧外墙上悬挂着铭牌"广州市历史建筑:秦牧旧居"。不时有路人在此驻足,"秦牧?是特别有名的那位散文大家吗?"

是的,1950年秦牧一家搬至此处,一住就是16年。1961年,他的经典名作《花城》正是在这里写就的。这篇文章以活泼、生动的笔触描绘了花香四溢、笑语声喧的南国年宵花市。起初,秦牧将该篇文章命名为《年宵花市》,后来在夫人紫风的建议下,改为《花城》。

曾日华是紫风的姨甥,也是与秦牧夫妇相处最多的后辈,他童年的很多时光就在东山口这座小楼里度过。曾日华回忆,1961年2月,秦牧在家写完《花城》,踌躇作品名字,紫风就问"'花城'如何",他满心欢喜地采纳

东山口启明二马路秦牧旧居

了这个建议。

秦牧写花，也爱花。在曾日华的记忆里，秦牧旧居的阳台上培植了各种花花草草。后来他家搬到华侨新村，秦牧还把自己心爱的鹤顶兰的种子也带过去了。《花城》一文中重点着墨的"吊钟"，也曾出现在秦牧旧居的客厅里。

秦牧还喜欢逛花市。"11年来我养成了一个癖好，每年都要到花市去挤一挤。"广州的花市，是秦牧创作用之不竭的源泉，只要写到花市，他的作品就流光溢彩，生机勃勃。

从《花城》到《花市徜徉录》，再到《花街十里一城春》，秦牧在文中书写百花争艳之奇景时，也顺带介绍各类花卉的性格、产地及生活史，更将百花与人民生活联系起来，讲述了各地的插花习俗、特色花卉。

"香街十里一城春，笑语喧声入彩门。疑是层峦采蜜使，幻成百万赏花人。"他逛迎春花市时写下的名篇《花街十里一城春》，将"行花街"这一传统岭南年俗写进了文学史，更写进全国人民的心里。

如今，迎春花市扩展到广州各区，行花街民俗影响愈盛，广及珠三角地区各城市及港澳地区，也辐射到美国、法国、新加坡、新西兰等地。

2021年6月10日，越秀区申报的春节（行花街）民俗正式入选国家级非物质文化遗产代表性项目名录，"广州过年，花城看花"也因此成为一张闪亮的城市名片。

文坛一丰碑

秦牧写广州的花，并不是只写花，是通过花去回望岭南传统年俗历史，同时观照当下，抒发新社会市井生活的温馨。这也是秦牧文学创作的一大特点：言近旨远，哲理性强，在构思上将历史与现实相勾连。

"秦牧作为专业作家的时间并不多，他总是一边忙碌地工作，一边'偷闲'地写作。"据曾日华介绍，秦牧刚住进东山口时才31岁，一直住到47岁，正是一生中创作力最旺盛的时期，《花城》《艺海拾贝》《黄金海岸》

《愤怒的海》等经典作品都诞生于此。"秦牧生前出版了61种文学作品，约500万字。"半个世纪以来，秦牧孜孜不倦地在这片文学沃土上勤奋耕耘，把个人的文学创作与中国社会的发展紧密地结合在一起，发表和出版了大批散文、小说、戏剧、诗歌等作品和文学论著，深得海内外读者的喜爱。

广东教育出版社原社长、散文家卢锡铭表示，秦牧的散文以我手写我心，娓娓道来，抒真性写实感，充满人间烟火味，在20世纪60年代的散文复兴浪潮中成就突出，影响深远。他是中国散文创作一面历史性的旗帜，也是岭南文坛一座绕不过的丰碑。

为了加强对秦牧文学创作的研究，1995年9月，广东秦牧创作研究会成立，由紫风女士担任会长。当年12月，羊城晚报和秦牧创作研究会联合主办了成立大会，成为文坛一大盛事，为秦牧创作研究打下坚实基础。

据广东省作协党组书记、专职副主席张培忠介绍，2011年4月紫风去世后，研究会一度处于停滞状态，为了擦亮这个来之不易的"金字招牌"，2020年广东省作协牵头举行了广东秦牧创作研究会第二届会员大会，经投票产生新一届研究会领导班子，正式恢复运作。

张培忠告诉记者，目前，广州还缺少一个纪念、彰显秦牧文学精神的

秦牧在广州的另一处旧居所在地华侨新村

场所,"秦牧先生在广州的旧居应该保护好、利用好,我们可以把他的创作成就、生平事迹整理出来,在旧居做成常规展陈,向公众开放,成为一个街区、一座城市的文化景点和地标"。

记者在走访中发现,上面提到的两处秦牧旧居建筑都整体保存下来,特别是启明二马路的秦牧旧居是一栋独栋小洋楼,已于2014年挂牌,被认定为广州市历史建筑,引人瞩目。华侨新村里的那一处随着2020年颁布的《华侨新村历史文化街区保护利用规划》,也被纳入保护范围。

报人品格在

秦牧是一位作家,也是报人。中华人民共和国成立前,他就长期服务于进步报刊。在20世纪五六十年代,秦牧两度出任《羊城晚报》副总编辑,曾主管两大知名副刊《花地》《晚会》。办报的工作,不仅锻炼了秦牧对文字的感知力,更催发了他的创作热情。

新中国传媒界历来有"北有孙犁,南有秦牧"的说法,意指这两位先生既是著名的报刊编辑家,又是著名的作家,可以说,报纸在一定程度上借助他们的创作而扬名,他们的办报理念和人文风骨也支撑起了报业副刊的地位。

秦牧曾在《文学生涯回忆录》中慨叹:"写文章,副刊更是包罗万

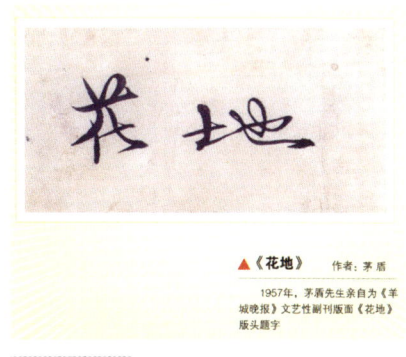

1957年,茅盾先生亲自为《羊城晚报》文艺副刊《花地》的版头题字

秦牧获得的荣誉证书

象，宇宙之大，苍蝇之微，无所不包，大千世界的诸般事物，都可以汇诸笔端。"这种理念贯穿其文学创作始终，他的散文题材广泛、谈古论今，显示出深厚的生活和知识根底。

"知识性，是秦牧散文的一大特点。"广东省文艺评论家协会主席、中山大学教授林岗是广东秦牧创作研究会的现任会长。他认为，阅读秦牧的作品可以获得很多实实在在的知识，而不只停留于抒情或者沉思，更为重要的是，他能将知识性与趣味性融为一体，亲切可读。

在林岗看来，"亲切"是秦牧有别于同时代其他散文作家的显著特色，"这种亲切源自他对自己生活的土地有一种不同凡响的关心和热情"。

林岗表示，秦牧不会从一个很高的概念出发来写，而是从身边的事情、日常的生活场景切入，向读者娓娓道来一处景观、一家物什背后的历史，从中倾注他的思考和观察，是文学学习的范本。

秦牧当时所供职的羊城晚报，以"移风易俗、指导生活""寓共产主义于谈天说地"为理念，而寓思想于闲话趣谈之中，也是秦牧"言志"散文最为突出的特征。文艺随笔集《艺海拾贝》是其中的代表作之一。

1961年，《艺海拾贝》由上海文艺出版社出版，首印10万册，以后又不断再版，累计印数达60多万册。该书采用散文随笔来写文艺评论，探索文学的艺术技巧和表现手法，是秦牧的一个创举。

在那精神产品匮乏的年代，这本书以其清新的语言、洋溢在字里行间的幽默与机智，倾倒了无数读者，成为数代文学青年的"必读书"。

林岗说，从时代背景来看，不管是亲切还是幽默，当时的一般作家都很难做到，但秦牧极其可贵地做到了，这也是他的作品广泛传播、备受人们长久喜爱的关键原因。

南粤寄追思

除了岭南的花，秦牧的创作也离不开南国的海。

华侨归来的秦牧，始终以一颗赤子之心，怀着对祖国的满腔热爱，用自己的创作记录时代的变迁。因此当时代的潮水退去，他的作品还如同沙滩上的贝壳，闪烁生辉。

秦牧少有的长篇小说《愤怒的海》和中篇小说《黄金海岸》都与海洋与华侨题材相关。《愤怒的海》以鸦片战争之后的广州地区为时代及地域背景，书写了清末民初的海外华工历史，是秦牧历史小说中唯一的长篇。

1962年，小说的开头部分曾在《羊城晚报》上连载，并先后被香港的报纸和海外一些国家的华侨报纸转载，反响颇佳。

1982年5月18日，广东作家郭小东曾前往秦牧位于华侨新村的居所拜访，他印象里的秦牧夫妇特别热情好客，还挽留他一起吃晚饭。席间谈到秦牧的小说，特别是《愤怒的海》，秦牧兴致勃发地说："这是我花最多时间和精力写的一部书。"

《黄金海岸》则反映了中华人民共和国的成立给长期过着"海外孤儿"生活的华侨带来的欢欣，还被改编为连环画《华工血泪》。

在郭小东看来，秦牧的成就在散文，但他的高尚还在于品格。他的散文多文学描述，他仅有的三部中篇则属于底层人民，属于现实。"他写苦力，写娼寮，关心他们的生存，为他们发声，更能显示他的文学的社会关怀和历史批判，可以传世的永远是作家的社会良知。纪念和追随秦牧先生，更在这一方面。"

"对一个地方而言，不管是人民的生活还是文化的发展，都需要一种自信心，而这种自信心往往是通过先辈的典范树立起来的。秦牧之于广东，就是文化上的典范和标杆。"林岗表示，今天我们纪念秦牧、推进对他的创作研究，是岭南人文精神弘扬与传承的重要方向。

2012年，曾日华等亲属将秦牧生前主要藏书、手稿等7000余册（件）捐赠给广东省立中山图书馆。如今，该馆特藏部负二楼展厅专门设立秦牧纪念书屋，复原展出，见证一脉书香传续，聊寄南粤追思。

通过他，重新认识广东文学的潜能

■陈剑晖　广东秦牧创作研究会常务副会长、广州大学特聘教授

羊城晚报：秦牧先生的文学影响力和文化价值主要体现在哪里？

陈剑晖：20世纪五六十年代，秦牧与杨朔、刘白羽被中国当代文学史列为"当代散文三大家"。民间还有"北杨南秦"的说法，其中"南秦"就是我们南方的秦牧，他是岭南文学的一座高峰。

他是岭南散文的骄傲，著作等身。秦牧散文最有价值的部分在于一种辩证主义的思想方法，这对于今天也弥足珍贵。辩证唯物主义思想是秦牧观察事物的思想方法，也贯穿其创作的始终。他有很多文章谈到这个问题，比如辩证规律在艺术创造上的应用等，在《艺海拾贝》这一部经典文艺短论集得到了充分体现。

20世纪90年代，有人认为秦牧的散文缺少思想和批判的锋芒，谈的好像都是一些普通常识。老实说，对这样比较偏激的言论，我从来不敢认同。我们今天有必要重新认识秦牧，从整体的创作，从文学史意义上来全面评价。

如果回到他所处的特定时代和历史环境，再联系当时广东的地理位置和文学环境，我们就可以体会到秦牧能够跻身"当代散文三大家"，有多了不起。当时，他与广东的欧阳山、陈残云等几位广东作家一道，跻身全国名家，以著作影响了几代人。直到今天，这仍然是广东作家不容易达到的高度。

羊城晚报：在您看来，秦牧的文学成就对于广东文学的发展有哪些启示？

陈剑晖：广东散文创作的发展，和秦牧是分不开的。现在广东很多比较知名的散文作家或者评论家，像郭小东、艾云、卢锡铭等人，包括我现在从事散文的批评，或多或少都受到秦牧的影响。

今天，研究秦牧创作依旧意义重大。首先，我觉得要通过秦牧的散文来

重新审视广东文学的潜力和可能。秦牧文学的成就和影响力,让我们意识到广东的文学和文化完全可以做到风靡全国,领时代风骚。要做到这一点,关键在于我们的作家,一定要有大局观,要有文化自信,不断开拓自己的写作版图,写出自己的风采。

其次,我们不仅要在写作上有野心,还要有攀登文学高峰的意识。当前广东文学在中国当代文学谱系中有地位,但是这个地位还有待提升。

我们在中国当代文学的每一个关键节点上都能够发出自己的声音,但是这个声音在我看来还不够响亮。我们还缺少一些真正大气厚重的领时代风骚的大作品,这需要我们广东所有作家共同努力,推出更多精品力作。

最后,我们要努力掌握秦牧的辩证法思想,提高创作质量。摒弃非此即彼、非黑即白的线性思维,要用辩证的思维去认识生活、认识事物、塑造人物。

羊城晚报:我们该如何进一步提升秦牧的影响力,激活广东文学创作?

陈剑晖:接下来,我们希望借助秦牧创作研究会,举办更多广东散文乃至全国散文的相关文学活动,还要开一些重点作家作品的研讨会。同时还准备继续举办第三届秦牧散文奖,这个奖在紫风老师走后已中断十几年了,应该接着办下去。

秦牧先生长期在广州生活,若能追随他的足迹,推动其旧居的活化利用,让相关的纪念活动、文学活动有一个铺开的地方,也让当代大众追思文脉、走近大师,非常有意义。

当今,中国散文界涌现各种新的创作潮流,面对散文创作的时代新变,希望广东的写作者能以秦牧为榜样,与时俱进,改变散文观念,寻找属于自己的话语方式和调子,推动广东散文的写作走向阔大。

扫码看视频

> 延伸

汕头澄海秦牧故居

秦牧原籍广东汕头澄海，出生于香港，3岁时随父母到新加坡，12岁时回到故乡澄海念书，并生活了4年多时间。在家乡，秦牧因为喜欢趴在故居阁楼上看书，得"阿书"一名。当年秦牧回乡的居所也被澄海当地政府作为"秦牧故居"保护起来。

秦牧故居位于汕头市澄海区东里镇观一村，是潮俗民居建筑"四点金"小四合院，占地面积近400平方米，建筑面积300多平方米。2007年开始修缮，2008年5月正式对外开放，2015年被定为省级文物保护单位。

广东省委原书记吴南生为"秦牧故居"题匾，正厅塑有秦牧先生坐像。故居修复包括兴建6个展室和花厅、卧室，以大量历史素材、照片和部分秦牧生前使用过的器具，展示他一生的爱国情怀和为艺术献身的光辉业绩以及崇高精神境界。此地已成为专家、学者和文学艺术界学习研究名家作品的重要窗口，也是学生接受爱国主义教育和文化教育的园地。

2023年8月，广东省秦牧创作研究会邀请省内外文化名家走读秦牧故里，还在澄海挂牌成立了"广东秦牧创作研究会活动基地"。

秦牧故居

原载于2024年1月23日《羊城晚报》A6版

邓世昌蹈海殉国130载：
舍生取义为国酬　有公足壮海军威

文、图/羊城晚报记者　黎存根　实习生　黎蔼慧

"此日漫挥天下泪，有公足壮海军威。"

2024年，是清朝海军名将邓世昌殉国130周年。1894年9月17日，在中日甲午战争的黄海战役中，清军"致远舰"全速撞向日本主力舰并沉没，管带（即舰长）邓世昌蹈海殉国。

英勇事迹传到北京，北洋大臣李鸿章在《奏请优恤大东沟海军阵亡各员折》中记道："邓世昌首先冲阵，攻毁敌船。"光绪皇帝亲笔撰写了本文开头所录的悼念挽联。

100多年来，这位来自岭南的英雄人物一直为国人所铭记。他的诞生地位于广东番禺龙导尾乡龙珠里（现广州市海珠区龙涎里）。

如今，走进位于龙涎里2号的邓世昌纪念馆，不仅能重温甲午海战的滚滚烽烟，还能了解这位爱国英雄从幼时受乡土浸润，到成为中国第一批接受近代军事训练的新式海军军官之一，直至舍身报国、门风清正的不凡一生。

出身岭南，立志报国

在广州市海珠区宝岗大道边，有一条不起眼的小巷——龙涎里。1849年10月4日（农历八月十八日），邓世昌出生于此。他是家中的长子，父亲邓

邓世昌纪念馆清幽肃穆

焕庄为他取名永昌,字正卿,后改为世昌。

目前邓氏家族依然有后人居住在龙涎里老宅,而一墙之隔的邓氏宗祠里则建立了邓世昌纪念馆,龙涎里所在的社区被命名为世昌社区,附近还设立了邓世昌纪念小学。

据邓世昌纪念馆馆长潘剑芬介绍,当年邓焕庄经营茶叶生意,家境较好,从小就注重培养其子邓世昌。

1856年至1860年,第二次鸦片战争期间,广州成为西方列强侵略中国的前沿。邓世昌少年时目睹外国侵略者的野蛮行径,加上私塾老师、父老乡亲的言传身教,他自小深受爱国思想的熏陶。

邓氏茶庄饱受战火之累,邓焕庄遂迁往上海拓展茶叶贸易,创办了祥发源茶行。有资料记载显示,邓世昌11岁左右跟随父亲迁到上海,一直生活到18岁。父亲把他送入教会学校,他聪明好学,很快就能用英语与洋人对话,并能阅读英美原版书籍。

近年也有研究发现,邓世昌对西学的习得,还因其少年时或曾短期到过

香港的英式书院接受教育。

1866年，闽浙总督左宗棠上书奏请设立福州船政局，推荐沈葆桢担任首任总理船政大臣，主持福州船政局事务。

他们达成共识，只有通过办学，"能使西人擅长之技中国皆能谙悉，然后可以渐图自强"，所以在船政局附设"求是堂艺局"，后改名为福州船政学堂。这是中国近代第一所海军学校，专门培养造船和航海人才。

存世的邓世昌便服照形象

这一年，邓世昌刚好18岁，他看到福州船政学堂"招考粤籍男生10名，以通英法文字者为先"的告示，决定投考，报效国家。邓世昌考取了该学堂中以英语教学的驾驶班，这关键一步成为他施展爱国抱负的起点。

粤籍将士，海战勇猛

福州船政学堂一开始招收的学员以福建本地人为主。后因生源不足，清同治六年（1867）又在广东招收了张成、林国祥、叶富、吕翰、黎家本、邓世昌、李田、李和、梁梓芳、卓关略共10名有一定英语基础的粤生入学。

福建马尾船政文化研究会会长陈悦介绍，福州船政学堂采用的几乎是西式教学，来自外国的军官用英语或法语讲授，而福州本地招收的学生很少具备这样的外语能力，所以学堂才"扩招"到广东。

这10名广东学生多出自经商或华侨背景家庭，有着显著的务实精神。不少家中长辈已认识到，将来无论是从政还是从商，都要学习英语，学习外国先进科学知识，所以把孩子送至香港的英式书院学习，甚至出资雇请外籍教师进行培养。

在福州船政学堂的驾驶专业，除了英文课之外，基础课程包括算术、几何、代数等，专业课程设置上还加入了航海天文、航海理论、气象学、地理学等，都按照西方的教学要求去完成。

同邓世昌一起入学的吕翰、林国祥、叶富等广东籍学生很快适应在船政学堂的学习，被船政大臣沈葆桢称为"上等艺童"。

中国甲午战争博物馆（院）原馆长戚俊杰曾这样评价："在整个近代中国海军的建设过程中，广东人发挥了很重要的作用，虽然水师学堂建在福州，但是因为与广东距离不远，再加上有不少学生到那里学习过，所以在甲午海战期间，无论是广东水师的舰船，还是广东籍的海军军士，都发挥了应有的抗敌作用。"

例如，老家在广东鹤山沙坪镇的吕翰，在福州船政学堂学习期间同样表现优秀，得到重用，历任多艘战舰的管带（舰长），堪称福建水师中的元老级管带，1884年在中法马江海战中壮烈殉国；在甲午海战的参战舰船中，"致远""平远"以及广东水师的"广甲""广乙""广丙"，表现勇猛。

义不独生，与舰共亡

中国船政文化博物馆保存的资料显示，1874年2月，沈葆桢任命邓世昌为刚扬帆下水的"琛航"运输船大副。他驾驶、管理舰船的素质和技能都深得外教好评，加之较为稳重和老练，沈葆桢称赞他是船政学堂中"最伶俐的青年"之一。

此后，邓世昌服务于清朝水师，屡立战功，备受嘉奖。史料记载，1879年，李鸿章的幕僚马建忠认为邓世昌"熟悉管带事宜，为水师中不易得之才"，经他极力向李鸿章推荐，邓世昌调入北洋水师。

1886年，北洋水师向英国订购"致远""靖远"，向德国订购"经远""来远"舰船，派邓世昌、邱宝仁、叶祖珪、林永升等人前往接收回国。

"致远"舰是当时的新式穹甲巡洋舰，由英国阿姆斯特朗公司建造，排水量2300吨，航速18节，入编后成为北洋舰队中航速最快的大型军舰，它当年就是邓世昌一手从英国开回中国的。

1887年,邓世昌调任"致远"舰管带。福建水师在中法战争中几乎全军覆没,使清政府认识到海军建设的紧迫性,于1888年12月17日颁布《北洋海军章程》,北洋海军正式成军。

1894年7月17日,日本决定对清朝发动战争,寻机与清朝舰队决战,获得制海权。

9月17日(农历甲午年八月十八日),从朝鲜返航的北洋舰队,在黄海与日本联合舰队相遇,一场规模空前的海战随即打响。在战争第二阶段,日本海军在航速、火力发射等方面都占有优势,渐渐压制住了北洋舰队。

北洋舰队旗舰"定远"的信号装置被敌舰摧毁,舰队无法统一指挥,遭到日舰前后夹击。为保护旗舰,邓世昌指挥"致远"主动迎敌,使"定远"转危为安,而"致远"遭受日舰围攻,舰伤弹尽。邓世昌毅然指挥"致远"撞向日舰,不幸中途舰体沉没。

邓世昌纪念馆资料显示,据从"致远"舰死里逃生的官兵回忆,当船身倾斜欲沉之时,邓世昌对全舰官兵说:"吾辈从军卫国,早置生死于度外,今日之事,有死而已。"

邓世昌落海后,他的随从刘忠还将救生圈递给他,他断然拒绝:"我立

邓世昌纪念馆展示的"致远"舰水兵合照

志杀敌报国，今死于海，义也，何求生也！"邓世昌抱定与战舰共存亡的决心，自沉于汹涌的海涛之中，壮烈殉国。

这一天，刚好是他的45岁生日。根据"致远"舰死难官兵名录，250名官兵中只有6人获救，其余全都壮烈牺牲。

2015年，一个轰动世界的考古发现再次唤醒了这段英烈往事：在丹东西南甲午海战主战场水域，一艘钢铁沉舰遗址的考古发掘中，两件带有"致远"篆书字样的白瓷餐盘被发现，这艘沉舰遂被确认为人们找寻已久的"致远"舰。历时三年的"致远"舰水下考古调查，不仅获得了429件（套）的出水文物，还弄清楚了残存舰体的基本情况。

时任国家文物局水下文化遗产保护中心研究馆员周春水对媒体解释，在舰内还发现了一些完整的炮弹和鱼雷引信，如果被鱼雷或炮弹打中，这些易爆品肯定是会被引爆的。他认为，"致远"舰沉没的真正原因，或许还是因为此前受创产生的舰体倾斜，导致舱内进水，进而沉没。

后世敬仰，风骨常在

邓世昌为国捐躯，生前为"致远"舰管带、北洋舰队中军中营副将（二品）的他被光绪皇帝按照提督标准（升一级）给予抚恤，追赠太子少保，入祀京师昭宗祠。清政府下拨十万两白银抚恤金，当年邓世昌的家人就用其中的四万两重建邓氏宗祠。

如今，邓氏宗祠已身在都市高楼的环抱中，青砖灰瓦、轩昂气派的岭南清式祠堂建筑仍显得清幽肃穆。

潘剑芬介绍，1994年，广州市政府拨款重修邓氏宗祠，并上报中宣部，获批在此成立邓世昌纪念馆。这是广州市首个由中宣部定名的名人纪念馆，目前已被评为国家三级博物馆。

邓氏宗祠的中厅内，矗立着由海珠区政府赠送、广东著名雕塑家曹崇恩创作的邓世昌铜像。纪念馆里还用图片和实物的形式展示了"致远"舰水下考古的最新进展。

"别小看这几块不起眼的'铁疙瘩',虽然只是一些铁构件及锅炉物料,但它们是从'致远'舰考古出水的珍贵遗物,被特意赠送给邓世昌纪念馆,纪念与英雄的缘分。"潘剑芬向记者介绍。

在纪念馆的东花园里,还有一棵相传是邓世昌手植的苹婆树(又称"凤眼果树"),如今已有170多年树龄。老树曾在1991年被台风刮断,只剩下一桩焦黑的树头,但不久后又重新抽枝发芽,每年果实累累。已93岁高龄的邓世昌曾孙女邓立英每次回广州,都会来看看这株苹婆树。

当年,家人把邓世昌的衣冠装入棺中,葬在广东番禺天平架石鼓岭(位于今广州市天河区)。1994年,纪念甲午战争100周年及邓世昌殉国100周年时,为弘扬爱国精神,相关部门把邓世昌衣冠冢迁至天河区天河公园,并立塑像与墓园,至今犹在,供后人凭吊缅怀。

1996年12月28日,中国人民解放军海军将一艘新式远洋综合训练舰命名为"世昌"舰。

一脉相承,门风刚正

邓世昌英勇殉国,他的后人也门风刚正,多以家国为念,积极投身大时代。记者翻阅资料了解到,他的大儿子邓浩洪承袭父职,继续供职于广东水师,小儿子邓浩乾后曾供职于民国海军部。

在邓世昌的侄孙辈中,毕业于黄埔军校并参加抗日斗争的有5人。日寇侵华时,他们先后投笔从戎,纷纷加入抗日救国的行列中。

邓世昌之孙邓小鹏生前曾回忆:"先祖留下的遗物实在不多。他殉国后四年,我才出生,知道的相关事情也很少。他老人家常年在外,连我的母亲也只见过他两三回。"

邓小鹏的女儿邓立英则在一次采访中略带感慨地说:"我一直认为,曾祖父当时原本是有可能生还的,但他决意用牺牲来唤起全国人民的觉醒。"在纪念民族英雄邓世昌殉国120周年的系列活动上,邓立英担任公祭致辞:"先祖忠贞为国酬,何曾怕断头?后裔自当承遗志,为国再奋斗。"

 访谈

一批出色的近代海军将士出自广东

■陈悦　福建马尾船政文化研究会会长、中国船政文化博物馆名誉馆长

羊城晚报：邓世昌为什么会在国家积弱之时，离开殷实家庭，投考船政学堂继而从军？

陈悦：我们都知道，像邓世昌这样能从小接受西式教育、出生于富裕殷实家庭的青少年，当时更主流的选择还是科举或经商。从职业前景来说，成为海军军人不一定是好选项，他们其实不必为了拿军饷而谋出路。

他们在国家积弱时代，很早就有条件和外面的世界有了联系，开始接触了解外面的世界，本可以谋取更好的财富收入和职业，结果却最终选择投考船政学堂，明显是为高尚的爱国心、"师夷长技以制夷"的志向所驱动。

他们不顾风险，希望为国家、为人民服务，才能舍弃优渥生活，这份爱国报国的情怀殊为可贵。

羊城晚报：在晚清，广东涌现了以邓世昌为代表的一批出色的海军将士，原因何在？

陈悦：广东广州一直是对外通商口岸，和外界尤其西方接触较多。我们从邓世昌等10位第一批船政学堂的广东籍学生身上可以看到，他们自身有着优厚条件，而且已经知道现代海军对于国家发展的重要性，有着远大前景，展现的是"立志报国，投身海军"精神。

良好的西式教育基础，特别是一定程度掌握外语，让他们能按照西方的教学课程去完成学堂教育，成为晚清最早自行培养出来、通过考核的具有现代意义的军官。

虽然广东籍军官军人在近代海军特别是北洋海军中的总数并不多，当时的发展也会受到一定制约，但无碍他们成为英雄。那一届广东籍的船政学堂学生虽只有10个，但在战场上广东籍人士任舰长的军舰均表现勇猛，涌现了

邓世昌和吕翰两位海战殉国的烈士。

此外，林国祥率领的广东水师"广乙"舰参加了甲午第一战——丰岛海战，短短一个小时的战斗，"广乙"舰连续攻击了三艘比自己大得多的日军战舰。"平远"快船管带、广州人李和，1894年9月参加黄海大海战，击伤日本旗舰"松岛号"。

广东籍海军军官海战勇猛不仅在甲午海战中展现，在更早的1884年就已令人瞩目，如"福胜"舰管带、广东鹤山人吕翰在马江海战中，驱船近敌，中弹舰沉，力战身亡。

可以说，他们展示了现代中国职业军人的光辉形象，邓世昌更是为中国海军树立了精神标杆。

羊城晚报：在近代中国海军的发展史中，广东籍军官有什么样的整体风貌？

陈悦：前面我们主要说了10位第一批船政学堂的广东籍学生，开启了广东籍子弟们参加国家海军建设的骄傲传统。在他们影响下，涌现出很多广东籍的优秀舰长军官，兼具宝贵的爱国主义精神和职业军人气质，在民族兴亡之际挺身而出。

例如民国初年的著名海军将领、广东香山人程璧光，曾率清末海军进行首次环球航行，先后访问英国、美国、古巴。中华民国成立后，他曾任北洋政府海军总长。1917年7月，他应孙中山之邀，率领海军第一舰队南下广州，参加护法战争。

还有邓兆祥将军，他是广东高要人，1949年2月25日，率部在上海吴淞口举行"重庆舰起义"。1955年3月，邓兆祥任新中国第一海军学校副校长。他乐育英才，严谨治学，为培养、造就人民海军的大批骨干人才作出了杰出贡献。

扫码看视频

> 延 伸

六兄弟同在水师：林国祥勘察命名南海十五岛

林国祥，又名瑞嘉，生于马来西亚槟榔屿之槟城，原籍广东新会大泽北洋乡，其父林道解是南洋著名的建筑商。

林国祥在兄弟六人中排行第二，自小在槟城读书，谙熟英语，青年时回国学中文，正好赶上福州船政学堂到广东招生，林国祥报名入选，与邓世昌成为同学。其双胞胎哥哥林国祯当时也加入了福建水师。

林国祥在军中站稳脚跟以后，又相继把弟弟们接到福州从军，兄弟六人均在水师服役，极为罕见。

其中，三弟林国裕是福州船政学堂驾驶专业第二届学生，后与邓世昌一起在甲午海战中殉国；五弟林国禧是清廷向德国订造"海

邓世昌纪念馆展示邓世昌与林国祥等在船政学堂毕业前的合照

龙"等四艘鱼雷艇时的监造官之一；六弟林六经因在中法战争中表现出色而获得朝廷颁发的表扬奖状。

1874年3月，23岁的林国祥成为福州船政学堂培养的第四位近代舰长，随即作为"琛航号"的管驾，参与了抵御日本侵台的行动，往来台湾和大陆运送兵员和军火。当时25岁的邓世昌是他的大副。

1884年，中法即将在福州开战，林国祥率驻粤的"济安号"回援福州，作为"济安"舰管带参加了马尾海战。1894年5月，林国祥率"广乙"舰北上与北洋舰队会操。事后，广东水师的"广甲""广乙""广丙"三舰留助北洋舰队。林国祥作为"广乙"舰管带，参加了甲午第一战——丰岛海战，并打出北洋舰队击中日舰的第一炮。

1907年，林国祥任广东水师舰队左翼分统，前往南海勘察诸岛，历时近20天，发现、命名15座岛屿，刻石为记。两年后，大清官员再次派人前往西沙群岛复勘，并绘制西沙群岛地图。林国祥等人发现、命名西沙群岛的功绩，为维护中国南海海疆完整提供了历史事实依据。

为纪念林国祥的功绩，广东水师提督李准曾特意将其中一岛屿，以他的原籍新会命名为"新会岛"。

原载于2024年6月28日《羊城晚报》A6版

何香凝：
双清品格狮虎寄意　爱国救民矢志不移

文/羊城晚报记者　周欣怡　朱绍杰

"苦斗不屈，为中华民族树立模范"是毛泽东对她的评价，邓颖超称她为"共产党人的老战友，是同中国共产党真诚合作的典范"。

赢得如此高声望的这位民主人士，就是岭南女儿何香凝。

1878年出生于香港、祖籍广东省南海县棉村的何香凝，一生多重身份相互交叠：她是著名政治活动家、妇女解放运动先驱，也是中国国民党左派领袖、中国国民党革命委员会的主要创始人，还是杰出的美术家……

何香凝（资料图）

她一门锦绣：丈夫廖仲恺是中国近代民主革命家，孙中山的亲密战友和得力助手；儿子廖承志是中国无产阶级革命家，中国共产党和中华人民共和国的优秀领导人；女儿廖梦醒也是坚贞的共产党员，中华人民共和国成立后曾任全国妇联国际部副部长。

何香凝的历史业绩和足迹，遍布粤港澳大湾区多个城市，直到今天，仍以旧居、美术馆、纪念馆、高等院校等多种形式福荫后世。

2024年3月8日,是何香凝在广州组织中国妇女首次公开纪念三八国际妇女节的百年纪念日。2024年6月27日,是她146周年诞辰纪念日。

值此之际,羊城晚报记者追随她的部分足迹,回顾这位民主革命先贤的光辉事迹,感悟何香凝深厚的艺术修养与爱国、启蒙、团结、为民的崇高情怀相交织,不断革命、终身实践的一生。

何香凝晚年作画(资料图)

"双清楼主"

走过广州市海珠区南华西街道的老街,在同福西路龙溪新街的尽头,广州市文物保护单位双清楼坐落于此。这里兰草幽静、竹叶青葱,曾是廖仲恺与何香凝伉俪的旧居。

2024年3月,双清楼改陈布展,这座青砖石脚的古老建筑以焕然一新的姿态对外开放。这次布展通过文字、图片、历史文献、多媒体互动等形式,生动展示廖仲恺、何香凝伉俪的革命事迹,讲述他们在双清楼生活的点滴故

位于海珠区的双清楼(资料图)

1909年，廖仲恺、何香凝与女儿廖梦醒、儿子廖承志在日本东京的合影（廖仲恺何香凝纪念馆供图）

事和厚朴家风。

1897年，何香凝与廖仲恺经媒人介绍而结婚，在此度过了婚后温馨融洽的五年时光。这里原为廖仲恺之兄廖恩焘在广州的居所，他们取"人月双清"的高洁之意，将其命名为"双清楼"。五年后，他们受革命思潮影响东渡日本，结识孙中山，并走上革命道路。可以说，这座老楼既见证了二人的感情，又是他们投身革命的起源地。

廖仲恺先生去世后，何香凝自号"双清楼主""双清馆主"。她一生喜爱绘画，作品也多以"双清楼主"落款，以追溯这段永难忘怀的美好时光。

廖家后代亦对"双清"名号尤为认可和爱护，何香凝之子廖承志曾以"双清楼后人"署名题诗。他在早期革命生涯中曾多次被捕入狱，但坚贞不屈，曾写下诗句："两代鬼雄魄，长久护双清。"

狮虎入画

在深圳深南景观大道旁，有一座身处闹市却沉静雅致的美术馆，这便是何香凝美术馆。它是新中国第一个以个人名字命名的国家级美术馆，是目前国内收藏何香凝画作最多的美术馆。

学界认为，作为中国近现代画坛上卓越的女画家，何香凝是中国第一个将绘画运用到革命斗争中的人。

留日时期，何香凝夫妇与孙中山等革命志士来往密切。她最初进入日本目白女子大学学习博物科，后转学进入东京本乡女子美术学校学习日本画，这一转变来源于"为革命而美术"的需要。

何香凝美术馆（资料图）

廖承志在《我的母亲和她的画》中记载，由于"孙中山要在国内组织武装起义，需要起义的军旗和安民布告告示的花样、军用票的图案等等，因而需要人设计图案，把它画出来。我母亲为此进了日本东京上野的美术学校"。何香凝在其自述中也说，在辛亥革命时期，"起义部队所用的旗帜符号，有一些就是我在孙先生指导下描绘和刺绣缝制的"。

在此期间，何香凝开始以狮虎为绘画的主要题材。虎画是何香凝赠礼画中具有代表性的题材。1910年的《虎》是何香凝现存最早的作品之一，她将其赠与革命先驱黄兴先生。画面中老虎置身于杂乱草丛，呈现匍匐姿态，蓄势待发，威猛之势逼出画外。

她于1914年创作的《狮》堪称经典。画面中的雄狮造型逼真，何香凝细致地塑造出狮

何香凝《虎》，1910年作，此画赠与黄兴（何香凝美术馆供图）

何香凝《狮》，1914年作（何香凝美术馆供图）

子的体积感与毛色纹样，尤其对其神情刻画入微，以狮子隐喻中华民族精神即将苏醒。

另有一幅1913年所作的狮画，后有柳亚子先生在画上题诗一首："国魂招得睡狮醒，绝技金闺妙铸形。应念双清楼上事，鬼雄长护此丹青。"足证画家借狮隐喻、"唤醒"中华民族气节之意。

何香凝以狮虎入画，更彰显她作为一代女杰的豪情。在20世纪初传统观念根深蒂固的年代，她认为女性和男性一样，有共担天地兴亡的责任。在1903年，她就写下了《敬告我同胞姊妹》一文，呼吁"破女子数千年之黑暗地狱，共谋社会之幸福"，激发同胞姐妹"湔除旧习，灌输新知""成己成人"。

1924年1月，国民党一大在广州召开，何香凝在会上当选国民党中央执行委员会妇女部部长，兼管广东省的妇女工作。她提出"妇女在法律上、经济上、教育上一律平等"的提案，后又提议公开纪念三八国际妇女节。中国

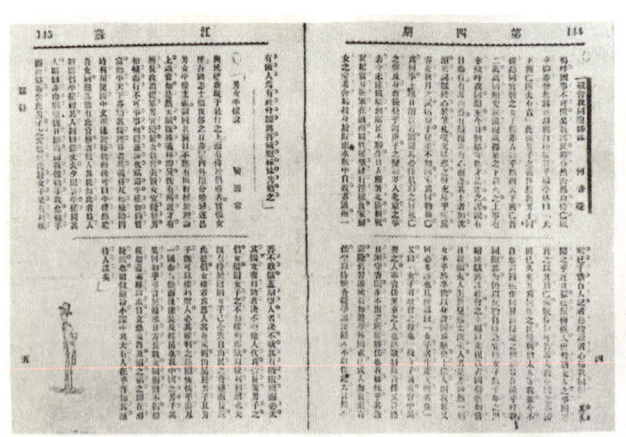

何香凝《敬告我同胞姊妹》，发表于《江苏》1903年第4期（资料图）

妇女运动在广东逐渐开展，此后迅速推向全国。

扶助农工

仲恺农业工程学院坐落在广州市海印桥与江湾桥之间。在校内的何香凝艺术设计学院教学楼前，一座汉白玉雕像静静伫立，"伟大革命者何香凝先生像"几个大字镌刻于其上。

校内距此不远，坐落着广东省文物保护单位——廖仲恺何香凝纪念馆，这里原为何香凝创办的仲恺农工学校的办事处旧址。那所农工学校即是今日广东仲恺农业工程学院的前身。

1925年，孙中山先生逝世，同年廖仲恺即遭暗杀。距廖仲恺遇难仅一个星期，何香凝化悲痛为力量，应邀在省港罢工工人第18次代表大会上作报告，表示要继承廖仲恺遗志，支持省港大罢工。她认为："要打倒帝国主义，非与共产党亲善不可，更非注意于最有革命力量的工农阶级不可。"

在她看来，纪念廖仲恺最好的行动是创办一所农工学校，培养科技人

廖仲恺何香凝纪念馆（廖仲恺何香凝纪念馆供图）

才，为"科教兴国"作贡献。

廖仲恺去世一个多月后，何香凝与林伯渠、谭平山等8名国共两党有识之士联名提议，于广州中山路旁拨空地一处，建筑仲恺纪念花园，内附设农工学校。1926年春，考虑到建立农校需要实习农场，国民政府拨了广州市河南石涌口一带250余亩地，作为仲恺农工学校的校园及实验农场用地。

仲恺农工学校的开办费用大约11.3万元，国民政府因财政困难，仅拨款2万元。为了筹款，何香凝不辞劳苦，奔走呼告。此外她还亲自主持校园规划，提高教员质量，聘请自己在日本留学时的朋友及国内知名的蚕桑专家、农艺家任教，自己则亲自兼任校长达15年之久。

在第一次国共合作时期，她还身体力行，以各种方式教育妇女，为劳工妇女办实事。1926年第六届广州农民运动讲习所开学，毛泽东任所长，亲自请何香凝前来授课，作妇女运动报告。她领导创办了贫民生产医院、女工补习学校、妇女刊物等，为推动农工运动做了大量的工作，提高了包括广大妇女在内的工农群众对革命的认识，发展壮大革命力量。

艺术救国

何香凝作为孙中山的遗嘱见证者，时刻不忘先生遗愿。然而国共合作的破裂让她深知，靠国民党实现"三大政策"毫无希望，遂于1928年辞去国民党内的一切职务，把内心的悲愤都宣泄在画纸上。

这一时期，何香凝的绘画多以花木为题材，借耐寒的竹菊、常青的松，以及寒冬不谢、冷而弥香的梅来彰显傲骨气节。1928年，她与陈树人、经亨颐三人共同创作的《松竹梅》是最受关注的代表作。画中陈树人的松苍劲刚烈，何香凝画梅手法干练，经亨颐的竹气质清雅高洁，堪称合璧。

于右任先生在此画上题款："紫金山上中山墓，扫墓来时岁已寒。万物昭苏雷启蛰，画图留作后人看。松奇梅古竹潇洒，经酒陈诗廖哭声。润色江山一支笔，无聊来写此时景。"这充分表达了何香凝此时心境。

抗战期间，何香凝不仅以手中画笔维持自身生计，抒发革命情怀，还依靠举办展览义卖作品支持抗战，拯救劳苦大众。

1931年九一八事变爆发后，身在法国的何香凝闻讯立刻归国投身抗日救亡斗争。同年12月，在上海发起了"救济国难书画展览会"。筹备期间，她发表《何香凝主办救济国难书画展览会宣言》，借媒体宣传展览，并呼吁广大美术家积极救国。她宣布，将原为仲恺农工学校筹措经费所积攒的名家墨宝，以及她个人历年画作一并展出，"悉数变价出售，即以售得之款，为反日救伤工作费用"。

此宣言一经发表，在各界引发强烈反响，来自全国各地的艺术家纷纷邮寄作品。

统一战线

作为中国国民党左派的杰出代表，何香凝还为巩固抗日民族统一战线作出了极大努力。抗战胜利后，她拥护中国共产党关于建立广泛的革命统一战线的主张。在蒋介石政府违背全国人民意愿，悍然发动内战之时，何香凝、李济深等左派爱国民主人士毅然创建中国国民党革命委员会（以下简称"民革"），推动和平民主建国的道路建设。

1948年1月，民革在香港正式成立，宋庆龄为名誉主席，李济深为主席，何香凝、冯玉祥、柳亚子等为常务委员。这标志着国民党内的爱国民主力量联合起来，共同争取新民主主义革命的胜利。

1948年4月30日，中共中央正式对外发布"五一口号"，开启中国共产党与各进步民主党派协商建立新中国的精彩华章。5月1日，香港《华商报》全文刊登了"五一口号"，立即引起民主人士和社会各界的高度关注和热议。

5月5日，何香凝与李济深、沈钧儒等12位民主党派领袖及著名民主人士，在香港联名致电中共中央毛泽东主席，阐明召开政治协商会议、成立民主联合政府"适合人民时势之要求"。

接下来，中国共产党一边与在港民主人士保持着密切沟通，一边开始筹

1948年，民革在香港宣告成立，前排左四为何香凝（资料图）

1960年8月，何香凝在民革中央四届二次全会扩大会议上当选民革中央主席（廖仲恺何香凝纪念馆供图）

谋护送他们北上解放区，直接参与协商成立新中国的"秘密行动"。1949年4月，时任民革中央常委的何香凝由女儿廖梦醒陪同，离开香港北上。廖承志专程到天津迎接母亲与家人，一同乘火车前往北平。

1949年9月21日至30日，中国人民政治协商会议第一届全体会议召开。在此次大会上，已经71岁高龄的何香凝代表民革发表讲话，"我庆祝这新的人民民主共和国千秋万岁"，并坚信"我们的国家前途是无限光明的，我们人民的前途是无限幸福的"，她的讲话不时被热烈的掌声所打断。

中华人民共和国成立后，何香凝满怀热情地投身到社会主义革命和建设事业中，发挥自己与港澳台同胞、海外侨胞有广泛联系的有利条件，为巩固和发展爱国统一战线作出了重要贡献。

年逾古稀的何香凝担任过诸多要职，如全国人大常委会副委员长、全国政协副主席、民革中央主席、华侨事务委员会主任委员等，她还曾担任中国美术家协会主席、全国妇联名誉主席等。

今日，在羊城晚报的档案室里还珍藏着一份1958年寄自何香凝先生的诗稿——《遥念台湾》。诗云："遥望台湾感慨忧，追怀往事念同游。数十年来如一日，国运繁荣度白头。"字里行间，尽是她对遥居台湾的故友于右任先生的惦念之情，也传递出她对祖国统一大业的乐观期待。

缅怀弘扬

何香凝的一生跌宕起伏，她作为新女性的传奇足迹与百折不挠的精神风骨，常为后世所缅怀。在她的家乡岭南大地上，值得纪念的地点还有很多——

例如，据研究发现，佛山禅城区塔坡社区是何香凝祖居所在地，廖仲恺指导成立的南海四区农民协会旧址（现为佛山鸿胜纪念馆）亦在此处；在汕尾，建有何香凝抗战时期旧居纪念馆；在香港，还有何香凝家族故居，保卫中国同盟、民革成立大会旧址……

2023年，广东省政协委员、民革佛山市委会副主委、佛山职业技术学院教授刘建萍提交"关于协同打造粤港澳大湾区何香凝文化品牌的提案"。其中指出："与廖仲恺、何香凝相关的历史遗迹和文化资源如同珍珠般散落于广州、深圳、佛山、惠州、汕尾以及香港等地，是大湾区珍贵的文化瑰宝、红色资源。目前相关资源尚未串点成线、连线成片，故建议对廖仲恺、何香凝相关历史文化资源进行统筹整合，将其作为统一的文化IP进行抢救性保护，推动协同开发。"

廖仲恺何香凝纪念馆副馆长刘斌也认为，无论在近代民主革命史还是美术研究方面，何香凝先生都有着重要影响力，"对于繁荣文化事业产业、发展壮大爱国统一战线、建设人文湾区等都具有重要意义"。他建议，可借鉴孙中山宋庆龄纪念地的联席模式，将全国各地的廖、何纪念场馆及相关机构联动起来，共同举办活动，资源共享。

 访谈

建设人文湾区应重视"何香凝爱国文化品牌"

■刘建萍　广东省政协委员、民革佛山市委会副主委、佛山职业技术学院教授

羊城晚报：近年来您为何会持续呼吁重视打造粤港澳大湾区何香凝文化品牌？

刘建萍：作为中国对外交流的重要门户，粤港澳大湾区形成了岭南文化与中西融通的文化景观。近代以来，以孙中山、廖仲恺、何香凝等中国民主革命先驱在粤港澳留下的革命足迹，形成了珍贵的人文历史遗存。

2024年是何香凝组织中国妇女公开纪念"三八"国际劳动妇女节活动100周年、黄埔军校建校100周年，也是中山大学建校100周年。在此背景下，开展大湾区统战历史文化资源价值挖掘与活化利用，推动廖仲恺、何香凝相关历史文化场馆的修缮保护与活化利用工作，打造何香凝爱国文化品牌，对发展壮大爱国统一战线、以文兴城建设人文湾区、繁荣文化产业等都具有重要意义，也恰逢其时。

羊城晚报：此事目前有何最新进展呢？

刘建萍：近年来，广东省委、省政府加大资金投入，完善提升现有文化场馆，安排省级红色革命遗址保护利用经费超400万元，用以支持广州廖仲恺何香凝纪念馆、双清楼、汕尾成兴大院（何香凝抗战时期掩蔽处）等革命遗址修缮保护和改陈布展。

廖仲恺何香凝纪念馆已被命名为省级爱国主义教育基地，而且，在黄埔军校旧址纪念馆、中国文化名人大营救纪念馆、广州华侨博物馆等重要场馆布展中，廖、何二人的相关事迹也被重点展示出来。

目前民革佛山市委会也在牵头，凝聚各方力量，加强相关的理论研究和文史查考，何香凝在湾区的历史足迹不断获得新发现。

例如，在政府相关部门、专家学者、廖何后人、居委会、老街坊的大力

支持下,我们团队确认何香凝的父亲、祖父和曾祖父都曾居住在佛山古镇明心铺何家巷(现明心街4号附近)。这为推进相关提案建议的落地提供了有力依据。

羊城晚报:您提出的"关于协同打造粤港澳大湾区何香凝文化品牌的提案"2023年被评为广东省政协优秀提案,为社会所关注。您在此方面还有什么好建议?

刘建萍:2024年是黄埔军校和中山大学建校100周年,可以借此机会,以侨文化为媒介,加强海内外交流与合作,持续提升何香凝文化的国际影响力。将何香凝在大湾区的相关历史足迹串联,通过研学游和文物主题游径等形式,吸引社会各界人士,包括港澳台同胞、海外侨胞到相关文化场馆"打卡"观展,传播爱国主义精神。

此外还可以用好文艺力量,创作"何香凝"题材相关话剧、现代粤剧或者影视作品,进一步彰显"何香凝"这个品牌的文化创新意义和创意价值。

扫码看视频

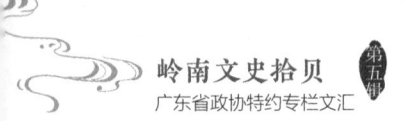

延伸

百年前，广东的"她们"走在前列

清末民初，新思潮涌入广东，女子的受教育权逐步得到平等对待。1905年废科举，新式学校在广州普遍设立。随着资本主义工商业的发展，在广东各行各业越来越多的领域见到卓有成就的新女性，她们用自己的行动诠释中国近代女性力量的崛起。

中国历史上第一位女西医张竹君是广东广州府番禺县人，她开了女办医院先河，还是中国赤十字会创始人，孙中山授予她"立国纪念勋章"。早在1901年，她已在广州一手创办了育贤女学，比清廷学部颁布女子师范及女子小学章程的时间还早了6年。

广东南海人区梦觉，曾在革命年代为党组织工作和妇女运动奔走，被誉为"岭南女杰"。她撰写的《妇女解放必经的途径》一文发表于《广东青年》，引起热烈反响。在邓颖超和蔡畅的领导下，区梦觉发动广大妇女支援省港工人罢工和北伐战争，使广东妇女运动蓬勃发展，成为全国妇女运动的一面旗帜。

岭南文人辈出，冼玉清是不让须眉的著名文献学家、诗人，终身从事教职、培养学生。抗战期间，岭南大学内撤至粤北办学，她不顾个人安危，历时一个半月，从澳门辗转湛江、遂溪、盘龙、桂林等地到达韶关，与同仁们在粤北坚持授业。她一生从事文化教育事业，为岭南文化研究献出毕生精力，享誉学林。

原载于2024年7月26日《羊城晚报》A5版

南粤科学家

岭南文史拾贝

○ 陈心陶：送瘟神以身报国 葆初心情寄苍生
○ 蒲蛰龙："生物环保"勇先锋 科学报国勤育人
○ "北京时间之母"叶叔华：烽火粤北山野承教 仰望星空终成大家
○ 西医东渐羊城始 柔心济世开先声

陈心陶：
送瘟神以身报国　葆初心情寄苍生

文、图/羊城晚报记者　易芝娜（除署名外）

在佛山市三水区南山镇九龙岗，曲折的山路旁，有一块硕大的山石碑，上刻几个红色大字：陈心陶纪念地。中山大学与佛山市三水区共建的陈心陶精神教育基地包含5个场所，这片纪念地是其中之一。

2022年5月，陈心陶精神教育基地入选为首批国家级科学家精神教育基地。

陈心陶，这位赫赫有名的岭南寄生虫学家、医学教育家，在20世纪50年代举国"围歼"血吸虫病战役中，创造性地提出"结合农田基本建设消灭钉螺"的血吸虫病防治对策，因功绩卓著而数次受到毛泽东接见。

位于佛山三水陈心陶纪念地的陈心陶雕像

"事业必须在祖国生根"

1904年5月，陈心陶出生在福建省古田县一个普通邮局职员家庭，因幼年丧母，童年并不快乐。但他从小勤奋好学，1921年考入福建协和大学，靠勤工俭学完成了该校生物系的学业。

1925年毕业后，陈心陶留母校任教，1926年7月来到广州，受聘于广州岭南大学，先后担任生物系助教、讲师。

1928年，陈心陶因在校表现出色，获得奖学金赴美国进修。他选修了寄生虫学和比较病理学，仅用3年时间就先后取得明尼苏达大学硕士学位和哈佛大学医学院比较病理学博士学位。

毕业后，陈心陶毅然回到祖国，1931年开始任广州岭南大学医学院寄生虫学、细菌学教授，还承担起生物系主任和理科研究所所长的重任。

在那个年代，从事寄生虫学研究的人寥寥无几，陈心陶决定做一头开荒牛——他确定了自己的学术方向，醉心于调查中国南方各种动物体内的寄生虫，并以深入乡间田野考察的实证，陆续发现并命名了许多寄生虫新种，轰动学术界。

在1940年发表的专著《怡乐村并殖吸虫》中，陈心陶用极为丰富的数据雄辩地证明一个新肺吸虫物种的存在，修正了当时国际上流行的单一肺吸虫物种的看法。该专著也成为我国最早的有关并殖吸虫的权威性专著。

后来，日军进犯广州，岭南大学几度被迫搬迁，终至1942年停办。1946年，岭南大学复办，陈心陶回到岭南大学医学院，任寄生虫学科主任、代院长。

1925年陈心陶从福建协和大学毕业后曾留校任教（资料图）

1949年陈心陶与夫人郑慧贞在岭南大学故居花园合影（资料图）

其间，他失业过、流亡过，还在战火中失去了一个初生的孩子，但从未停止学术研究，并积累了极为丰富的一线经验。

1948年至1949年间，陈心陶获邀再次来到美国华盛顿的柏罗维罗蠕虫研究室、哈佛大学医学院和芝加哥大学进行蠕虫免疫学研究，又发表了数篇颇有影响力的专业论文。但中华人民共和国成立后，他仍不顾各种挽留，迅速回国，重回岭南大学任教。

陈心陶后来曾在自传中提到这段经历，坚定地写道："一个中国人，他的事业必须在祖国生根。"

一张与毛泽东的合影

位于广州中山大学北校区的寄生虫学楼，是陈心陶教授生前从事教学科研的地方。迈进一楼大厅，正面墙上悬挂着一幅毛泽东亲切接见陈心陶的照片，拍摄时间为1956年1月，当时陈心陶正应邀参加全国科研十年规划会议和最高国务会议、全国政协会议。

会议期间，毛泽东3次接见陈心陶，照片记录的便是其中一次：毛泽东在国宴上和他比肩而坐，同桌共饮。当时陈心陶穿的那件中山装，至今仍存

位于中山大学校园内的陈心陶故居

放在中山大学医学博物馆内,成为"镇馆之宝"。

陈心陶精神教育基地负责人、中山大学中山医学院寄生虫学教研室教授吴忠道,在接受羊城晚报记者专访时说,毛泽东之所以接连3次接见陈心陶,一是因为陈心陶当时是具有丰富现场工作经验的知名血防专家,作为政协委员的他在会上积极响应毛泽东的"灭虫"号召,高度认同新中国将血吸虫病防治纳入国家规划的做法和主张。第二个原因是,陈心陶提出的结合水利及农业生产来防治血吸虫病的科学对策,与毛泽东的判断不谋而合。

血吸虫是一种可感染人和多种哺乳动物的寄生虫。人体接触到含有血吸虫尾蚴的疫水后,最快10秒就可以被感染。1949年前后,我国血吸虫病流行极为严重,全国的患病人数达1000多万,受感染威胁的人口超过1亿人,群众称之为"瘟神"。

1950年,陈心陶刚从美国归国不久,就听说广东四会等地出现"男人大肚如怀孕"的疫情信息,他立刻随省人民政府派出的工作组赶赴疫情现场开展调查,从此投身到新中国防治血吸虫病的事业中。他的初衷正是"为了人民的健康"。

在今天位于佛山三水南山镇的六和塘背村,广东省首座以血吸虫病防治为主题的纪念馆——初心学堂,仍保存着陈心陶参加那次全国政协会议后亲笔写下的文章。

他说:"毛主席鼓励我要相信自己的力量,相信我们国家可以做到资本主义国家所不能做出的事情来,不要怕困难,有困难就一个一个去克服。"

这不仅是陈心陶一生引以为傲的事,也成为他毕生从事科研的动力之一。

1956年1月,毛泽东主席接见并宴请陈心陶（资料图）

独创"六字方针"驱瘟神

陈心陶绝不属于书斋和实验室的科学家,他的足迹追随着危险的寄生虫,几乎踏遍了当时广东省内的各个疫区,对当地居民、耕牛进行粪便涂片检查,解剖草塘地区生活的野鼠……

通过努力,陈心陶团队积累了大量一手科学资料,最终摸清广东省血吸虫病流行区域及具体情况,证实广东共有11个县流行血吸虫病,患者达8万多人,部分村庄的居民感染率高达31.1%。

陈心陶长居疫区,亲自带着队伍在杂草丛生的河溪岸边寻找血吸虫唯一的中间宿主钉螺。他观察钉螺的滋生环境,开展现场试验,发现用土深埋、用深水淹等办法可有效灭杀钉螺,便摒弃了原本使用西方流行的化学药物灭螺治虫的做法,并根据广东省血吸虫病的流行规律和特点,结合中国农村的实际情况,提出了一套独创的六字方针——"水(兴修水利)、垦(围垦良田)、种(种植作物)、灭(消灭钉螺)、治(医治病人)、管(管好粪便)",以控制和消灭血吸虫病。

这套方法既可扩大耕地面积、兴修水利、促进农业生产,又消灭了钉螺,后来被国内外学者公认为是科学有效的血吸虫病防治法。

陈心陶提出的治理方法受到广东省委的高度重视并迅速在全省推广,广东最终成为我国首批终止血吸虫病流行的省份之一。

资料显示,当时的广东重点疫区四会县草塘在交出了一份"加固20多里长

"陈心陶精神"教育基地之一初心学堂

的北江大堤,挡住两岸的洪水,填平几百条滋生钉螺的旧河沟,开出330多条总长150多公里的水渠,开发40万亩良田"的成绩单后,也彻底摆脱了疫情肆虐的困境。

为科研献身死而后已

令人唏嘘的是,因为常年涉险,陈心陶在科研实践中不幸感染了血吸虫病。1971年10月,他因病不得不手术切除脾脏,自此健康状况一落千丈。1977年5月,他又因后遗症再次住进医院,被确诊患上了白血病。

在生命弥留之际,陈心陶仍没有停止自己的科研工作。首次病危被抢救过来后,他坚持每天审定几页《中国动物志·吸虫志》书稿。

陈心陶自知时日无多,数次恳求主治医生:"再给我5年时间吧,我要做完我的工作。"只要有能离开医院的时间,他就将自己反锁在学校教研组办公室,争分夺秒地工作。

家人介绍,陈心陶在临终前几天已无法握笔,仍艰难地嘱托前来探望的亲人、学生,请他们帮忙完成几件事,其中就包括《中国动物志·吸虫志》的编纂。

1985年12月9日,广东省宣布消灭血吸虫病。省委、省政府表彰消灭血吸虫病的功臣,特别为陈心陶颁发头等功荣誉证书。又过了两年,陈心陶主编的《中国动物志·扁形动物门 吸虫纲·复殖目(一)》一书获得1987年国家自然科学三等奖。

陈心陶一生研究成果丰富,发表了150多篇

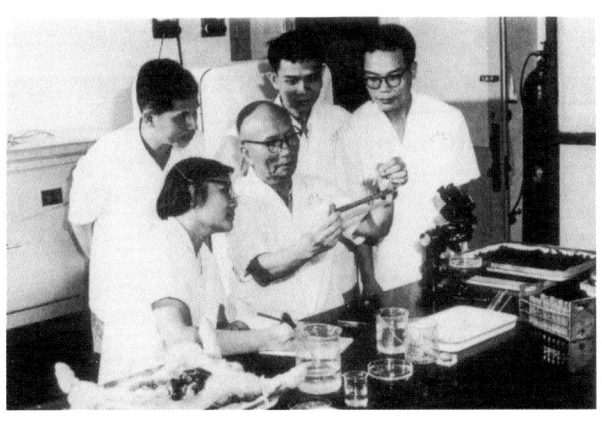

陈心陶教授指导青年教师用家兔免疫血清诊断血吸虫病(资料图)

科学论文和《医学寄生虫学》《中国动物图说（扁形动物）》《怡乐村并殖吸虫》等具有极高学术价值的专著。

身为教授的他还为国家培养了研究生25名、进修生32名，成为当时全国培养研究生、进修生最多的教授之一，这些学生后来绝大部分成为寄生虫学各领域的中坚力量。

如今，在广东三水南山镇，陈心陶的名字依旧家喻户晓。这位著名教授，潜心研究血吸虫病，曾在三水长居十多年。后来，陈心陶与妻子的部分骨灰埋葬在这里。

2009年，当地政府将他在三水的墓地建成了陈心陶纪念地。陈心陶的墓前不仅有他的雕像，还有当地人为他立的一块纪念碑。

墓地绿荫深深，陈心陶与妻子比邻相望的墓地中间，不知何时神奇地长出一棵直指蓝天的美丽异木棉，每年都在一丛墨绿劲松间开出一树粉红的花朵。

三水区南山镇党委委员黄恒建说："南山镇就是曾经的迳口农场，血吸虫病肆虐时期，这里'十室九空'。如今，这里一片绿水青山，如果没有他，就不可能有这样好的生态环境。我们要把陈心陶的奋斗精神一直传承下去。"

扫码看视频

 **访谈**

国有所召,医有所应

■吴忠道 中山大学中山医学院教授、"陈心陶精神"教育基地负责人

羊城晚报:如今我们身边早就见不到血吸虫感染病例,为何陈心陶依然被大家铭记?

吴忠道:陈心陶教授的墓前雕像上有一句题词:"为学之道,要刻苦钻研,精益求精。"这正是这位杰出科学家的真实写照。他研究领域广泛,积极开展实验生态研究,填补了我国寄生虫学研究上的多项空白,为华南地区的寄生虫病和人畜共患疾病的研究奠定了坚实基础。

作为一位1949年以前就成名的教授,他参与到中国特色社会主义实践中,认识到共产党的伟大,亲身感受到了共产党以服务人民为宗旨的执政理念。血吸虫病防治的实践更让他成为一名光荣的中国共产党员,成为一位"又红又专"的知识分子。他当年不顾生命危险,第一时间冲到抗击血吸虫病的最前线,是中大人爱国奋斗奉献精神的典型代表,是我们师生学习的榜样。

2020年,在抗击新冠疫情的关键时刻,我们还特意在陈心陶教授的墓前补上了一块碑文,标题为《众志抗新冠 再忆〈送瘟神〉》,这既是对陈心陶教授的缅怀,又表达了"国家有召唤,中大有响应"的决心。

羊城晚报:中山大学中山医学院近年来加大投入,建立起包括陈心陶故居、初心学堂和陈心陶纪念地等爱国主义教育基地,有什么重要意义?

吴忠道:陈心陶教授是国家一级教授、我国寄生虫学奠基人之一、国际知名的蠕虫学家。他当年为广东人做好事、做实事,不仅起到了楷模示范作用,还证明了在党的领导下中国人是有能力改变落后面貌的。

"陈心陶精神"是一笔宝贵的精神财富,是我们科技工作者新时代新征程中重要的精神力量源泉。建设陈心陶精神教育基地,就是要更好地发扬科学家精神,为科技创新发展提供内在动力,为全面落实立德树人根本任务提供特色鲜明的思政教育平台。目前,每年有大量医务人员、学生、干部到基地参观学习,许多单位在该基地开展培训,学习前辈爱国奋斗的精神,继承优良传统,铭记建设中国式现代化强国的初心。

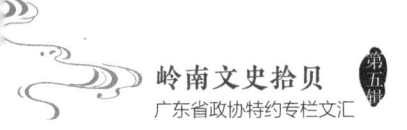

中山医"八大教授"皆为一代医学宗师

1956年,陈心陶与当时同在广州医学院(即今天中山大学中山医学院的前身)奋斗过的谢志光、梁伯强、陈耀真、林树模、秦光煜、钟世藩、周寿恺7位教授一道,成为首批受国家卫生部认定的一级教授。

这8位教授以身作则、率先垂范、实践力行,对中山大学医科教育影响巨大。中山大学出版社曾出过一本书《大医宗师——中山医八大教授》,书中称这8位专家"为中国医科教育与中国医学事业作出独特贡献,成为一代大医名家、医学宗师"。

其中,我国病理学奠基人之一梁伯强,独创获取完整鼻咽的方法,首先提出"肿瘤间质反应"概念,相关论文被视为鼻咽癌研究的经典著作,影响力遍及海外。

陈耀真为我国现代眼科学奠基人之一,主编了1962年出版的我国第一部全国高等医学院通用教材《眼科学》,参与组织编写了中国第一套眼科全书。

谢志光是我国放射学科创始人之一,最早提出中国人肠结核、长骨结核X线表现的系统全面报告,并首先报告髋关节后脱位的特殊投照位置,被称为"谢氏位"。

钟世藩是免疫单向扩散技术研究的先驱。20世纪40年代,他首次提出处于活跃繁殖状态的细菌有保护病毒活力的作用,获得国际权威病毒学家的认可;20世纪50年代创办了中山医学院儿科病毒实验室,是全国最早创办的临床病毒实验室之一。

秦光煜则在血液病、脑瘤和麻风病理等领域有深入研究,1950

年首次报告中国南方甲型脑炎病例，参与合著了中国第一部《病理学》专著。

周寿恺20世纪50年代中期创建内分泌学实验室，是构建中山医学院富有特色教学体系的组织者与开拓者之一。

林树模则在血液化学、物质代谢、消化生理和内分泌生理方面作出卓越贡献。

原载于2024年1月10日《羊城晚报》A6版

蒲蛰龙：
"生物环保"勇先锋　科学报国勤育人

文/羊城晚报记者　易芝娜
图/中山大学生命科学学院提供

在满目葱翠的中山大学校园中，生命科学学院一侧，有一尊科学家的汉白玉半身雕像，时常引来师生驻足瞻仰。这尊雕像纪念的是中山大学生命科学学院首任院长、中国科学院院士蒲蛰龙。

1979年，改革开放后中国政府正式派出首批10位著名学者赴美国讲学，蒲蛰龙就是其中之一。1991年，美国《有害生物综合防治实践者》杂志破天荒报道了这位中国生

中山大学生命科学院门外的蒲蛰龙雕像

物防治专家的事迹，并誉称他为"南中国生物防治之父"。

蒲蛰龙是现代中国人"以虫治虫"的领航先锋，曾以繁殖赤眼蜂在蔗田治虫的实验打响中国"现代生物防治第一炮"。他研究的对象极细小，例如引进澳洲瓢虫，防治柑橘树上的吹棉蚧；繁殖平腹小蜂，防治荔枝树上的蝽象；用松毛虫自带的病毒，以毒攻毒克制松毛虫害……但解决了无数增产、丰产、护林的大问题。

作为国际杰出的昆虫学家、中国生物防治的奠基人,蒲蛰龙花费无数气力时间奔走在岭南大地的田间地头。返身回到校园,他又创建起中山大学昆虫学研究所,并任该校生命科学学院首任院长,建立生物防治国家重点实验室,为我国生物技术的创新与应用培养了众多高级人才。

研究松毛虫崭露锋芒

蒲蛰龙出生于云南,后在广西钦县生活,13岁时才随家人到广州定居。蒲蛰龙从小热爱大自然,在广州执信中学读初中时,经常与好友相约去郊区农村游玩。他由此观察到,当地农民常因虫害等自然灾害,导致颗粒无收而生活困苦,渐渐产生了要研究自然科学,改变中国农村贫穷落后面貌的愿望。

蒲蛰龙的父亲是清朝秀才,饱读诗书且精通医术,他是蒲蛰龙最好的启蒙老师。父亲当时在广州挂牌行医,原本想动员儿子子承父业,但蒲蛰龙从中大附中预科毕业时,却坚决要报考中山大学农学院,并在各种农学专业课中选择了以昆虫学科为主攻方向、蚕桑科作为副修专业。蒲蛰龙认为,昆虫几乎占全世界动物总数的80%,学好昆虫学,掌握其种类、构造、特性和功能等知识,将来必有大用处。

在农学院就学期间,对昆虫了解越多,蒲蛰龙越感觉到肩上责任重大。他发现当时国内昆虫分类研究比较薄弱,已定名的昆虫只有2万多种,而且93%以上都是由外国人鉴定分类的,我国从事昆虫分类的不足10人。

蒲蛰龙迫切希望自己能掌握更多昆虫学知识,大学四年里,他极少回家,节假日等空闲时间都用来认真学习,查阅资料或去野外观察、做实验。

蒲蛰龙发现广东不少地方都有松毛虫危

青少年时的蒲蛰龙

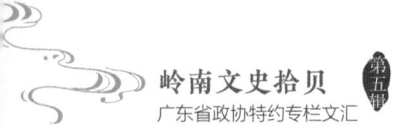

害，松树易枯死。他就直接跑到林区去捕捉松毛虫，带回学校边喂养边研究，在简陋条件下尽力认真观察、研究，最后写出的毕业论文《松毛虫形态、解剖、组织及生活史的研究》成为广东乃至全国首篇在该专门领域内的重要文献。

蒲蛰龙也因此在毕业时获得了中山大学农学院颁发的"毕业论文奖"和"优秀成绩奖"，首开学校纪录。

1935年，24岁的蒲蛰龙考进燕京大学研究院生物学部，师从我国最早的昆虫学科研事业开拓者之一胡经甫教授。两年间，他又相继在《北京博物》等杂志上发表不少论文，开始在我国昆虫学牙甲科分类研究方面崭露头角。在校期间，他已相继发表了30多个昆虫新种。

但1937年发生震惊中外的七七事变，蒲蛰龙尚未来得及完成论文答辩，就不得不离开北平。回到广州后，他开始在母校中山大学任教。

"以虫治虫"从云南澄江开始

1938年下半年，广州沦陷，中山大学迁往云南澄江办学，蒲蛰龙等人也辗转昆明等地来到这里。继续教研工作的蒲蛰龙，十分关注百姓民生，他说："科学实验一定要和生产实际紧密联系，如果在实验室里搞科研，得出成果不投入实际生产应用，那只是纸上谈兵。"

蒲蛰龙有生以来第一次"以虫治虫"的实验，便是在1940年的云南澄江开始的，他的课题是以微生物防治危害蔬菜的菜青虫。取得成功后，他立刻向当地农民推广，还写下了《云南澄江白粉蝶幼虫细菌防治之初步试验》，发表在《中山学报》1941年第2期。

从此，"生物防治"和"关注民生"成了蒲蛰龙一生科学研究的关键词。

广东省人民政府文史研究馆原副馆长麦淑萍近年一直致力于撰写《蒲蛰龙传》。她向羊城晚报记者介绍，20世纪以来，西方国家使用的农业化学防治逐渐成为一种防治害虫的主要手段，并迅速在全世界推广应用，但农药对生态环境的破坏也日趋严重。

20世纪50年代初，西方国家对中国实行全面封锁，农药也在禁运之列，使得中国乡亲们对农作物虫害的防治除了用原始方法捉虫外，只能听天由命。当时兼任广东省农业试验场场长的蒲蛰龙，到广州石牌乡开展水稻害虫防治研究时，看到农民端着盛有煤油的盆，拿着手扎的小扫，站在稻田里，费力地将危害水稻的铁甲虫逐一拣出来，再扫进煤油里杀死。这一情景让蒲蛰龙很震撼，他暗下决心，要寻找"以虫治虫"的生物防治研究的突破口，更有效地消灭害虫。

打响"现代生物防治第一炮"

蒲蛰龙的突破点落在了利用赤眼蜂防治甘蔗螟虫的研究上。在国外相关研究基础上，他反复试用了17种昆虫寄主试验，最后选择蓖麻蚕卵来繁殖赤眼蜂。

他将赤眼蜂放入蔗田，让它们将幼虫寄生在蔗螟卵中，幼蜂靠吃掉卵中的营养长大，从而让蔗螟幼虫无法存活。

赤眼蜂极小，只比人的头发丝粗一点，很多人刚开始都不相信这么小的蜂能治甘蔗螟虫，直到一次强台风过后，普通蔗地的甘蔗由于被蔗螟蛀空，台风一吹都倒了，但放养了赤眼蜂的蔗田里甘蔗却完好无损，蔗农们这才相信了赤眼蜂治虫的威力。

1958年，蒲蛰龙与助手们在当时的广东省顺德县创建起第一个赤眼蜂繁殖站，开始到各地开展赤眼蜂防虫的示范与推广，相继培养了一大批技术骨干，在全国10多个省份推广应用"以虫治虫"的经验，蒲蛰龙也由此打响"现代生物防治第一

蒲教授（中）在广东四会大沙微生物厂劳作（1975）

炮",成为我国现代生物防治先锋。

直到今天,利用赤眼蜂防治农业、林木害虫,仍是我国农业防治重要手段之一。这项研究成果在1979年获全国科学大会奖。

其后,蒲蛰龙又沿着这一方向,引进澳洲瓢虫和孟氏隐唇瓢虫,有效解决了广东电白等地柑橘、木麻黄等果树遭受的严重虫害;带领团队在广东东莞成功推广平腹小蜂防治荔枝蝽象,令当地荔枝喜获丰收……

蒲蛰龙的贡献远不止于此。20世纪70年代,他还发现了松毛虫质型多角体病毒(CPV),并发现用死掉的松毛虫磨成粉兑水稀释,再喷在有松毛虫的树上,就能防治松毛虫危害。1987年,他关于昆虫病原微生物的研究获得国家自然科学奖。

到实验基地一住就是半个月

在中山大学生命科学学院马文辉堂的四楼,设有一间蒲蛰龙纪念室,陈列着大量昆虫标本、笔记、资料等,与照片墙上蒲老摄于各种实验第一线的影像一起,记述着这位科学家不凡的履历。

蒲蛰龙常说:"生物科学是实验性科学,一定要到实验场地去勘察。"这句话被中山大学生命科学学院教授陈振耀铭记终生。

陈振耀1964年毕业于中山大学生物学系,他不仅是蒲蛰龙的学生,还曾是同事。他告诉羊城晚报记者,蒲蛰龙经常亲自带着他们到田间地头做实验,当年他在湖南等地进行"北蚕南养"的研究实验时,蒲蛰龙夫妇还曾带着铺盖卷到实验基地一住就是半个月。

1972年,蒲蛰龙了解到广东重要产粮区之一四会县大沙公社有水稻虫害,当地发动群众点亮"万家灯火"也无法用诱虫灯灭虫,他便带着助手们前后往返大沙三四十次,最终从降低越冬虫源入手,用"以菌治虫""以虫治虫""养鸭除虫"和保护田间自然天敌等生物防治方法,解决了水稻害虫问题。

当时从广州去大沙的路十分不好走,一路尘土飞扬,有些路段还需转搭渡船和骑自行车，他们又要带上装寄生蜂的箱子等设备，去一趟就要走六七个小时。但蒲蛰龙经常带着队伍一去就待上半个月，甚至几个月。

在四会大沙开展的6万亩示范田水稻害虫综合防治试验取得成功后，国内外均产生极大反响，英国、美国和联合国

蒲教授（中）在广州新滘公社联星大队菜地检查防治斜纹夜蛾的效果（1978）

粮农组织还相继派出代表团前来参观取经。这次综合防治历时28年，不仅解决了虫害问题，还降低了五到七成的化学农药用量，节省大量开支。

蒲蛰龙的生物防治理论得到了国家的高度重视，他也因此获得1985年的国家科技进步奖。

"要设法让学生超越自己"

在陈振耀的工作室墙上，至今仍高悬着一幅蒲蛰龙肖像。蒲老离世已26年，陈振耀仍在他的画像前细心地摆放着新鲜绿植，寄托一份常青的忆念。

陈振耀告诉羊城晚报记者，蒲蛰龙教授的超前思维在学生和同事中传颂一时。

他创建昆虫生态研究室时，一开始就打造了恒温室等国内之前没有的标本存储条件；在计算机使用还未普及的年代，他早早就去中山大学计算机系，联系一位专业老师为生态教研助力。

蒲蛰龙于1958年领导创建了中南昆虫研究所，带领大家从无到有，将研究所发展成多学科性研究机构，在国内外均享有盛誉。1962年他创立中山大学昆虫生态研究室，1978年又在此基础上成立中山大学昆虫学研究所。

在蒲蛰龙领导下，中山大学昆虫学科不断发展，到20世纪90年代，已成为中山大学"五星级"单位（重点学科、博士点、博士后流动站、国内访问

中山大学生命科学学院成立时合影，蒲教授（前右二）为学院第一任院长

学者接受单位、国家重点实验室）。

蒲蛰龙还有一句至理名言："当教师的，一定要设法让学生超越自己，否则，国家的科学技术就不可能向前发展。"他重视发掘学生的潜能，培养学生的逻辑思维能力，强调学生的观察动手能力和创造能力，鼓励学生向一专多能发展。

20世纪五六十年代，他已培养研究生9名；20世纪70年代末以来，又培养了硕士生19名，博士生19名，博士后1名。这些学生中，就有后来的中国科学院院士、大学校长、学科带头人。

他常常告诫学生："作为一个自然科学工作者，胸怀要豁达，意志要坚定，要扩大视野，重贤器才。"他一直将扶持年轻人、能人视为己任。

1958年4月，蒲蛰龙在广东省第一届科学工作会议上听到新会农民李始美宣讲自己的白蚁防治技术。他十分激动，立刻请这位"民间高手"到中山大学讲学，并破格聘请李始美到生物系昆虫生态教研室工作。他甚至和夫人利翠英教授一起，帮助李始美完成了一篇科学论文。此事曾被《人民日报》当成典型，在头版进行报道。

蒲蛰龙特别善于团结、起用有才华的年轻人，鼓励他们学习先进国家的科技知识，对学成回国的中青年学者任贤重用，助其跃上科研新台阶。

在昆虫研究所，当年王珣章、庞义等一批学有所成的年轻科学家都是受到他的感召，甘愿放弃国外优越的生活和工作环境，回国与蒲蛰龙教授共事的。

后来担任过中山大学校长、广东省政协副主席的著名生物学家王珣章，当年刚从英国牛津大学归国，蒲蛰龙就派他出席中国昆虫学会在北京召开成立40周年纪念大会和学术报告会，积极向国内外著名的昆虫学家推介。

他这种扶持后辈的做法，让弟子们倍感敬重。

著名昆虫学家、中科院院士庞雄飞教授生前在讲述自己和蒲蛰龙半个世纪的师生情缘时，曾深情地说："我永远忘不了恩师的教诲，也一直以他为榜样。我一家三口都是从事生物防治研究工作的，我们现在所做的都是蒲先生未竟事业的延续。"

2006年在西藏林芝地区建立起的中山大学青藏高原特色资源科学工作站，蒲蛰龙的学生以生物防治的原理和方法，开展冬虫夏草真菌的寄主——蝠蛾昆虫的研究，他们便将发现的蝠蛾新种命名为蒲氏蝠蛾，以此纪念蒲蛰龙院士。

扫码看视频

 访谈

他是生态文明科技发展的倡导者和先驱

■麦淑萍　广东省人民政府文史研究馆原副馆长、广东省政协第十二届常委

羊城晚报：为什么说蒲蛰龙教授是公认的中国现代"生物环保第一人"？

麦淑萍：中国农业害虫防治历史悠久，记载较早的实例是在晋代利用黄猄蚁防治柑橘害虫，此外，在《梦溪笔谈》中也有"以虫治虫"记录，讲述了宋代庆州地区秋田中"傍不肯"消灭"子方虫"的例子，说明"物竞天择，适者生存"的自然规律。

而蒲蛰龙先生较早就意识到环境保护的重要性，他毕生都在竭尽所能、身体力行地进行害虫综合防治研究实践，做了许多开拓性工作。

他注重人与自然的和谐发展，不主张以破坏环境为代价来消灭害虫。他对我国乃至世界环保所作出的杰出贡献，彰显出一位科学家超越学科的人文关怀和先锋导向。

生态文明强调人与自然的和谐统一，蒲蛰龙先生毕生所追求和从事的生物防治事业，恰恰就是为了保持人与自然和谐相处的生态可持续发展，他也因此成为我国现代最早运用生态平衡理论指导实践的科学家，是生态文明科技发展的倡导者和先驱。

羊城晚报：蒲老一生桃李满天下，还获评"广东省南粤杰出教师"。他是一位什么样的师长？

麦淑萍：蒲先生从事教育事业60载，无论是在艰苦卓绝的抗战时期，还是1949年后的各个历史时期，他总是把知识和爱心毫无保留地奉献给祖国的教育事业。

蒲先生是一位有真才实学的大科学家，但他从不居功自傲，也从不摆架子。他在教学中，强调学生要掌握"三基"——基础知识、基础理论和基本操作。他深知，一个人的能力有限，科学家只是一个专才，有其知识盲点，穷其一生也不可能做到面面俱全。

因此，他善于团结他人、接触有本事的人，不论是普通老百姓，还是一般技术员，即使是没有进过大学的工人、农民，只要有某种特长，蒲先生都主动向他取经学习。在蒲先生的爱国情怀和人格魅力感召下，国内外不少同行学者都希望能到蒲先生身边学习工作。

羊城晚报：蒲老被美国同行称为"南中国生物防治之父"，这是否说明了他在国际上的影响力？

麦淑萍：蒲先生在生物防治研究中取得的成就，最大亮点就是他的科学报国献身精神和超前的环保意识。1946—1949年，他曾到美国明尼苏达大学攻读博士学位兼做科学研究工作，其后他和夫人利翠英教授放弃了美国优渥的生活条件，回到百废待兴的祖国，此后毕生从事昆虫学研究和应用，就是因为他觉得自己有责任通过科学来研究解决中国的实际问题。

蒲蛰龙教授所做的众多试验，建立起的一系列试验基地，其研究成果都引起国内外普遍关注。1979年10月至12月，蒲蛰龙先生曾应美国科学院美中学术交流委员会邀请，到美国5所大学讲学。其间，他以高水平的演讲和学者风范赢得盛誉，有国际友人称他"不仅是杰出的科学家和教育家，还像一位风度翩翩的外交家"。

1980年9月，美国明尼苏达大学还授予蒲蛰龙先生"明尼苏达大学优秀成就奖"，表彰了他在教学和科研上的杰出贡献。此外，他作为中国昆虫学会副理事长、国际有害动植物防治组织东南亚分部理事及广东省科协主席，还多次率领中国代表团出席国际学术交流活动，或接待各国代表团来访，主持召开国际学术交流研讨会，在国际同行中的确声誉卓著。

蒲先生在1997年因病离世，当时有近千个来自国内外的高校、科研机构、社会团体的著名科学家发来唁电，对蒲先生的去世深表悲痛的同时，高度赞扬蒲先生对世界昆虫学研究及维护人类生态平衡所作出的杰出贡献。这些都足见其在国际上的影响力。

延伸

相伴一生的科学伉俪

蒲蛰龙的夫人利翠英是广西人，1912年出生于越南，13岁时回国。她与蒲蛰龙同年毕业于国立中山大学农学院，1935年又同去了燕京大学研究院生物学部学习，1937年返回中山大学任教。

1942年元旦，他们结为伉俪，从此便在生活上相濡以沫，工作上互相支持，一生甚少分离。1946年蒲蛰龙赴美国明尼苏达大学攻读博士学位，1947年利翠英也紧随其后考入了同一所大学攻读硕士学位。双双获得学位后，他们一起回国，报效祖国。

二人的生活与工作一直紧密交织在一起。蒲蛰龙是昆虫分类学家，利翠英则是昆虫组织及胚胎学家，并且是中国昆虫胚胎学的开拓者，其研究还涉及昆虫形态学、昆虫生理学及昆虫超微结构。1979年蒲蛰龙应邀赴美5所高校讲学，利翠英也凭借其在昆虫学领域的成就受邀一同前往。

蒲蛰龙的科研足迹，都相伴着利翠英的脚步。20世纪四五十

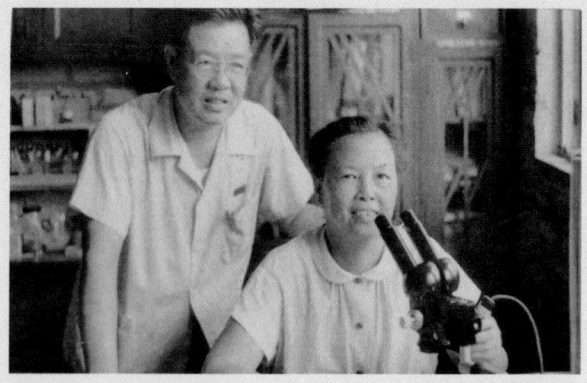

蒲蛰龙、利翠英伉俪

年代，蒲蛰龙在研究大卵繁殖赤眼蜂防治甘蔗螟虫时，利翠英也在《美国昆虫学会会刊》上发表论文，首次提出鳞翅目幼虫前胸腺是内分泌腺，获得世界公认；她还重点研究了赤眼蜂和平腹小蜂的个体发育、氨基酸对家蝇卵巢发育的影响等课题。

20世纪70年代，蒲蛰龙发现松毛虫致死病毒时，她也在研究马尾松毛虫的胚胎发育，并在病理学方面取得不俗成绩；蒲蛰龙前往四会大沙研究水稻害虫防治项目时，她风雨无阻陪伴身边；蒲蛰龙研究柞蚕南养时，她也一路随行，并在研究蓖麻蚕幼虫方面有了超越前人的发现。

原载于2023年10月21日《羊城晚报》A5版

"北京时间之母"叶叔华：
烽火粤北山野承教 仰望星空终成大家

文/羊城晚报记者 何晶
图/广东省文物考古研究院提供

上海南丹路80号，上海天文台，一间门牌上挂着"院士"字样的普通办公室，是中国科学院院士叶叔华几十年来的办公场所。

2024年97岁高龄的叶叔华，是中国科学院上海天文台名誉台长、我国天文地球动力学的奠基人之一，是第一位担任国际天文学联合会副主席的中国人。她也是中国首位女天文台台长，被人们称作"北京时间之母"。

2023年5月，广东省政协副主席许瑞生一行曾专程来到上海天文台，看望并慰问叶叔华院士。

许瑞生向她介绍，她年少时在粤北山区就读的中学旧址，现已完成发掘修复、活化再利用，成为华南教育历史研学基地（坪石）的重要组成部分。叶老深表欣慰。

叶叔华院士正是那一段烽火办学岁月的重要亲历者。

1938年前后，国立中山大学、私立岭南大学、省立文理学院、培正中学、培道中学等

广东省政协副主席许瑞生一行看望并慰问叶叔华院士

被迫从广州迁移,辗转来到粤北乐昌坪石、浈江大村、连州等地办学。

叶叔华正是在当时乐昌县安口村的国立第三华侨中学完成高中教育,以优异成绩考入中山大学数学天文系,开启了她的天文人生。

围绕她的求学生涯与师门因缘,我们可以深切感受到,那段特殊岁月的艰难赓续,为日后留下了火种和星光。

乱世求学

粤北武江河畔的乐昌市长来镇安口村,山清水秀,国立第三华侨中学纪念碑就坐落于此。距其50公里开外,有长尾洞培正培道联合中学办学旧址、三星坪中山大学工学院办学旧址、塘口村中山大学天文台遗址以及坪石老街国立中山大学校本部办学纪念园……

今人悉心设立的这些地标,共同组成了华南教育历史研学基地(坪石),纪念当年的峥嵘岁月。

刚刚过去的3月底,年逾古稀的新西兰顺德同乡会会长叶义和,还在旅外顺德联谊总会秘书处一行的陪同下,来到上海探望他的堂姑叶叔华。第一次见到这位远方的堂侄,叶叔华连说了几句"好高兴""好感动"。97岁的叶叔华接受了家乡顺德人民敬赠的香云纱围巾,这是一份对杰出科学成就的敬意。

塘口国立中山大学理学院天文台

1927年6月，叶叔华出生在广东一个开明的大家庭。父亲叶润生重视教育，无论男女均给予平等的教育机会。1936年，父亲叶润生带着儿女搬迁到香港九龙，9岁的叶叔华要帮母亲记账、算账，还要帮忙照顾三个弟弟。

1941年，太平洋战争爆发，不久香港沦陷。叶叔华进入香港培道女中念高中短短三个月就被迫辍学。翌年4月，叶叔华随父亲的朋友逃亡到了当时广东北部乐昌县杨溪安口村，投考国立第三华侨中学，重新读高一。

国立第三华侨中学是一所在战火中新建的学校，校歌由著名音乐家马思聪作曲。"学校没有像样的教室，只有在桃李树下用竹子搭建的房子里上课。"几十年后，叶叔华回忆当年的求学生活时感慨道，"比起普通老百姓还是强很多，因此学生们读书都很用功。"

在国立第三华侨中学，叶叔华读完了高二。日寇的铁蹄步步紧逼，叶叔华随父母再次迁徙，从乐昌北上到连县。连县培英-真光联合中学是战乱中由两所学校合并而成的中学。1944年8月，叶叔华入学读高三。音乐成为她一生的爱好，在日后的国际交往中，音乐也无数次拉近了她和国际友人的关系。

山岗观星

1945年，18岁的叶叔华在连县完成了高中学业，以理学院第一名的成绩考入中山大学数学天文系。实际上，当年少的叶叔华在乐昌负笈求索时，日后带领她走上天文之路的国立中山大学数学天文系教授邹仪新，正和她同在一片南粤大地上艰苦维系着科学研究。

当时，作为抗战后方的粤北山区，云集了大批知识分子和大学生。1938年10月，广州沦陷前夕，国立中山大学、私立岭南大学、省立文理学院等高等学府被迫迁移，在此开始了长达5年的烽火办学艰苦岁月。

世人熟知西南联大的故事，实际上在同一时期，中山大学也在烽火中坚持办学。《资本论》中文译者、经济学家王亚南，世界著名核物理学家、"中国核能之父"卢鹤绂，音乐大家马思聪……中大"坪石先生"在岭南这片土地上，以读书人的方式参与战斗。

80多年后，从2019年起，经广东省政府及各相关部门、"三师"专业志愿者等一众专业人士和当地政府、民众共同发掘，多处办学遗址被"打捞"并加以保护和修缮，人们才逐渐勾勒出一幅华南教育在抗战烽火中艰难赓续的图像。

2019年9月，坪石镇塘口村天文台遗址被意外发现。"早知道中山大学在坪石建有天文台，现在意外发现这个遗址，我们很兴奋，这是对历史的真实见证。"广东省文物考古研究院院长曹劲说。

青年叶叔华毕业照

同样激动的还有中山大学物理与天文学院首任院长林伟鹏教授，"2019年是中山大学天文系招收本科生的第一年，我们一直到处寻找中大天文系的历史资料，在这个契机重新发现坪石的天文台遗址，实在太令人兴奋了！"

坪石塘口村天文台是中山大学第三座天文台，也是抗战期间中国在抗日后方建立的唯一一座位于北纬25度的天文台。在最靠近战事前线的地方，师生们坚持科研，开展变星观测、太阳黑子研究。它延续了全国高校中首创数

重见天日的中山大学天文台遗址

学天文系的荣光,参与了"百年间机会最佳"的1941年日全食观测。

结缘天文

1945年1月下旬,日军进攻坪石,邹仪新保护着天文台最珍贵的仪器和一批资料撤退到乐昌县城,自己掏钱雇请挑夫,将其转移到北面的仁化县山区。

1945年10月,中山大学回到广州办学。当时的中山大学天文系尚未从数天系独立出来。一年级学生不分专业,除了一门普通天文学以外,其他的都是数学基础课程,到了二年级才开始分数学和天文专业。

其实,叶叔华自幼钟情文学,一心想研究古文。父亲担心她的生计,希望她选择更容易安身立命的医学或自然科学。选择中山大学数学天文系,是父女俩的折中方案,但年轻的叶叔华并不知道自己的人生方向在哪里。

"当时有一位女老师——邹仪新先生,她很活跃,很会感染大家。大家都被她吸引了,感觉很多知识都是国家需要的,所以班上大部分人都选择了天文,我也选了天文。"邹仪新激发了叶叔华对天文的兴趣,也将她和同门的青年人带到了新的人生起点。

邹仪新的课堂激情四溢,生动有趣,"她能把树上的鸟儿骗下来"。叶叔华当年的小师弟席泽宗,后来也曾回忆:"系里有位女教授,叫邹仪新。她既能干又认真,讲课还很有鼓动性。"在她的热情鼓舞下,数学天文系1945年招收的12位学生后来都学了天文,而此前和此后的天文组,一个年级只有两三个学天文的学生。

薪火相传

抗战期间在韶关创刊的《建国日报》,1948年曾发表过一篇名为《日食观测简史》的科普文章,作者是中山大学天文学专业的大一新生、叶叔华的师弟。而这位大学生,正是日后的著名天文史学家、中国科学史领域唯一一位中科院院士席泽宗。

当邹仪新老师在粤北坪石塘口村天文台观测星象时,席泽宗还在念高中,他在书店买到了一本科普书《宇宙丛谈》,作者是当时中央研究院天文研究所所长张钰哲先生。

席泽宗从此爱上了天文。1947年,他不顾家人反对,考入中山大学天文学系,成为邹仪新的学生。临近大学毕业时,邹仪新写信将他推荐给张钰哲所长,信中写道:"一位《宇宙丛谈》的读者,走过千山万水,将要来到您面前。"

席泽宗日后选择天文学史作为专业研究领域,同样是受到了张钰哲的影响。他曾对席泽宗说:"天体物理固然重要,但天文学界不可能人人都干天体物理。中国作为一个大国,天文学的各个分支都应有人去占领,而且都要做出成绩来。"

还有一重缘分,1965年,席泽宗被李约瑟先生推荐为国际科学史研究院通讯院士。1944年,李约瑟曾作为英国著名科学技术史研究者、英国驻中国大使馆科学参赞,不远万里,造访炮火中的华南及粤北多所中国高校。他就

李约瑟拍摄的邹仪新与坪石国立中山大学天文台

来过塘口天文台考察,不仅留下了邹仪新和塘口天文台的珍贵照片,还让全世界都知道了中山大学天文台。

李约瑟后来在《中国东南部的科学与技术》一文中写道:"理科方面值得注意的是,在所有的中国大学中,只有中山大学拥有天文台。在著名的女台长邹仪新博士的领导下,约有12个学生。教学工作仅依靠一具6英寸的赤道仪进行。为了通过星的方位来测定纬度和时间,一具经纬仪被改装成天顶仪,并已投入使用。"

1984年,席泽宗成为中国天文学史专业第一位博士生导师。1991年,他顺利当选为中国科学院院士,至今仍是科学史方面的唯一院士。

男女平等

"我们在塘口村找到了当年邹仪新先生居住的泥砖屋,从她的居住地到天文台有3里路,每天上下山往返很辛苦。"韶关当地文史专家、广东"三师"专业志愿者何昆亮向记者介绍,"遇到好天气时,邹先生就带着她的学生住在天文台山上,彻夜观测。"

"我不要做教授夫人,我要做教授。"作为中大数天系教授叶述武的妻子,邹仪新婚后没有放下学术研究,尽心培养了一大批优秀的天文学人才。夫妻共同投身科研的精神,日后又在叶叔华身上得到了映照。

1949年,叶叔华和爱人程极泰双双从中山大学数学天文系毕业。第二年夏天,两人一同到中国科学院南京紫金山天文台求职,不料碰了个"钉子"。紫金山天文台的意见是只能招一个男的,这让叶叔华非常生气。

"我是专门学天文的,

叶叔华与丈夫程极泰

1995年7月6日，叶叔华院士在美国举行的国际大地测量和地球物理联合大会上作报告

又这么诚恳来找工作，天文台有什么理由拒绝我呢？"当时的叶叔华年轻气盛、无所顾忌，给时任紫金山天文台台长张钰哲写了封信。

"我简直气死了，写信给台长说，你是不对的，我应该到你们天文台来。结果当然没去成，但这个事情后来人家都知道了，原来还有人写信给台长去争。"叶叔华回忆说。

曾经深深影响了席泽宗的张钰哲，又一次影响了叶叔华的人生。这封长信最终发挥了作用，1951年11月，紫金山天文台下属的徐家汇观象台向叶叔华敞开大门，由此开启了她一生的天文之旅。

她主持建立和发展了中国综合世界时系统，确定了北京时间，同时倡导将射电甚长基线（VLBI）技术应用于空间探测，在探月工程中发挥了极为重要的作用。

2023年，叶叔华应邀在国际顶尖综述期刊《天文学和天体物理学年评》（*Annual Review of Astronomy and Astrophysics*，简称*ARAA*）发表个人传记式文章，这也代表着国际同行对其在天文和天体物理领域杰出贡献的高度认可。

访谈

以"坪石先生"讲好华南高等教育故事

■何昆亮　广东省"三师"专业志愿者、韶关学院韶文化研究院研究员

羊城晚报：叶叔华、黄本立等都曾在粤北念中学，与此同时，邹仪新、张云等一大批中大教授也在粤北坚持科学研究。从"坪石先生"到"坪石学生"，他们身上有哪些共同的特质？

何昆亮："坪石先生"主要是指抗战时期国立中山大学在坪石办学时期，一批爱国进步的学者、教师在艰苦的环境下育人、执业。邹仪新先生就是"坪石先生"的代表之一。

1941年9月，她率领中山大学天文观测队赴福建，观测难得一见的日全食，在坪石发表了日全食观测报告，留下宝贵的科研资料。叶叔华先生秉承了乃师的科学精神，终成大家。

羊城晚报：重新发现位于粤北的这个"中国南部唯一研究天文之机构"，有什么特殊意义？

何昆亮：坪石塘口天文台，是抗战时期中国后方仅有的现代意义上的天文台。当时在昆明的西南联大也只有一座观象台，而中山大学在塘口建的是天文台，两者的设施和规模都不一样。

塘口天文台的发现，为研究抗战时期中国高等教育坚持教学科研提供了实物证据。中山大学在坪石办学期间，为抗战需要增设了许多课程，数学天文系和天文台的教学就是其中一

培正培道联合中学校门

部分。塘口天文台也为世界天文学研究积累了宝贵的资料。

张云、叶述武、邹仪新几位先生,除了科学研究方面的贡献,最显著的还在于用卓绝的学问、精神言传身教,培养了一批优秀的人才。

羊城晚报: 2024年是中山大学建校百年,电影《坪石先生》也计划上映。重新挖掘这段抗战时期的华南高等教育历史,对我们今天有哪些启发?

何昆亮: 进行最接地气的爱国主义教育,电影无疑是最好的宣传教育方式之一。《坪石先生》是第一部以抗战时期华南高等教育历史为主题的电影,在坪石拍摄期间,就在当地引发了轰动。而华南高等教育历史也能借此走出广东,走向全国。这是讲好中国教育故事的一种尝试,也是缔造广东人文符号的一次实践。

扫码看视频

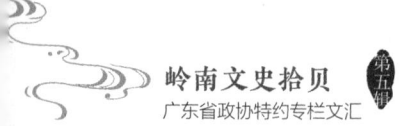

黄本立：战火中求学粤北的又一院士

和叶叔华一样，在战火纷飞中来到粤北求学、日后在科学领域蔚为大家的，还有2024年已99岁高龄的著名科学家黄本立——他是我国著名原子光谱分析家、中科院院士。

黄本立1925年出生于香港，祖父是广东新会人。黄本立9岁时，祖母带着他回到广州读小学。1941年，黄本立孤身一人来到坪石，考入培正培道联合中学，就读初中二年级。

黄本立回忆道："培联中学的校风很严，很注重素质教育，校长每周都要对学生训话。虽然培联中学是抗战时期临时组建的，但老师素质很不错，给了我学业上很大的帮助。"

1942年7月，黄本立顺利读完初二，决定跳一级以同等学力报考高中。他收到了五所高中的录取通知书，最终选择了华英中学，并于1945年考上广州岭南大学物理系。

日后，黄本立成为我国以原子光谱为研究方向的第一位博士生导师，并在1993年当选中国科学院院士，为我国光谱分析领域学科的建设作出了卓著贡献。

原载于2024年4月18日《羊城晚报》A6版

西医东渐羊城始　柔心济世开先声

文、图/羊城晚报记者　孙磊　陈晓楠（除署名外）

"曾记盈盈秋水阔，好花开满荔枝湾。"在风景如画的广州城西荔枝湾畔，一所始建于1899年的柔济医院已在此矗立逾百年光阴。

1899年，美国女医生、医学博士富马利，带着两名华人助手，在广州西关存善大街创办了中国第一所广东女医学堂及其附属赠医所——柔济医院，也就是今广州医科大学附属第三医院（简称"广医三院"）的前身。

清末民初的广州，作为中国对外开放的大都市，因其优越的地理位置和浓郁的商业氛围，成为西医东渐的最佳落脚点。

从伯驾到嘉约翰，再到富马利，这些来自西方的知识分子、传教士，带着先进的医学观念，在广州开设医院诊治病人，创办医学院校，翻译医学书籍，培养了大批医学人才，在客观上带来了身体、疾病、女性等知识或观念的启蒙，为中西医学交流搭建了桥梁，对中国现代医学的发展产生了深远影响。

2024年2月，广东人民出版社出版了《富马利中国见闻录》。该书的出版，让富马利在岭南地区生活、行医、著述的经历逐渐从历史的深处走向公众视野，她的遗泽也日益为今天生活在羊城的人们所知。

尘封的史料为我们打开一扇重新审视历史的窗户，亦见证了中国现代医学"西学东渐"的历史进程。

"第一位医学女博士"初抵广州

穿过时敏桥,沿着多宝路步行约80米,就来到了广州医科大学附属第三医院的正门。尽管医院的大部分建筑因重建早已不复当年模样,但榕树掩映下的近百年红砖旧楼林护堂里,镶嵌在墙壁上的铁质雕塑、垂脊的脊兽上"十"字造型图案,依旧见证着这所医院的厚重历史。

站在医院门口,看着络绎不绝前来就医的市民、患者,很难想象在120多年前,这里还是一片泥泞的"猪村",直到富马利医生的到来。

"富马利于1854年出生在美国俄亥俄州阿什兰,1884年毕业于宾夕法尼亚女子医学院,获得医学博士学位。"据《富马利中国见闻录》译者之一、中山大学历史学博士杨智文介绍,富马利乘坐"东京号"客轮途经日本、中国香港,于1884年抵达广州。初抵广州,河道两岸大片的稻田、香蕉树、榕树、桃树和荔枝树给富马利留下了深刻的印象。

19世纪末段,西医在广州已经取得了不俗的成绩,在官民中建立了一定威望。一来到广州,富马利就应邀前往中国近代第一间西医院博济医院参与一些重要手术,还见到了这间医院的开创者嘉约翰医生。

富马利肖像(资料图)

富马利在日记中详细记载了她的见闻和感受:"医院大约能容纳300名病人,对那些无法支付治疗费用的病人全部免费。这些年,超过2万名门诊病人在这里得到治疗,有2000多场手术在这所医院里完成。"

富马利很快投身于博济医院的工作中,成为嘉约翰医生的得力助手之一,并从1897年起担任医院妇孺病房的负责人。博济医院妇孺病房是广州最早的妇产科,在这里的工作经历让富马利痛感本地产妇需要更多的女医生。

据杨智文介绍,1885年9月,富马利曾被安排前往广西桂平行医，但是当地一场民间动乱不仅让她新建的医院付诸一炬，还险些危及性命。她切身感到，跟相对封闭的广西相比，广州有着更为宽松的社会环境，民众对西医接受程度也更高，于是选择了回归。

端拿女子护士学校1921年毕业生合照（资料图）

此后，富马利陆续在广州创办夏葛女医学堂、柔济妇孺医院和端拿女子护士学校，对中国妇产科和女医群体的发展壮大作出了卓越的贡献。

泥泞土地上的医院"原点"

走进广医三院院史馆，120多年艰辛壮阔的历史浓缩在精心布置的展陈中。

"我们现在站的位置就是当年富马利所说的'猪村'，也是我们医院的原点。"曾任广州医科大学附属第三医院副院长的陈安薇医生，站在富马利的照片旁，详细介绍了这所医院创办时的情形。

1892年，富马利在西关存善大街开设诊所，并开始带教博济医院的医学生。19世纪末，广州已是一座拥有将近90万人口的繁荣的大城市，但是提供西医医疗服务的医院很少。鉴于此，富马利打算用筹集到的2500美元建立一所培养女医生以及专为女子提供医疗服务的医院。

寻找院址时，绝大多数土地的售价超出了富马利的预算，她不得不往郊区找，走到当时广州的最西边。"在这里我们找到了一片开阔的土地，有200头猪正在泥泞里，北边的河流上架设了一些矮小的棚屋。"富马利在日记中写道，并把这个地方称为"猪村"。

1899年10月，富马利及其兄长在"猪村"买下一块地皮，开始建房。自此，广东女医学堂扎根在这片土地，富马利和余美德、施梅卿两位华人助手，以及5名女学生在此诊病授课。1902年4月，富马利又在这片土地上盖了一座三层小楼，这便是赫赫有名的柔济妇孺医院。该医院的建设，无论是采光、通风还是各种设备都按照最现代的标准配置。

柔济妇孺医院里的护士与婴儿（资料图）

根据《富马利中国见闻录》记载，1902年4月23日，柔济妇孺医院

柔济妇孺医院的产科大楼（资料图）

举行了盛大的落成和命名典礼。美国驻广州领事麦伟德任典礼主席，受邀出席的宾客有清政府的将军、广东布政司官员、南海县与番禺县县令等高官及广雅书院院长、各教会代表等众多颇具社会影响力的知名人士。一份香港的日报在当日报道中称："对于广州医疗事业和慈善事业发展而言，这是非常重要的一天，一个新的时代正式开启。"

柔济妇孺医院以妇产科为主，技术蜚声在外。1910年，医院有300多名住院病人，产科方面已能实施产钳助产术、死胎穿颅术、臀位牵引助产术等多种手术；到1914年，住院病人已增至600多人。

该院产科采用新式接生法，大大减低了产妇难产的风险，为推动中国助

夏葛女医学堂学生与员工合照（资料图）

产事业的发展发挥了重要作用。广州的一些军政人员内眷率先接受西医接生法，进一步推动了西医在广州乃至中国的落地与发展。

院、校联手培养中国女医师

由于收到夏葛先生的捐赠而建造了新建筑，广东女医学堂更名为夏葛女医学堂。有了学堂和医院，富马利决定培养一批护士，并创办了端拿女子护士学校。她亲自担任教师，为学生们讲授最前沿的医学理论和护理技术，并悉心指导她们进行临床实习。

"大多数女性的无知、羞怯和与世隔离，为女医生在中国开启一个广阔的领域……"富马利写下的这段话，正是她接连创办妇孺医院、女医学堂和护士学校的动机与初衷。

1902年，富马利最初的5名女徒中，苏恩爱和黄雪贞达到了毕业要求，成为夏葛女医学堂的首届毕业生。1904年，罗秀云、梁友慈、张星佩三人也毕业了。随着夏葛女医学堂影响力的扩展，前来报考的女性越来越多。到

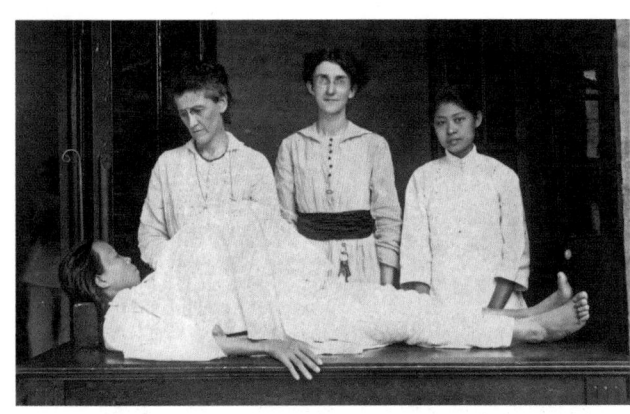

1914年，在一位卵巢囊肿病人手术前，富马利博士（左）、夏马大博士（中）、罗秀云医生（右）看望病人（资料图）

1910年，在校女生增加到40多人，教员也增加到了10人。

学员中最知名的女医之一便是罗秀云。她在14岁时被家人嫁给了一名花125美元买下她婚约的男子，结婚后丈夫返回纽约继续做洗衣工，偶尔寄些钱回家。罗秀云后来申请加入夏葛女医学堂，并在1904年顺利毕业，成为学堂讲师和医院手术助理，数年后成长为一名出色的外科医生。

富马利曾对罗秀云高度评价："她体重不到100磅，看上去娇小玲珑，性格恬静，但面对危险时，从未露出过紧张的神色。哪怕面对的是最复杂、最危险的手术，她的手也从不颤抖……"

如今，在院史馆展出的一张陈旧发黄的照片清晰地记录了罗秀云当年手术的高光时刻。照片拍摄于1914年，是罗秀云和富马利、夏马大博士等人为一位患有巨大卵巢囊肿的患者进行手术前的合照。同年，她为另一位患者切除的47公斤盆腔肿物，被制成标本送往南京展览，引起轰动。可见罗秀云作为一名中国女医生的实力与自信。

西医东渐，从广州辐射全国

在中国近代医学史上，广州无疑是一个极其重要的地标。这里不仅是中国最早接触西医的城市之一，更是西医在中国落地生根、开花结果的重要场所。

早在1805年，第一位来华医生皮尔逊（Alexander Pearson）便来到广州,来自英国的他将西方医学技术第一次引入中国。英国人合信是最早在中国翻译西医西药书籍的传教士,他先后在广州和上海译述了近代以来最早一批介绍西洋医学的译著,包括解剖学、内外科理论及妇婴卫生等多种内容,标志着"西方医学理论正式输入中国之始"。

1835年11月,美国医生伯驾(Peter Parker)在广州创办了中国近代第一间西式医院——眼科医局。这是中国历史上第一次出现完备的近现代医院架构,候诊室、诊室、配药室、留医室一应俱全。

最初,眼科医局主要治疗眼疾,但很快扩展到其他医疗领域。伯驾创下了中国近现代医学史上的多个纪录,如中国第一例膀胱取石术、中国第一次引用乙醚麻醉和氯仿麻醉、中国近代第一例剖腹产手术等。

据杨智文介绍,西方第一例乙醚麻醉手术是1846年在美国公开向大众演示的,而1847年伯驾医生就在广州进行了中国境内第一例使用乙醚进行全麻的手术。他表示,当时的广州人对于西医已并不陌生。

继伯驾之后,嘉约翰(John Kerr)于19世纪中叶来到广州,并在此地开展了47年的医学活动。嘉约翰先后创办了博济医院、博济医学堂和惠爱精神病医院,编译医学书籍34种,为中国培养了最早的一批西医人才。

广州作为中国最早接触西医的城市,其影响力不仅仅限于岭南地区,还

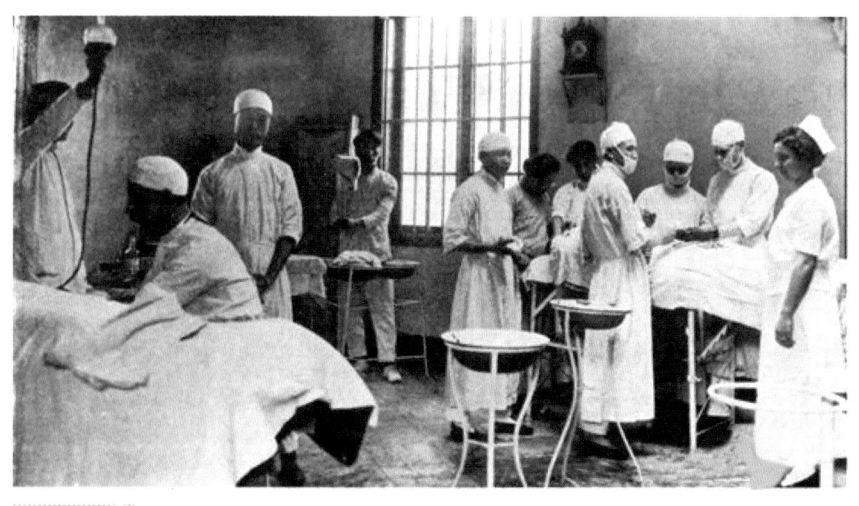

1916年所摄博济医院的手术室(中山大学孙逸仙纪念医院院史馆供图)

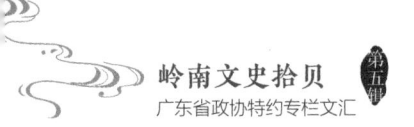

辐射到了全国各地。西式医院从广州向岭南以外地区辐射至上海、北京、厦门、宁波、长沙等城市,逐渐成为中国人诊疗疾病的重要途径。

"中式西医"落地生花

从中国第一家西医院,到首个女子医学堂,再到最早一批西医翻译著作……广州在近代中国引领了西医理念的传播,推动了公共卫生发展进程,进而确立了现代医学的教育、培训和经营管理体系。

1905年,曾在夏葛女医学堂任教的张竹君毕业于博济医学堂,在上海创办了我国第一所女子中西医学院;1908年,博济医院的毕业生梁培基、叶芳圃等人创办了我国第一所华人自办的西医学校广东光华医社;1908年,梁乾初医生带领一些学生建立了两粤医学堂。

除了这些知名学校外,各乡镇由中国人创办的西医诊所也纷纷开起来,如雨后春笋般出现在华南大地乃至中华大地上,治病救人。

广州中医药大学中医医史文献学系副主任李计筹指出,1930年收回教育权运动后,中国人开始接管教会医院,中国政府开始用自己的方式进行管理,从董事会到医生,逐渐由中国人代替外国人,医疗传教士退出中国历史舞台,开始了"中式西医"的发展历程。

1931年,夏葛医学院及其附属柔济医院成立了以王怀乐为主任的院务委员会,开创了华人自办医院的新局面。1936年7月,夏葛医学院归并到岭南大学,与博济医院筹备组建孙逸仙博士医学院。

据记载,至1936年并入岭南大学,夏葛医学院共毕业28届学生,培养300多名现代医学人才,其中女医生200多名。她们传道授业、悬壶济世,足迹遍布全国。

这些毕业生,将夏葛医学院的办学经验和影响带出广东,为推动国内其他地区西医教育事业的发展起到了不可忽视的作用。

而富马利一手创办的柔济医院也在持续发挥其影响力。这所医院后来发展成为广医三院,设立妇产科研究所,其妇产科医疗水平名闻遐迩。20

如今广医三院的林护堂

世纪80年代末,广医三院接连诞生了广东省第一、第二例,全国第三例试管婴儿。

博济医院的精神病专科医院后几经更名、发展,现为广州医科大学附属脑科医院。而中山大学孙逸仙纪念医院是博济医院的延续。这些老牌医院仍然是广州以及整个中国医疗领域内的重要支柱,为公共卫生事业的可持续发展作出贡献。

此外,广州的医学教育和研究也在不断发展。中山大学、南方医科大学等高校在医学教育和研究方面成果丰硕,为全国乃至全球培养了大批优秀的医学人才。

扫码看视频

广州是名副其实的中国现代医学发源地

■陈安薇　广州医科大学附属第三医院原副院长、内科医师

羊城晚报：您也是《富马利中国见闻录》的译者之一，在翻译过程中你们有哪些重要的史料发现？

陈安薇：其间我们纠正了许多原来的看法。比如关于女医学堂的前身"赠医所"成立的时间还可以往前推——之前，我们考证到的时间是1899年12月12日，但是根据整理搜集富马利日记和相关资料，现在发现至少可以往前推2—7年，因为她设在西关存善大街的诊所是1892年设立的。

从医学堂到医院再到护士学校，富马利很有自己的规划，后面她还开设了药剂镜诊专科学校，这些都是从事现代医疗不可或缺的。她在中国期间还翻译了很多教材，当时中国人懂英语的不多，她尽量把从美国拿回来的教材译为中文。

翻译的过程很艰难，当时西医很多专业名词在中文里没有对应的词语，富马利不仅需要创造对应的名词，还要让中国人能理解。无论是医院的建设还是医学教材的翻译，富马利为西医教育在中国的发展作出了极具意义的贡献。

羊城晚报：富马利在中国一直执着于服务女性群体，也是她的一大功绩。

陈安薇：当时的美国正好处于第二次妇女解放运动的后期，所以富马利对这个领域特别关注。在旧时的中国行医，她多次面临患病女性被遗弃、女婴被害早夭的惨状，也接触到很多女性患病后，因为男女授受不亲而无法得到医治的事实，感到当时针对女性的医疗资源严重稀缺。

富马利创办的一系列医疗教育机构，是中国近代史上最早出现的此类学校，不仅推动了中国高等教育早期现代化，为中国女子接受高等教育开拓了一条切实可行的道路。在中国第一代女医人才成长的过程中，它们提供了一块重要的人才培养基地，扮演了十分重要的"母体"角色。

羊城晚报：20世纪初，全国很多地方都没有西医院，而广州已经有好几所，您如何看待广州对于中国西医发展的贡献？

陈安薇：广州在西医东渐的过程中发挥了关键作用。广州的开放和国际化环境，为现代医学的传播和发展提供了良好的条件。

此外，广州在培养西医人才方面也作出了重要贡献。例如，广东人黄宽作为有史以来第一个获得医学博士学位的中国人，他的经历象征着中国人在西方医学教育中的突破。这种教育和人才培养的模式，为中国西医的发展奠定了基础，培养了大量医学人才。

可以说，广州是名副其实的中国现代医学发源地。在西医史上，广州创下多个"第一"，很多西医技术基本都是在广州落脚，再逐渐扩展到全国各地。无数个"第一"交汇于此，揭开了近代中国医学发展的新篇章。

遗憾的是，当前我们对广州西医史的研究并不充分，在我看来，广州的西方医学史其实就是一部中国的西方医学史。里面有很多史料都值得我们去挖掘，去发现。

羊城晚报：为什么当时广州的西医这么发达？这种影响力延续至今吗？

陈安薇：我觉得跟"海上丝绸之路"有关，参与"海上丝绸之路"贸易，不可避免要长时间坐船，容易导致不适甚至罹患疾病。广州十三行那些跟洋人打交道的地方，需要有医生，这些病人的病情需要紧急处理，没办法适应中医的治疗方式。西方商人因此会带一些医生过来，也有宗教方面的因素考虑，而广州作为千年商都，天时地利的优势加在一起，才能涵养出一个如此适合西医的环境。

目前，广州和广东医疗界的各个专科在国内都有相当地位。例如我们广医三院的妇产科研究所在国内享有盛誉；除了省部属医院外，广州市属的呼吸病研究所、脑科医院，红会医院的创伤研究中心，市妇幼医院等，都在上百年的悠久历史根基上得到长足发展。

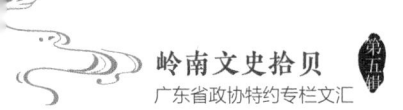

> 延 伸

中西医结合的先行者：省港名医黄省三

　　黄省三是近现代著名中医学家，1882年生于广州番禺化龙镇，至1965年逝世，一生行医65年。他医术高超，医德高尚，是中国倡导中西医结合的中华医学新体系的先行者，在肾炎、肺结核、急性阑尾炎、流感等领域均有开创性成就。在他逝世公祭时，周恩来总理送来花圈。

　　幼年时，黄省三随做乡村医生的父亲学医。12岁丧父后，他一边做杂工维持生计，一边苦读中医学名著。1910年，黄省三来到广州，在地处繁华市中心的南关西横街（今北京南路旁）开设"黄崇本堂"医寓行医。因社会动荡，1924年黄省三前往香港继续设馆行医。

　　这时的中医大多墨守成规。好学的黄省三却开始接触外国医学，他敏锐地意识到：强调化验、实验等科技手段的西医对病症的诊断比中医更令人信服，而诊治方法一直较模糊的中医在发展数千年后即将面临重大的挑战，中西医应结合起来。

　　于是，黄省三开始研究西方医学理论，成为中西医结合学的先驱。当时，译制成中文的西方医学书籍很少。黄省三托人收集大量日文版西医典籍，并苦学日文进行研读。他还花巨资购买了显微镜和实验设备，并聘请两位留学德国的西医师协助研究，以取长补短。

　　黄省三以当时极新的西医科技手段对病症进行确诊，同时运用中药方剂进行治病，这使他的医术取得了重大的突破，在对心脏病、慢性肾炎、麻疹、肺结核、霍乱、伤寒等疾病的治疗方面效果斐然，深受社会各界赞誉和同行的尊敬。

　　中华人民共和国成立后，黄省三从香港举家迁回广州，一时间轰动港九各界。年近古稀时，他总结其一生的行医经验，出版《肺结核实验新疗法》《肾脏炎肾变性实验新疗法》等十余种著作，被医学界奉为该领域必读著作。

原载于2024年8月22日《羊城晚报》A6版

岭南文史拾贝

南粤考古

○ 广州，中国近现代田野考古策源地
○ 考古探源水陆并进 『重瓣花朵』岭海飘香
○ 皇陵探秘几反转 南汉史脉正古今

广州，中国近现代田野考古策源地

文/羊城晚报记者 文艺
图/受访者提供（除署名外）

曾被认为是"冷门""小众"的考古事业正掀起热潮，不仅为大众热切关注，更被上升到增强文化自信、弘扬民族文化的高度。

中国现代考古学的诞生，以1921年河南渑池仰韶遗址的发掘为标志，至今已逾百年。其实，在此之前，得风气之先、时局之便的广东就已开始了早期田野考古的实践探索——1916年，位于广州的龟岗大墓的发现，揭开了广东近现代意义上考古学的序幕。

不仅如此，广东还是中国第一个官方考古机构——国立中央研究院历史语言研究所（以下简称"史语所"），以及第一本官办历史考古学学术期

广州博物馆镇海楼（羊城晚报记者 陈秋明 摄）

广州东山柏园史语所旧址（陈小铁 摄）

刊——《国立中央研究院历史语言研究所集刊》的诞生地。

1929年，广州市立博物院在镇海楼成立，这是中国最早的博物馆之一；紧随其后，中国第一个职业民间考古学术团体黄花考古学院也在广州诞生。这些都昭示着岭南在中国现代考古学发展史上的独特地位。

此后，广东的文物考古事业日益精进，特别是中华人民共和国成立之后，从珠三角和粤东地区逐步扩展到岭南全境，探寻空间从陆地到水下，成果斐然、举国关注，走出了一条独具岭南特色和气派的道路。

起点：龟岗大墓

广州博物馆镇海楼展厅二楼，一枚带"甫九"隶书字样的木刻静置于展柜中。这件文物曾被认为出自"南越文王赵胡冢"，见证了广东考古百年的开端。

时间回到1916年，广州东郊龟岗一处荒地在修建房屋时，惊现一座大型西汉木椁墓，墓中出土了大量青铜器、陶器等随葬品。

时任广州文庙奉祀官兼广东通志局副总纂的谭镳闻讯赶到时，清理工作已经接近尾声，随葬器物被工人分占散尽，只剩十余块厚重的椁室底板留存下来。

木板共计14块，都刻有"甫"字铭文，编号从"甫五"一直到"甫廿"。今日存放在镇海楼的展品便是其中一块木板的存留部分。

龟岗汉墓出土"甫九"木刻

谭镳即刻呈文省府，请省长将这些古文字收藏于广州文庙内保护起来，"今有此新出土之汉初木刻字，诚为旷代奇宝，允足冠冕海内，无论广东。岂宜任其放失？"1917年1月，《东方杂志》刊载了谭镳的文章《拟上书朱省长保存汉初木刻字书》。

同时，蔡守、梁启超等广东本土文化人士，罗振玉、王国维等国学大师都为保护木刻字书奔走考证，龟岗木刻及其拓本因此得以流传开来。

龟岗大墓形制为"一堂三房"，如此高规格的墓葬主人究竟是谁？根据出土钱币年代以及《史记·南越列传》对南越国历任君主的记载，当时的学者大多认为，这就是南越国第二任君主赵胡的墓。一时间，广州东山龟岗发现"南越文王赵胡冢"的消息引起了全国学术界和公众的广泛关注。

直到1983年，真正的南越文王墓在越秀象岗山被发现，当年对龟岗大墓所下的结论才被推翻。但这无损龟岗大墓在广东乃至中国考古史上的重要地位。

上海大学历史系主任、教授徐坚认为，龟岗大墓应是南越国时期的贵族大墓，它的发现应被视为南越国考古学的起点。

广州博物馆研究馆员陈鸿钧也指出，龟岗大墓的发现体现了考古工作由民间到官方、由零散无序到全面有序、从经验发掘到理论指导的转变过程。

催生："锹的考古学"

20世纪初期，以重视田野调查和发掘为标志的"锹的考古学"在中国兴起，广州就是最早的中心之一。广州现代市政建设的不断加快，也为早期考古事业的发展提供了条件。

随着广州老城墙一点一点拆除，城区范围得到拓展的同时，不断有古墓古物在施工中被发现，著名的龟岗汉墓及其后的猫儿岗汉墓等就这样被发掘出来。

彼时，国家层面的古迹古物保护意识也在逐步形成。

1916年10月，北洋政府颁布了《保存古物暂行办法》，确认"古物"为"公家所有"。1930年6月，国民政府颁布了第一部文物法规——《古物保存法》，重申"古物""概归国有"，规定"发现人需要立即报告当地主管行政官署"。

这两部法令为广东地方政府支持考古学发展提供了依据。值得注意的是，谭镳在1916年发现龟岗大墓后立即呈文省府，就是《保存古物暂行办法》颁布后的行动。

"在这两部法令规定之下，古物归属从'公家所有'到'国家所有'，概念得到进一步细化。"广东省博物馆研究馆员、历史学博士丁蕾这样告诉记者。

集结：两家研究所

在广州东山柏园，民国时期史语所旧址重新对外开放已有五个月。如今，这里成为市民看展、阅读、瞻仰前贤的好去处。

1928年10月22日，中国近代学术重要源头之一的史语所在柏园成立。在所长傅斯年的主持下，陈寅恪、陈垣、赵元任、罗常培、李方桂、李济、董作宾等顶级学者一时汇聚于此。

举世闻名的殷墟考古从这里发端，中国第一本官办历史学、考古学和语言学学术期刊——《国立中央研究院历史语言研究所集刊》也创办于此。

史语所同仁在柏园门口合照

其实，史语所的前身——中山大学语言历史学研究所（以下简称"语史所"）对岭南考古事业也至关重要。1926年12月，从柏林大学留学归国的傅斯年受邀执教中山大学。

在他的推动下，1928年1月，中山大学语史所正式成立，设立历史、语言、考古、民俗四个专业学会。其中，考古学会由商承祚担任主席，"两粤古代城市宫室坟墓遗址的搜寻"和"行发掘之事"是学会的主要工作内容。

广州市文物考古研究院副院长张强禄介绍，在1928年4月，番禺县员村报告发现晋代古墓，语史所成员即前往发掘并完成了《调查员村乡发现晋代古冢始末记》的撰写，为史语所后来的田野考古提供了经验。

实践：黄花考古学院

广州真正近现代意义的田野考古工作的开始，是在官方文博机构出现后。

1929年，广州市立博物院选址名楼镇海楼成立。这是华南地区的首座公立博物馆，也是中国最早成立的具有现代意义的博物馆之一。此后20年间，广州田野考古工作主要由广州市立博物院负责组织。

"广州市立博物院不是一个简单收藏和罗列古物的地方，它力求对古物进行有序、科学地展示，进而向大众反映古代社会面貌。"陈鸿钧说，广州

广州市立博物院成立一周年合影

市立博物院的筹办理念非常先进。

随着城市考古需求的激增,中国近代第一个职业民间考古学术团体——黄花考古学院应运而生。

它隶属于广州市立博物院考古部,广泛吸收民间收藏家、金石学家以及不少岭南大学和中山大学的学者,包括谢英伯、胡肇椿、杨成志、蔡守、谈月色、曾传辂、朱庭祐等。

陈鸿钧说:"黄花考古学院首次将西方考古学理念和操作规范带入考古实践中,进而探索岭南及西江文明。"

成立之初,黄花考古学院出版发行了中国最早的考古学期刊《考古学杂志》(创刊号)。黄花考古学院先后发掘了广州东山猫儿岗汉墓、东郊木塘岗汉墓等。

徐坚认为,无论是博物馆的创建、考古学职业团体的建设,还是考古发掘的展开、考古报告的刊布方面,广州都堪称当时中国田野考古学的核心之一。

瞩目:猫儿岗汉墓

在黄花考古学院开展的数个考古发掘项目中,1931年的猫儿岗汉墓最为瞩目。它是广州乃至岭南地区最早遵循科学方式正式发掘、及时刊布了发掘报告的墓葬之一,曾被主要发掘者蔡守认为是"南越国第三代君主赵

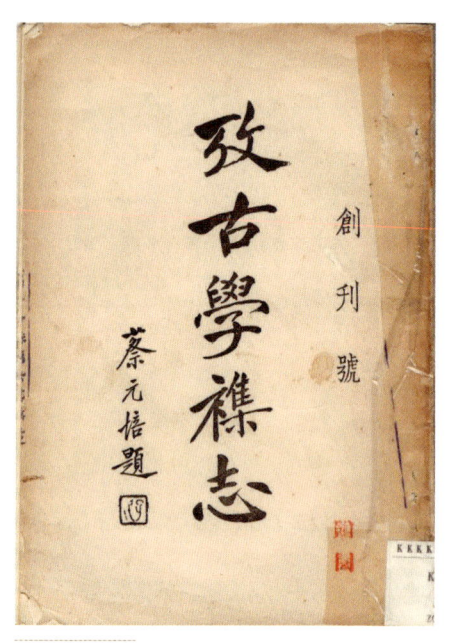 

《考古学杂志》（创刊号）封面　　　　　　猫儿岗汉墓出土瓦当拓片

兴墓"。

田野清理工作自2月26日开始，3月5日结束，发掘报告《发掘东山猫儿岗汉冢报告》在3月7日即已完成，并发表在次年出版的《考古学杂志》（创刊号）。徐坚认为，猫儿岗发掘报告在岭南考古学史上，尤其是在南越国考古学史上堪称实践先驱。

20世纪30年代以后，特别是抗日战争开始后，学术机构的外迁和学人的流动导致黄花考古学院工作的自然中断，初拟为季刊的《考古学杂志》仅创刊号后也无疾而终了。但幸运的是，黄花考古学院学人的理念和考古成果在后续的广州市立博物院活动中被展示出来。

张强禄认为，20世纪二三十年代，广州人才机构荟萃，考古学发展成绩斐然，直至抗战爆发，广州的考古与博物馆事业在当时的中国都是可圈可点的。

陈鸿钧也表示，1949年之前的广州早期考古学工作整体处于尝试、探索阶段，它为中华人民共和国成立后广州大规模的城市考古开了先河。

 访谈

广东早期考古投射地域文化与学术关怀

■丁蕾 广东省博物馆研究馆员、历史学博士

羊城晚报：在1949年前的中国考古学传统中，广东早期考古学地位如何？

丁蕾：1949年前，广东考古学的地位非常特殊。尤其是广州的考古学热潮和活动，完全由中国学者主导，偏重搜寻本地历史文化信息，走在当时中国学术发展的最前沿。

1928年至1931年间，仅广州就先后成立了三个考古团体——中华考古学会、中山大学语言历史研究所考古学会、黄花考古学院。三个考古团体的活动显示了新旧学术背景下学者理解的"考古"，即金石学、民俗学和现代考古学杂糅于一体。

另一方面，广东早期考古跟公共博物展览的关系就非常密切，很多考古发掘出来的东西直接在文博机构展示，理念也十分先进。广东早期的考古学人有意识地将其发掘搜寻的物品视为本地文化的重要物证。

羊城晚报：学者认为，广州是中国近现代意义的田野考古学的策源地之一，您如何理解这一评价？

丁蕾：这里需要留意"策源地"三个字，它跟广州当时的政治背景息息相关。民国时期，作为岭南政治、经济和文化中心，广州是中国民主革命的策源地。由此，政府的许多实际措施直接或间接地推动了地方学术发展。

1927年，广州国民政府邀请许多文化名人南下广州。譬如，中山大学语言历史研究所考古学会成立前后，就曾邀约北京大学国学门的马衡、顾颉刚等学者来校。

马衡是原北京大学国学门考古学会主席，有"中国近代考古学的前驱"之誉，曾主持燕下都遗址的发掘。尽管他因故未能亲身来粤，但亲自为中山

大学考古学系拟订了一份详备的筹建计划。其考古发掘理念和计划贯彻于中山大学语言历史研究所考古学会的实践活动中。

中华考古学会的成立与中山大学语史所同期，其主要参与者不乏广州国民政府要员、广州博物馆的成员，具有一定的传统金石学背景。这些人员稍后又组建了黄花考古学院，吸纳胡肇椿等在海外留学、真正学习现代考古学知识的年轻人加入，开展田野调查和挖掘。

羊城晚报：与国内其他地区相比，您认为广东早期考古事业的突出特点是什么？

丁蕾：民国时期，河南安阳、敦煌藏书等考古发现引起了全国甚至全世界的关注。相比之下，广东早期考古事业的发现多为"个案"，同时有着较强的地域文化特点与学术关怀，力图讲述地方历史跟中央王朝之间微妙的关系。

我举个例子，一直以来，我们的考古学家都非常关注南越国君主墓葬搜寻。从1916年的龟岗汉墓到1930年的猫儿岗汉墓，本地学者一发现汉代高级墓葬，就会想到南越国，并设法求证它们是否与南越王有联系。

如果我们用现在的"科学"考古眼光来看，当然可以说，这样的判定并不妥当，当代考古发掘也证实了上述两座汉代大墓并非南越王墓葬，但早期广东考古学家如此关注南越王，反映出他们对追溯广州本地历史的热切。

此外，从他们的判断和研究方式中，也可以看出考古学从西方传入中国的曲折发展，体现了早期中国考古学与金石学之间存在的千丝万缕的关系。

扫码看视频

麦兆良：粤东考古传奇人物

意大利传教士麦兆良是一位富有才华的考古学家和语言学家，20世纪20年代至40年代来到广东海丰地区。他很快掌握了当地福佬（俗称"鹤佬"）方言，并编写了简易的福佬—意大利双语字典，一度广为传用。

麦兆良

从1934年开始，麦兆良开始涉足考古事业。在广东的25年间，麦兆良发现了50余处遗址，搜集了数千件文物，初步建立起粤东史前文化序列。同时，他还是首位在中国使用碳十四测年的考古学者。

1946年移居香港后，麦兆良潜心钻研，完成了20多万字的《华南史前史》手稿。麦兆良去世后，他搜集的考古藏品悉数捐给了港英政府。这批藏品主要来自粤东多个史前至秦汉年间的遗址，曾多次在香港公开展出。

1975年香港历史博物馆落成之际，文博界人士对《华南史前史》手稿重新进行整理，并出版了《粤东考古发现》。

值得一提的是，2009年底香港历史博物馆举办的"探求不息：麦兆良神父粤东考古藏品展"全面梳理了麦兆良的考古事迹，该展由香港历史博物馆、香港中文大学中国考古艺术研究中心与广东省文物考古研究所（现为广东省文物考古研究院）共同筹划。

原载于2023年3月17日《羊城晚报》A5版

考古探源水陆并进
"重瓣花朵"岭海飘香

文/羊城晚报记者 文艺
图/广东省文物考古研究院提供

广东地区偏居祖国南端一隅，至秦军南下始融入中原文明。在正史记载中，这里曾被描述为"化外之地""瘴疠之乡"……

实际上，岭南自有岭南的风姿。大量出土文物表明，广东地区曾存在灿烂的旧石器时代、新石器时代和青铜时代文明，广东最早有人类活动的历史可追溯至80万年前……

从出现先民的渔猎采集，到青铜古国，再到成为泱泱中华的南疆、文明对话的使者，悠悠岭南既深受中原文明影响，又有自己的鲜明特色，是中华文明满天星斗中极为耀眼的一颗。

自现代考古事业在岭南勃兴，百余年间，经过一代代广东考古人风餐露宿、青灯黄卷的不懈努力，一幅翔实鲜活的岭南历史画卷正徐徐展开，在讲好"中国故事"、增强文化自信的过程中起到越来越重要的作用。

岭南文物"摸家底"

中华人民共和国成立之初，国内大学基本没有正规的考古专业，考古力量十分匮乏。

为培养全国各地的基干力量，当时的国家文化部（社会文化事业管理局）与中国科学院（考古研究所）、北京大学在20世纪50年代初联合举办了四期考古工作人员训练班，又被称为考古的"黄埔四期"，由裴文中、梁思永、夏鼐和苏秉琦等著名学者授课。

全国各个省份争相抽调文物干部到北京培训，来自广东的麦英豪、莫稚、曾广亿、杨豪等先后从培训班结业。数月的学习，为广东这批学员日后的科学发掘和研究打下了基础，并成为广东当代考古的开拓者。

同一时期，广东设立了专门的文物管理机构，包括广东省文物管理委员会、广东省文物工作队和广东省博物馆，文物保护管理工作体系逐步建立。在国家的统一部署下，第一次文物普查在广东全省范围（包括海南岛）内铺展开来。

在第一次文物普查前，部分历史学者甚至认为：岭南文明的开始是在被秦始皇50万大军征服之后，当地土著"百越人"才从蒙昧的原始氏族部落阶段一跃跨入封建社会。岭南地区没有青铜时代，也没有奴隶社会阶段。

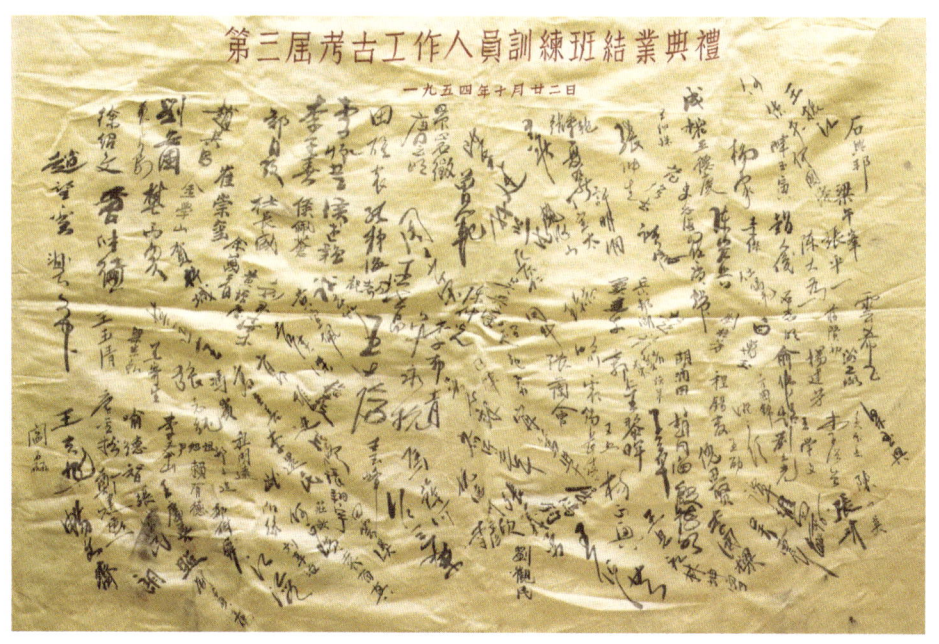

第三届考古工作人员训练班结业典礼名册

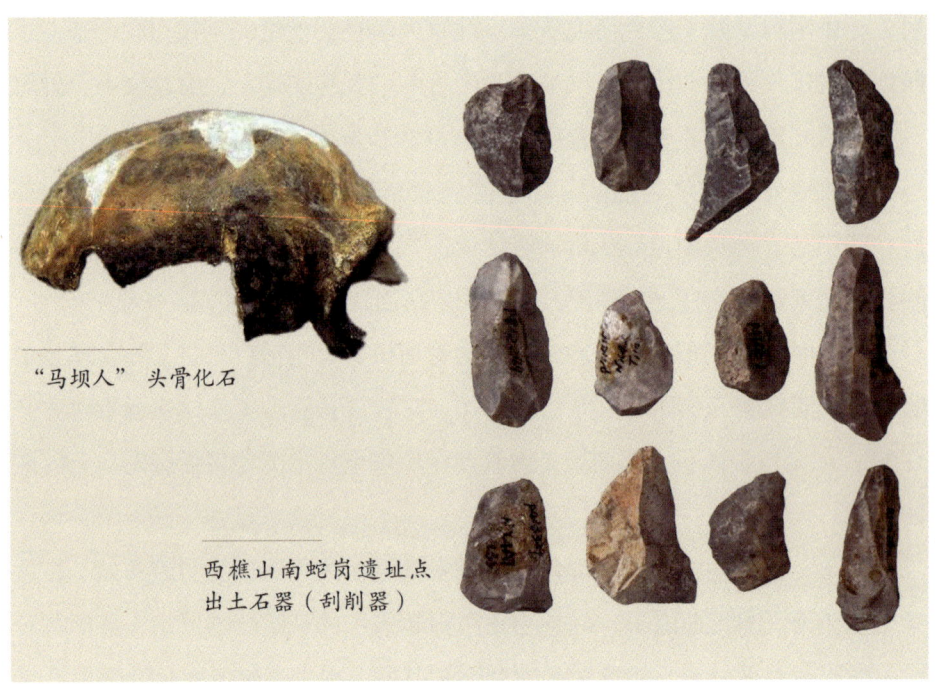

"马坝人"头骨化石

西樵山南蛇岗遗址点出土石器(刮削器)

然而,事实并非如此。通过第一次文物普查,考古学者在广东发现了众多新石器时代至先秦阶段的遗址。全省的文物分布情况得以基本展现,著名的"马坝人"头骨化石和西樵山石器加工制造场就是在这个阶段发现的。

20世纪60年代初期,清远马头岗春秋、战国墓的发掘曾一度在广东省内学术界引起强烈反响,揭开了岭南青铜时代考古研究的序幕。

广东省文物考古研究院研究员李岩认为,通过这次第一阶段的"摸家底"工作,初步改变了"秦汉时期以前广东地区是'南蛮之地'"的观点。

发现广东"仰韶"

20世纪70年代后期,广东乘着拨乱反正的春风,考古机构逐步恢复,考古人员陆续归队。这一时期,广东主要展开了石峡遗址和"秦汉造船工场"遗址的考古发掘。

其中,曲江石峡遗址无疑是广东百年考古历程中最重要的新石器时代遗址之一,它的地位相当于广东的"仰韶"(1921年发掘的仰韶遗址,被认为是中国现代考古学的发端)。

曲江石峡遗址位于韶关市曲江区马坝镇西南,坐落于狮头岩与狮尾岩两座石灰岩孤峰之间的峡地,1972年由曲江县文化馆在调查时偶然发现,至今已逾50年。

1973—1985年,石峡遗址先后历经4次发掘,发掘面积近4000平方米,是目前广东省内发掘规模等级最高的先秦聚落遗址之一,出土器物显示该遗址与良渚文化存在密切联系。

考古工作者们在石峡遗址共发现四期文化遗存,为研究岭南新石器时代晚期至青铜时代文化的内涵、特征、年代、分期及与其他文化的关系,提供了极为重要的典型实物资料。

最突出的发现是132座墓葬,其中102座属于石峡文化墓葬,发掘者观察到有火烧墓坑等迹象,更重要的是,田野工作中首次区分出一次葬墓和二次葬墓。

考古学泰斗苏秉琦先生在《石峡文化初论》中正式明确了"石峡文化"的命名,并指出:"它(石峡遗址)的发现,为我们进一步探索岭南地区从原始社会到秦汉以前的社会文化的发展找到了一把重要的钥匙;还为我们探索这一地区社会发展诸阶段与我国其他诸文化发达地区之间的关系找到了一个重要的环节。不言而喻,它也是我们进一步探索我国与东南亚各国人民自

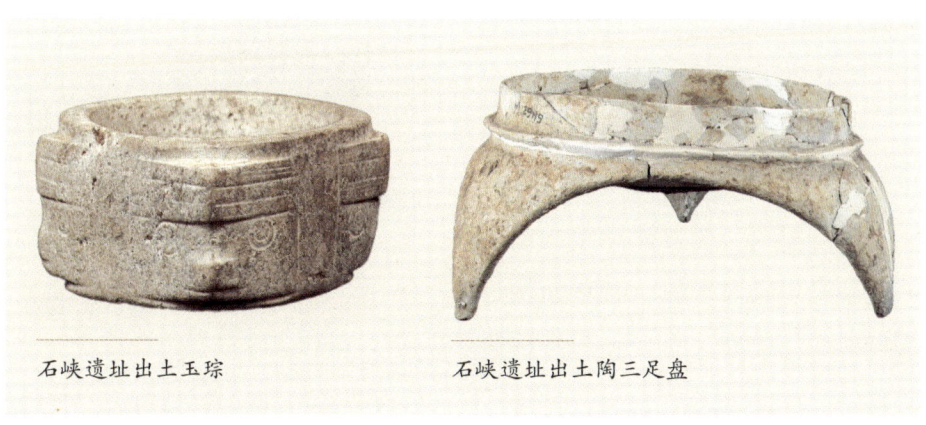

石峡遗址出土玉琮　　　　石峡遗址出土陶三足盘

古以来相互关系的一个出发点。"

在石峡遗址前三次发掘中,还同时举办了三期考古人员培训班(业内称为"石峡班")。这为广东培养了大量文博考古人才,为岭南乃至全国的考古事业发展作出了贡献。

廓清历史地位

从"石峡班"走出来的这批学员,改革开放后填充到了广东各地文博单位,成了当地的业务骨干。"广东的县级基层文博单位都配备上了专业技术力量,这在历史上是头一回。"李岩说。

20世纪80年代初,广东迎来了第二次文物普查,新的考古发现和材料不断出现。第二次文物普查的成果集结为《中国文物地图集·广东分册》一书,在全国范围内率先出版,成为广东考古工作的重要参考书目。

在此阶段,苏秉琦先生提出著名的"满天星斗说"及"区系类型理论",他把中国文明起源阶段新石器时代晚期至先秦时期的中国分成6个文化区,将岭南划入"以鄱阳湖—珠江三角洲为中轴的南方地区"。

随后,严文明先生又提出中国史前文化的"重瓣花朵"格局:中心位置在中原,好比花心。围绕中心的黄河流域和长江流域为主体的文化区,就好比内圈的花瓣。岭南则处于长江中下游这重花瓣结构的外层。

两位先生的学说廓清了史前社会中岭南地区的历史地位,对广东考古工作者理解第二次文物普查成果和石峡遗址产生巨大影响,也为当下"早期岭南探源工程"的实施提供了理论支撑。

《中国文物地图集·广东分册》封面图

"南海Ⅰ号"沉船清理中

就在这个阶段，1987年，世纪古沉船"南海Ⅰ号"在广东海域被发现。为实现对它的顺利打捞，广东在国家的统一部署下，开设水下考古培训班培养专业人才，成为我国水下考古事业的重要发端。

作为拥有3000多公里海岸线的海洋大省和"海上丝绸之路"的主要发源地，广东拥有从事水下考古得天独厚的历史和地理条件。以"南海Ⅰ号"的发现和整体打捞为标志，广东当之无愧地成了"中国水下考古事业的发源地"。

进入"黄金时代"

以广东省文物工作队为前身，广东省文物考古研究所（现为广东省文物考古研究院）于1990年正式挂牌成立，岭南文物考古专业力量进一步发展壮大。

随着第二、三次文物普查和第一次全国可移动文物普查的陆续展开，广东的文物分类进一步细化，文化遗产类别也进一步丰富。特别是20世纪80年代中后期以来，广东各地掀起了城市基础设施建设高潮，配合开展的基建考古中接连出现重大考古发现。

譬如广深高速公路建设中发现的东莞村头贝丘遗址，广惠高速公路建设中发现的博罗横岭山先秦墓地，以及在深圳大学城建设中发掘出的深圳屋背岭商代遗址，还有广佛高速建设中发现的高明古椰贝丘遗址等。

此时，广东考古工作者将抢救性考古发掘与课题研究相结合，新的认识不断产生。其中，位于博罗县郊的横岭山曾发掘出300多座古墓葬，并首次在广东两周时期的墓葬中发掘出土了铜甬钟和铜鼎。

考古学界认为，横岭山墓葬规模大、数量多，且排列整齐、大小有序，这意味着当时整个社会处于稳定有组织的状态，说明岭南地区在西周至春秋时期已具有相当发达的青铜器文化。

博罗横岭山先秦墓地的发掘，树立起了岭南商末周初至春秋时期考古学文化编年尺度，年代序列相比此前大大细化，广东青铜时代的文化和社会面貌变得具象起来。

这一时期，广东考古迎来了"黄金时代"，广州南越国御苑遗迹、博罗横岭山先秦墓地、深圳屋背岭商代遗址、广州大学城南汉二陵、深圳咸头岭新石器时代遗址、高明古椰贝丘遗址、汕头"南澳Ⅰ号"明代沉船遗址等项目先后入选"全国考古十大发现"。

博罗横岭山先秦墓地航拍

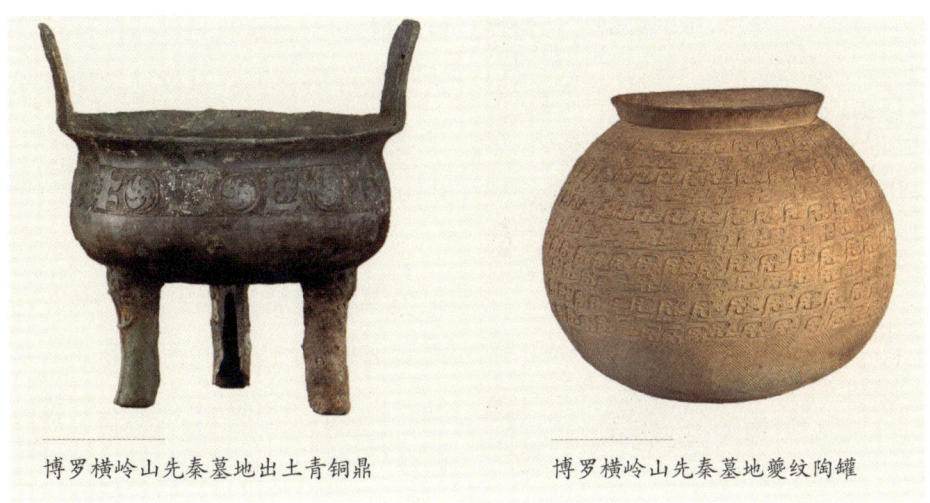

博罗横岭山先秦墓地出土青铜鼎　　　博罗横岭山先秦墓地夔纹陶罐

揭开神秘面纱

岭南地区远离中原，历史时期以前的文献记载几乎没有。所以，相比于其他地区，岭南地区的历史文明溯源更加依赖考古材料。

近年来，特别是党的十八大以来，新时代广东考古工作主要集中在岭南文明探源和考古遗存的研究阐释上。从郁南磨刀山遗址到英德岩山寨遗址，一系列重大考古发现标志着广东考古迎来了新的阶段。

郁南磨刀山遗址第1地点探方近景

英德岩山寨遗址发掘现场

其中，发掘于2014年的郁南磨刀山遗址填补了广东旧石器时代早期的文化空白，将岭南人类活动的历史由距今13万年左右大幅提前至60万至80万年；发掘于2016—2018年的英德青塘遗址出土了中国迄今发现年代最早的可确认葬式的墓葬，以及广东境内保存最为完整的距今1万年前的古人类化石；发掘于2019—2021年的岩山寨遗址则是岭南迄今发现规模最大的新石器时代至夏商时期的中心聚落遗址，是曲江石峡遗址考古发掘40年之后，广东发现的又一处新石器晚期高等级墓地。

2021年适逢中国现代考古学百年，好消息也相继传来：广州南越国宫署遗址及南越王墓和"南海Ⅰ号"沉船入选"百年百大考古发现"，英德岩山寨遗址入选"考古中国"重大项目……

随着重大考古发现一再引发全国关注，广东考古遗址年代从旧石器时代延续至民国时期，成果丰富多样，并呈现出地上考古与水下考古齐头并进的鲜明特色。在考古工作者与文史学者的持续开掘下，岭南文明的独特历史发展脉络正日益变得明晰、生动。

扫码看视频

访谈

秦汉番禺城,"海丝"大都会

■ 李岩　广东省文物考古研究院研究员

羊城晚报：从中华人民共和国成立以来到现在,广东考古工作的观念和阐释重点出现了哪些变化?

李岩：一方面是意识的转变。从田野考古和水下考古两个角度出发,我们经历了从"摸家底"到研究阐释的转变。"摸家底"的理念是"保护为主",后转变为"保护为主,研究为先导,阐释和宣传为社会责任",这是行业自身要求的变化。大家通常更关注重大考古成果,但我个人认为意识的转变更重要,它是考古事业发展的持续不断的动力源泉。

另一方面,我们的保护和研究不再满足于解释广东不是"南蛮之地",而是转向解读百万年前从中华文明开始植根中华大地到秦汉时期之间,不同历史时期的岭南贡献与岭南特色。

同时,我们还有一个更有特色的东西,那就是研读和阐释在中华文明与世界文明交流互鉴的"海上丝绸之路"上的广东或岭南贡献。

因为从5000年前的中华文明起源阶段,到夏纪年以来三代时期的中国化进程阶段,历史的发展给我们留下了一个独特的硕果,那就是秦汉番禺城。它作为华南地区唯一一个延续了2000年之久的"海上丝绸之路"大都会,今天依然熠熠生辉,无论是在文化自信还是文化传承方面,都让我们感到非常光荣。

羊城晚报：广东考古经历了数个阶段,您认为接下来的努力方向是什么?

李岩：我们知道,考古工作最基础的部分是用实物史料做编年史,用石器、陶器或者铜器的发现把不同年代填上。按照我们目前的考古发现,1万年前到7000年前这一时间阶段的岭南文化遗存还处于缺环状态,1万年前的广东代表性遗址是英德青塘遗址,7000年前的代表性遗址是深圳咸头岭新石器时代遗址。但它们二者中间这段时间的文化遗存我们暂时还不认识,或者还没有发现。这段时期岭南地区到底是怎样一个存在,我们还要再努力地调查和研究。

此外，对秦汉以来县城城址的寻找和六朝至唐代早期陶瓷窑址的寻找，也是我们需要努力的地方。

羊城晚报：现在提出"早期岭南探源工程"，"早期"是指哪个时间段？

李岩：苏秉琦先生曾经极其精练地勾勒出中华文明简史——"超百万年的根系、上万年的文明起步、五千年的古国、两千年的中华一统实体"。

其中，"超百万年的根系"指中华文明在百万年前开始扎根，"上万年的文明起步"指1万年前开始有方向性地向复杂社会或文明社会起步发展，"五千年的古国"指以良渚文化为代表的社会形态，最后"两千年的中华一统实体"指的就是秦大一统后的国家实体。

对应广东地区，我认为"早期岭南探源工程"的时间范围是从郁南磨刀山遗址时期到秦汉番禺城形成的时期。当然，每个学者的理解可能不一样。

羊城晚报：谢谢您的解答。那么在"早期岭南探源工程"中，您重点关注哪些问题呢？

李岩：第一，就是前面提到的1万年前到7000年前的编年空白如何补上。

第二，"海上丝绸之路探源"的问题。这里需要强调，"海上丝绸之路"不是在秦汉统一后突然出现，而是在那之前已经有了长期积累。比如新石器时代，我们有从海路运输到广东的良渚文化的原装玉琮，又比如大概4000年前，稻粟混种农业技术通过海路从岭南地区向东南亚地区传播，引起当地的广泛种植。所以是大家共同创造了"海上丝绸之路"，那么秦汉以前的"海上丝绸之路"源头到底是什么样的，需要我们进一步细化。

第三，岭南瓷源的问题。在良渚文化同期的时间段，广东地区烧制陶器的温度水准是全国最高的，例如普宁虎头埔窑址群即为代表，所以后来才有了我们广东地区的几何印文陶向北传播到长三角地区，形成了几何印文陶原始瓷文化圈。我们需要重新认识广东在瓷器起源当中的地位和作用。

同时，岭南早期文化探源，除了出版专业性的论著之外，相关的科普读物出版也应被列入日程，并得到应有的重视，这是向大众和社会阐释考古研究成果的重要方式。

延伸

朱非素：上过战场的杰出女考古学家

中华人民共和国成立以来，广东考古名家辈出，他们在田野的泥土和一砖一瓦间寻找岭南文明的拼图，为广东现代考古事业打下了坚实基础，如商承祚、麦英豪、何纪生等知名学者。

出生于1937年的朱非素，是中国考古学界唯一上过抗美援朝战场的女性考古学家。她作为主要执笔人撰写的《石峡遗址——1973—1978年考古发掘报告》一书，于2016年荣获全国考古大会最高奖——金鼎奖。

朱非素的家乡在浙江温州。1951年，年仅14岁的她报名参军抗美援朝，担任过护士、卫生员及文工团学员等。四年后，她复员返乡，又响应党中央"向科学进军"的号召，经过刻苦复习，1958年考入了北京大学历史系考古专业。

毕业后，朱非素一路南下，加入广东省博物馆文物工作队，并将她的一生都奉献给了广东考古事业。位于粤北曲江马坝河盆地的石峡遗址，是朱非素用力最多、研究最多的一处遗址。

20世纪70年代，广东考古事业刚恢复，朱非素就去了石峡遗址，在泥泞与暴晒的田野发掘中毫不退缩，得到苏秉琦等前辈学人的高度肯定。从1975年到1978年，她是石峡遗址发掘工作的参

年长后的朱非素

与者；从1978年以后断断续续十多年间，她又承担了这个重要考古发现的资料整理和报告编写工作。

20世纪90年代广东省成立考古研究所时，朱非素任所领导，负责制订了当时按流域划分的课题规划，将广东史前先秦考古学文化面貌划分为粤北、珠三角、粤东、粤西几个区块。她不仅身先士卒，还结合所内年轻人的兴趣加以指导，为广东考古培养后备人才。

朱非素一生的主要学术成果，见于《岭外求真：朱非素考古论集》一书。

原载于2023年4月21日《羊城晚报》A8版

皇陵探秘几反转　南汉史脉正古今

文/羊城晚报记者　文艺　朱绍杰　实习生　宋骥才
图/受访者提供

2023年6月初夏，广州郊外的小谷围岛已很闷热，蝉鸣声不绝于耳。20年前的同一时节，这座位于珠江江心的寂静小岛，因为有关南汉二陵的重大考古发现而沸腾，吸引了来自全国的目光。

今天我们已确知，南汉二陵的主人分别是五代十国时期建都广州的南汉王朝开国皇帝刘岩（康陵），以及他的兄长刘隐（德陵）。但20年前的整个考古发掘过程却充满了戏剧性转折，其离奇程度足以被载入中国考古学史册。

6月10日，恰逢2023年的"文化和自然遗产日"。小谷围岛上的南汉康陵遗址也顺利完成原址保护，正式向公众开放。作为我国首次全面揭露的五代十国时期陵园建筑，康陵遗址再一次成为世界关注的焦点。

"要像爱惜自己的生命一样保护历史文化遗产"——作为岭南考古的重大发现，康陵遗址的原址保护和对外开放正是广州加强文物保护利用和文化遗产传承发展的集中体现。

大学城建设前的文物调查

位于大香山脚下的康陵遗址入口，陵园神道笔直，庄严肃穆，整座陵园

康陵遗址展示区

建筑坐北朝南、形制方正，山坡上的陵墓本体已经实施了加盖保护。

早在2003年初，广州大学城建设正在小谷围岛上如火如荼地展开，考古工作队队员们循例入场，进行拉网式的地上、地下文物调查。"我们刚到岛上时，这里还是一片典型的岭南农村景象。"南汉二陵考古发掘现场负责人、广州市文物考古研究院副院长张强禄回忆。

早在20世纪70年代，考古工作者就在岛上的北亭村搜寻到一处南汉帝陵的线索，长期以来，它被认为是文献记述中南汉开国皇帝刘岩的康陵，当地老百姓也熟知此地，称其为"刘皇冢"或"刘王冢"。

当考古队员进驻北亭村复查康陵线索时，村民带领他们来到了"刘皇冢"所在的青岗北坡。杂草掩映下的"刘皇冢"封门处，暴露于地表的墓室券拱和被掩埋一半的盗洞口，以及散落一旁的封门石板呈现眼前。村民说，早年间这里还曾被当作防空洞和牲口棚使用，后来已经荒废多时。

根据"刘皇冢"砖室营建的考究程度等细节，考古队员很快判定这是一座晚唐至北宋早期之间的高等级墓葬。在翻阅大量史料后，他们又发现不少明清时期的广东地方文献中都提到过"刘皇冢"，而这些线索也将墓主人指向了同一人——五代十国时期南汉开国皇帝刘岩。

堂堂皇冢竟空无一物？

南汉为唐宋之间五代十国时期割据岭南的一个地方政权，立国55年。唐

代末年,刘氏一族从封州(今广东封开一带)起家,逐步确立了在岭南的统治地位。

公元917年,刘岩称帝,史称"南汉"。称帝后,刘岩模仿武则天以"日月当空"为意生造"曌"字的旧例,造出"龑"字寓意"飞龙在天",并改名刘龑。

"刘龑墓,在番禺东二十里,其地有南亭、北亭。海潮围绕,中不过十余里。墓在北亭洲旁,疑即昌华苑地也。崇祯九年秋,洲间有雷出,奋而成穴……陵曰康陵,盖刘龑墓也。"

根据屈大均(1630—1696)在《广东新语卷十九·坟语·刘龑墓》中的记载,刘龑墓又称康陵,在明崇祯九年(1636)时曾被雷电击出一个洞穴,陵墓随葬品遭到了岛上村民的哄抢。不仅如此,文献还提到,康陵内满是奇珍异宝,金人、宝镜、砚台……且"地皆金蚕珠贝所筑"。

当时,地方官员得到报告曾亲临现场。他们不仅将剩余文物搜检带走,还记录了墓志上的文字为"高祖天皇大帝哀册文"。其中,"高祖"是刘岩的庙号,"哀册"则是指古代颂扬刘岩生前功德的韵文。

根据勘查,考古队员初步认为眼前的"刘皇冢"就是文献记载中的康陵。

2003年6月,"刘皇冢"考古发掘工作正式启动。由于盗扰严重,直到发掘工作接近尾声时,考古队还几乎一无所获。

考古队员的确在前室位置找到一块方形石板,只是上面无文无字。他们不免疑惑,相较于五代十国时期其他割据政权的帝陵,眼前的"刘皇冢"不仅墓室规模有限,且陵园建筑缺乏,这与刘岩作为南汉开国皇帝的身份很不匹配。

"瓦渣岗"惊现南汉建筑群

待墓室清理完毕,考古队员来到墓道做最后的收尾工作,这时却在墓室的封门墙外意外挖开了一个类似器物箱的隐秘空间。

器物箱里发现一批青瓷罐、釉陶罐

当表层泥土被一层层揭落,他们被眼前的景象惊呆了,只见一件件青瓷罐、釉陶罐整齐摆放在器物箱里,仔细清点下来,共有青瓷罐190件、釉陶罐82件。

这批青瓷器胎质坚硬,釉色青中闪灰,晶莹透亮,是五代时期青瓷中的上品,对研究岭南地区陶瓷史大有裨益。至此,"刘皇冢"为康陵的推断基本已成定论。

此时,位于800米外的大香山上另一处南汉遗址也启动了发掘。"我们在一片荔枝林开辟而成的梯田断面上,发现了一处一两米长的砖壁。"张强禄说,起初他认为这是一座唐宋时期的小型砖室墓。到发掘第二天,张强禄就意识到情况不对,"随着揭露面积的扩大,我们发现它不是墓葬,而是一处方形建筑遗存"。

就在这时,参与考古发掘的北亭村民提供了关键信息。他们说,在山坡下不远处的"瓦渣岗"上有很多与砖室墓相似的青砖碎瓦。村民口中的"瓦渣岗",是一个杂草掩映下的小山包。以前村民经常来这里取砖砌水渠、盖窝棚,所以就将这里称为"瓦渣岗",后来又被慢慢荒废。

仔细一看,这个小山包竟然是外面包砖、中间夯土心的圆形结构,且与考古队员发现的方形建筑遗存属于同一时期。很快,不远处又出现了第三处建筑遗存。考古工作者这才意识到，这里可能不是一座仅有十几平方米的砖室墓，而是一个上千平方米的建筑群。

多方推断郊坛变帝陵

上述三处建筑遗存呈倒"品"字形分布。考古工作者初步推测，东西两处方形建筑遗存为角阙，即宫城或皇家建筑群四角常见的阙楼，而位于中央的圆形包砖建筑则与南汉的郊坛密切相关。

考古队员有两个重要依据：一是圆形包砖建筑外方内圆的形制与古代祭坛相似；二是史籍《十国春秋》《南汉书》中记载着在南汉国都兴王府的南边有一个郊坛建筑，而小谷围岛位置恰好位于兴王府的南边，这符合礼制中郊坛应修建在宫城南郊的做法。

郊坛的发现，对广州考古而言是十年难遇的大事件。在"坛体"进一步揭露后，呈现出一个方形基座上为砖包夯土的"圜丘形"建筑，"坛体"上还有不少人类活动留下来的扰坑，建筑本体也受到过破坏。

2003年10月，国家文物局派出专家组徐苹芳、张忠培等专家来到现场，

"圜丘形"建筑

扰坑底部出现洞口

推出可能是"陵墓"而非"祭坛"。接着,在清理一处扰坑填土到两三米深时,底部竟然出现了一个洞口,洞内是和之前"刘皇冢"处相似的券拱。

考古队员很快意识到,眼前的"圜丘形"建筑并不是祭坛,而是南汉时期帝王级大墓的陵台,那些大大小小的扰坑则是留下来的盗洞。

然而,这座大墓的规模和形制如此可观,此前被认为是刘岩康陵的"刘皇冢"与它不可比拟,那当时在岭南,它的墓主人还有可能是谁呢?考古工作者一边发掘,一边继续查阅文献,又一个重要线索浮现:新旧《五代史》中提到,刘岩的兄长刘隐的德陵也在小谷围岛上。

哀册一碑定二陵

在没有明确结论前,考古工作者能做的只有埋头挖掘。待盗洞清理结束后,他们顺着盗洞进入玄宫,开始了墓室内部的清理。

由于盗扰严重,考古队员刚开始只发现了一些陶、瓷、玻璃器残片。有趣的是,他们还清理出一系列陶制象生水果,有香蕉、木瓜、慈姑、荸荠等,极具岭南风味,它们因此又被称为"岭南佳果"。

那些玻璃器残片经文物修复师之手,也被复原成玻璃瓶的模样。后续研究表明,这些玻璃与"海上丝绸之路"密切相关。

"我们先后清理出7个盗洞,形成时间最早为北宋,最晚为明代晚期。

象生水果

玻璃瓶

可以想象，墓室里面的随葬品应该是很丰富的，最早进入康陵墓室的盗墓者拿走的物品肯定是最贵重的。"张强禄说。

2003年11月18日，在墓室前室靠封门处，考古队员终于发现他们苦苦寻觅的哀册文碑了！

该碑宽1.54米，高1.15米，厚0.2米，首题"高祖天皇大帝哀册文"，38行共1062字，自铭为南汉高祖"康陵"，于大有十五年（942）四月崩，于同年（光天元年）九月"迁神于康陵"。

这段文字意指南汉大有十五年（942）四月，南汉高祖刘岩驾崩于王宫（今越秀区中山路一带）内。同年九月，其子刘玢主持将他迁葬于康陵。

考古工作者发现，后世有关哀册文碑最早的记录出自明末广东文人黎遂球（1602—1646），他在《莲须阁集》中的《吊南汉刘氏墓赋》和《观刘氏

横立于墓室靠封门处的哀册文碑

哀册文碑局部拓片

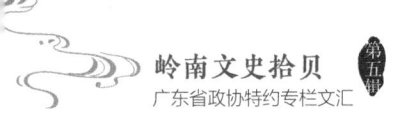

明黎遂球《莲须阁集》中的《吊南汉刘氏墓赋》和《观刘氏塚记》

塚记》中，记录了他在怀古时曾偶然进入康陵，看到哀册文碑的经历。

至此，考古队员终于明白，这才是真正的南汉开国皇帝刘岩的康陵，此前的"刘皇冢"则是刘隐的德陵。康陵哀册文碑的发现，不仅明确了墓主人的身份和下葬年代，还更正了以往文献史志中对德陵和康陵的错误记述。

催生文化新地标

从墓室到陵园，康陵陵园整体布局逐渐清晰，发掘面积越来越大。直到2004年10月中旬，康陵的考古发掘和临时性的保护工作才正式结束，最后露出真容的陵园布局竟然达到约12800平方米。

张强禄介绍，康陵是刘岩生前选中的风水宝地，陵园视野开阔，背山面水，地处大香山北边高地上，可看到南面的珠江，具有"左青龙，右白虎"的风水之宜。

康陵陵园营建形式特别，玄宫上方的圆形方座陵台、神墙四隅的子母角阙、陵前的廊式建筑，这些都不曾在历代陵寝中出现过。它也是迄今为止所发现的五代十国时期唯一布局完整的皇家陵园，为我国五代十国陵寝制度的

康陵玄宫

康陵遗址展示区与南汉二陵博物馆比邻而居

研究提供了重要实例。

南汉二陵被评为2004年度全国十大考古新发现之一，2006年又被国务院公布为全国重点文物保护单位。为了更好地保护原址，南汉二陵博物馆也应运而生。

如从高空俯瞰，可见南汉二陵博物馆建筑群与康陵遗址展示区比邻而居。二者在空间上互为平行，皆坐北朝南。作为华南地区唯一一座皇陵博物馆，开馆已有五年的南汉二陵博物馆如今已经成为广州乃至岭南地区的历史文化地标。

 访谈

南汉国为岭南"承唐启宋"

■全洪　广州市文物考古研究院二级研究员、广州市文物博物馆学会会长

羊城晚报：南汉二陵考古，令我们对南汉国历史的认识有哪些变化？

全洪：从宋代开始，史籍记载对南汉国的评价都是偏向负面的，起先我们对南汉国这段历史的考古研究的确不够重视，南汉时期的墓葬挖掘较少，我们对它的断代也很模糊，要么把它当作唐墓，要么把它当作宋墓。从20世纪90年代开始，南汉时期的古墓中不断出土有南汉铸造的"乾亨重宝"铅钱，这才为判断南汉墓葬提供了直接依据。

在发掘南汉二陵的同时，在广州市区中山四路一带的致美斋老铺位置和南越国宫署遗址处，又发现了南汉时期的大规模宫殿遗址和大量的建筑构件。

南汉二陵的发掘完成之后，我们更加认识到南汉国对岭南地区的独特贡献。它修建了如此大规模的陵园，墓中还出土了玻璃瓶等。北宋在广州设置的第一个市舶司，应该就是以南汉的相关机构为基础的，在对外交通贸易方面发挥着"承唐启宋"的桥梁作用。

羊城晚报：南汉二陵从发掘到实现原址保护，体现了广州对文化遗产保护的何种态度？

全洪：在发掘期间，我们就得到了大学城建设相关负责部门的全力支持。尤其是德陵，它的位置原本是规划中的华南师范大学大学城校区一栋教学楼的位置，原址保护的需求提出后，建设方迅速调整了教学楼的方位，让德陵留存了下来。

但怎样才能更好地展示它呢？在原址建博物馆是国内通行的做法。比如1983年南越王墓发掘后，就在原址建了博物馆，包括后面的南越国宫署遗址、北京路千年古道、南海神庙的古码头和古遗址等都是对原址保护的范例。可以说，广州很早就形成了从官方到民间的文化遗产保护共识。

同时，我国著名考古学家麦英豪不断呼吁在南汉二陵遗址旁边建一座现代化博物馆，也很快得到了省市各级专家的支持。当时的广州市文物考古研究所（现为广州市文物考古研究院）已经发掘了大量的文物，这些文物连日常整理的地方都没有，只能堆放在仓库。没有整理就没有研究成果，又何谈公开展示？

很快，市政府同意了南汉二陵博物馆的立项。在建博物馆的同时，我们还建了文物库房、文物整理空间、文物保护实验室等，博物馆的人力、物力也得到了充足配备。与当时国内其他市级考古所相比，广州的步子还是迈得比较大的。

羊城晚报：2023年是广州考古70周年，也是南汉二陵发现20周年。广州考古经历了怎样的发展，未来还有哪些重点？

全洪：70年以来，广州考古有三个大的发展方向：一是改革开放之前，我们的主要考古任务是墓葬发掘，如著名考古学家麦英豪与黎金曾合著《广州汉墓》一书；二是从20世纪90年代开始，伴随着城市经济的发展，城市考古逐渐铺开；三是在番禺、增城等广州郊外对先秦遗址的发掘，不断探索广州地区文明进程，还原秦统一岭南前，岭南地区的社会发展面貌。所以现在我们是按三部曲、三条路径去研究以广州为中心区域的岭南文明的历史发展进程。

确实还有很多问题等待解答。以"海上丝绸之路"相关的考古发掘为例，有关"海上丝绸之路"的单件可移动文物已经积累了一定数量，但一些建筑构筑物，比如码头类基础设施，还没有实现很好的挖掘。又比如，唐代皇帝派市舶使来到广州后有专门的住宿地，也就是市舶院，与之相关的建筑遗存我们仍没有发现。后来宋代开始在广州设置市舶司，市舶司的建筑基址我们也暂时还没有找到。这些都值得广州考古工作者关心和回答。

扫码看视频

延伸

昭陵：另一座南汉帝陵

南汉是五代十国时期割据岭南的封建政权，作为"十国"之一，前后历任四代君主，共持续55年。目前准确可考的，该朝帝王陵墓除了高祖刘䶮的康陵，还有中宗刘晟的昭陵。

据史料记载，中宗刘晟是刘䶮的儿子，他在中原王朝和南方诸国动荡不安之际，将南汉统辖区扩大至十余州，国力和疆域面积达到顶峰。但其统治后期，由于贪图享乐，国力不断下降。

1954年，考古队员在广州原番禺县石马村石牛山山麓（今黄埔区广汕三路附近）发现了刘晟的昭陵。墓地三面环山，墓前原有石马、石象等。昭陵还有与德陵发现的同类器物箱。考古队员在昭陵墓室东侧清理出两层砖砌成的器物箱，共出土33件釉瓷器和147件六耳陶罐，其中4件六耳陶罐中保存有鸡类的骨头、鱼骨和蚶壳。

带有"乾和十六年"字样的刻字墓砖，为墓主人的判断提供了关键信息。"乾和"是南汉中宗刘晟的年号，乾和十六年即958年，刘晟去世。再根据该墓地理位置以及文献记载，麦英豪先生考证其为中宗刘晟的昭陵。

如今，在南汉二陵博物馆"汉风唐韵——五代南汉历史与文化"展厅内，公众可以观赏到许多南汉时期的出土文物，原立于昭陵墓前的石马、石象也迁移到了展厅内。

原载于2023年6月10日《羊城晚报》A11版

地域撷珍

岭南文史拾贝

○ 咏春拳：开一扇门 传千万灯
○ 广府龙舟：灵秀水乡划出威猛民俗
○ 广东醒狮：始于江湖 威震八方
○ 『世界灌溉工程遗产』佛山桑园围：千年水脉顺势而围 文兴商盛涵育一方

咏春拳：
开一扇门　传千万灯

文/羊城晚报记者　朱绍杰　周欣怡

2023年5月23日，广东深圳出品的舞剧《咏春》亮相中国电影华表奖颁奖典礼，再一次印证了这一岭南武术题材的魅力。

近年来，舞台剧《咏春》《侠影·咏春》等众多文艺作品相继取材于咏春拳的传承故事，通过塑造以广东武学宗师梁赞、叶问为代表的"中国英雄"形象，展现了以中华武术精神为核心的优秀传统文化，也从中照见了粤港澳大湾区文化同源、人缘相亲、民俗相近的历史人文风貌。

近代百余年，以咏春拳为代表的传统武术在岭南大地生根发芽，流播海外。开一扇门，传千万灯。

在无数传承人的接续中，在通俗文学、影视剧等文艺再造下，武术已成为一代一代中国人的集体记忆、文化印记和侠客梦想，并持续在国际场域中不断擦亮中国功夫的文化招牌，成为当代中国故事、中国文化、中国精神无可争辩的代名词。

起源与传说

在舞剧《咏春》武术顾问、咏春拳传承人董崇华的引领下，我们来到位于佛山市南海区狮山镇罗村联星村的叶问纪念馆。

地域撷珍

狮山镇是一代咏春拳宗师叶问的故乡。2012年,叶问纪念馆在当地正式落成开放。纪念馆仿照叶问位于莲花路的大宅"桑园"而建:灰色的墙身、色彩明快的满洲窗、配饰陶塑壁画,颇具岭南风味。

馆中设置了常规陈展,介绍咏春拳的历史沿革与概要。一面浮雕墙上,镌刻了数位不同时代的咏春拳传人形象,并附有文字:"(咏春拳)起于严咏春,衍于梁赞,传于叶问。"

关于咏春拳的起源,意见并不统一。流传最广的一种说法是,此拳种得名于南少林五枚师太的徒弟严咏春。

在传说中,咏春拳的创始人都是女子,动作明显带有女性身体姿态特点。不过,可考的历史文献中似乎并未有过"五枚师太""严咏春"其人。

在叶问之子叶准的一本访谈录中,曾提到1982年他到佛山探访咏春拳大师彭南,彭南自述咏春的祖师是一个叫"摊手五"的湖北人。"摊手五"也曾出现在戏剧家欧阳予倩《试谈粤剧》中,雍正年间他因反抗朝廷逃亡至佛山,设立会馆,把一身武艺传给红船弟子。

后来郭沫若在赠给广东粤剧团的《七律》诗中也用了这个典故:"昔有

叶问纪念馆(陈贤宇 摄)

咏春拳传承人董崇华在叶问雕像前驻足（陈贤宇　摄）

名伶摊手五，佛山镇上立戏班。"

咏春拳的传播与反清运动、戏班活动的关系可见一斑。董崇华介绍，咏春拳的打法是在短线内小范围进行短促突击，符合船上空间狭小、漂移不定的特点。

小众与大众

步入纪念馆，叶问形象的雕塑正襟危坐于正堂，上悬牌匾书有"一代宗师"。小院一侧，还有叶问与其弟子、国际影星李小龙过招练手的雕像，墙面上还挂有咏春拳标志性器械"六点半棍"。

李小龙以及《叶问》《一代宗师》等电影，让咏春拳从佛山走向世界，从武术界走入大众视野。

"咏春拳本身是一个小众拳种。"董崇华说，"我从小爱好武术，崇拜李小龙。虽然不了解这个拳种，但我相信偶像：李小龙那么厉害，咏春肯定很厉害。"

采访过程中，多位传承人不约而同提到咏春拳别名"少爷拳"，这是形容过去的咏春拳往往闭门私授，不设武馆开门传艺。

据目前可考资料，从清末在佛山开医馆药铺的梁赞（1845—1922）开始，咏春拳才有了关于历史传承的明确记载。梁赞一生甚少收徒，只传了自

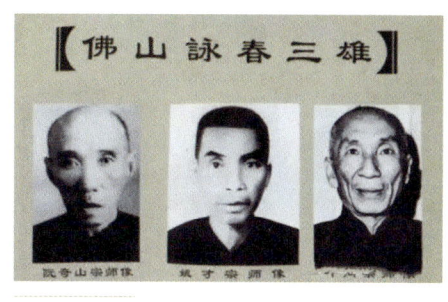

佛山咏春三雄（资料图）

咏春拳遍布世界各地（陈贤宇　摄）

家次子梁璧以及外号"找钱华"的陈华顺。

咏春拳门内以授徒为职业，则是从陈华顺开始的。从此算起，不过100多年。

在梁赞之后，佛山出了陈华顺、陈汝棉、吴仲素等咏春名家。到20世纪二三十年代，阮奇山、姚才、叶问成为佛山"咏春三雄"，名噪一时。

"叶问迁居香港后所作的改良，为咏春拳又打开了一扇门。"香港浸会大学历史系教授麦劲生指出，20世纪50年代，叶问在香港授拳时，对咏春拳的授艺方式、拳术用语以及器械进行了改良。

他以"180度转身"等替换了"两仪八卦"等语意隐晦的传统拳术用语，并引入了现代词汇解释拳理，使不同文化背景的人均能快速理解咏春拳，同时也为把咏春拳法翻译成英语带来了极大的便利。

在港期间，叶问还以管理培训班代替传统的家长式教学方法，提高了咏春拳教学的效率，也因此降低了学习费用。叶问还把传统埋地式的木人桩改良成适用于现代建筑的横担桩。

由此，咏春拳以浅显明了、通俗易懂的面貌，在香港开宗立派，经过叶氏弟子、门人孜孜努力，传至全世界，成为一派名拳。叶问于1967年成立咏春体育会，并注册为有限公司，成为香港第一个注册的武术团体。

食粥与侠气

舞剧《咏春》开启全国巡演之际，我们在佛山市中心一栋不起眼的小楼里找到了姚忠强开设的咏春拳武馆。

姚忠强是当年"咏春三雄"之一姚才的孙子。他告诉记者,平时这里都是入夜才开馆,学拳者大多为下了班的白领蓝领,或放了学结束自修的学生少年。

在岭南语境当中,"食过夜粥"即"练过功夫"的暗喻,正是因为练武者结束训练后,常会聚在一起宵夜吃粥。历史上,咏春拳从来不是一个职业,理解成"强身健体的业余爱好"可能更恰当。

姚忠强在退休之前,在佛山当地的一家老字号饭店当采购员,不过,5岁就开始练拳的他,始终觉得传承需要一个武馆。2002年,38岁的他跟兄弟一起成立了一家咏春拳馆,开始面向社会招收学员。

武术让百余年来生活在这片土地上的人们抱团发展,相互扶持。"师兄弟的情谊最重要。"姚忠强的弟子龙海森过去是一名厨师,他说,学武之人来自各行各业,因为共同"食夜粥",工作生活上也会互相帮忙。

据资料记载,清朝中期,习武成为佛山社会底层、普通百姓生活安宁的保障。随着经济发展,外来人口大量增加,佛山等珠三角腹地渐兴练武之风。

清代时佛山已有武馆400多家。各家各派吸纳南北武术流派精华,因地制宜发展其体系与特色。武馆组织与秘密会社积攒的动员能力和组织架构,亦成为后来太平天国运动、辛亥革命的重要组成部分。正如学者余英时所指出的,清末的"侠气"突破了传统"名节"的格局,最终和现代的革命精神合流。

前面提过的"咏春三雄"就是当时在一起"食夜粥"的好友。三人中,阮奇山岁数最长,姚才次之,叶问年纪最小。据姚忠强介绍,当年三人家境相近,感情很好,一起练拳切磋,常在

姚忠强的拳馆(羊城晚报记者　周欣怡　摄)

姚才的桑基鱼塘中钓鱼。

多年以后,叶问去往香港开宗立派广收门徒,被称为"叶氏咏春";阮奇山将本门功夫传于岑能,由佛山带入广州;而姚才则创下"姚氏咏春",以蛇形手为特点,留守佛山。

传灯与重兴

20世纪中叶以来,南北武术再度汇流岭南。1953年,太极拳宗师吴公仪与白鹤拳大师陈克夫比武的事迹经由报章传播后,梁羽生的《龙虎斗京华》与金庸的《书剑恩仇录》应运而生,掀起了香港新武侠小说风潮。

电影商也开始引入南派武术的真功夫,取代当时制作简陋的神怪武侠片,拳拳到肉的武打片蔚然成风。香港武打片、功夫片与动作片成为中国电影的金字招牌。

武术故事自此成为通俗文艺不断取材的宝藏,也形塑着世人对于中国功夫的印象。

20世纪40年代,通俗小说《佛山赞先生》以文言、白话文、广东话混杂

舞剧《咏春》剧照(受访者供图)

的三及第文体，讲述咏春拳故事，印行数万册，大受欢迎，成为后人口耳传颂的母本。

自1956年至1994年，任彭年、张彻、洪金宝、袁和平等人先后拍摄了《永春三娘与洪熙官》《洪拳与咏春》《赞先生与找钱华》《咏春》四部与咏春拳相关题材电影。

叶问与李小龙（资料图）

但咏春拳本身仍然"小众"，直到功夫巨星李小龙扬名，才实现"墙内开花墙外香"。

董崇华、姚忠强等传承人普遍认为，咏春拳传承的一大分水岭是2008年，即便佛山是咏春拳起源地，但在2008年之前，本地人知道这个拳种的却不多。直到电影《叶问》上映，咏春拳才被置于聚光灯之下。

2021年，逾百年历史的咏春拳（佛山咏春拳）成功申报为国家级非物质文化遗产项目，为岭南武术非遗翻开新的一页。

佛山非遗中心主任张雪莲表示，佛山咏春拳申请国家级非遗时，得到了与会专家评审一致认可，全票通过，是极少数全票通过的武术项目之一。

咏春拳以快著称，当下传承人探寻了不少新渠道、新方法，以适应时代发展：参加真人秀综艺节目，每天发布教学短视频，远赴俄罗斯等地开班授徒，等等。

近年龙海森辞去原职，开起了武馆，专心以教拳为业。在他看来，无论时代怎么变，岭南武术百年以来承载的核心精神从未改变，正如咏春拳的练习都是从一套基本功"小念头"开始，象征着练拳如做人：念头正，终生正。

扫码看视频

> 访谈

岭南武术瑰宝凝聚湾区文化认同

■李朝旭　广州体育学院武术学院教授

羊城晚报：关于咏春拳的起源众说纷纭，学界如何看待这个话题？

李朝旭：武术拳种的起源，一直有仙人传功、梦游授功、自然悟道等说法，这其实都是后人的"层累创作"，折射出武术在不同历史时期发展中所关联的时代背景、社会变迁和文化心理。

比如不少广东拳种都奉"至善和尚"为源头，但从常理来说，一个人怎么可能掌握这么多拳种？所以，"至善"可能是一个人的名字，但它也是中国传统文化中推崇的道德品质，应该也是在反映中国武术的精神和价值观。所以，我们要衡量武术拳种的起源、形成与发展，就不能只是道听途说。

20世纪80年代，国家体育总局（时为国家体委）提出，认定一个拳种需要符合四个标准（也称"十六字方针"），即源流有序、拳理明晰、风格独特、自成体系。当时认定拳种129个，广东有22个最终列入名录，咏春拳也在其列。

按照上述标准来看，咏春拳的形成离不开梁赞这个人物。至少是从梁赞开始，咏春拳的历史人物具有了"文献"可考性。

羊城晚报：武术传承发展如何折射出岭南（大湾区）的地域特点、文化特征？

李朝旭：我们常说"南拳北腿"，其实与地理条件有关。北方地势平坦，多用腿法、跳跃；南派武术重"拳"，尤其注重下盘功夫，则与岭南水网密集、舟楫当步的环境有关。

咏春拳在练习时用的木人桩、二字钳羊马，都与船上生活的逼仄、颠簸等特点相适应。

从历史学、社会学的角度来看，南派武术的发展也是中国晚清至近代历史的缩影。

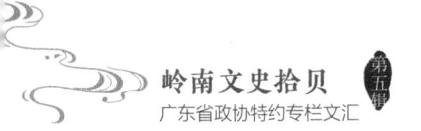

清中叶以来,珠三角吸引来大量的流动人口。缺乏保护的底层群众与商人阶层,希望通过练武强身健体、抱团自保、相互扶持。清末民初,武术及其群体在"反清复明"斗争乃至反帝制革命中充当了重要角色。

羊城晚报:民国时期,武术一度被上升为"国术"。如何看待它这个历史角色?

李朝旭:1929年,张之江等人推动国民政府成立了"中央国术馆",武术被称为"国术"。随之,又开展了一年一度的"国术国考"。

当时的教学内容包括中国传统武术的不同拳种和流派,这对梳理武术体系、确立传统武术与现代国家的关系都起到积极推动作用。

广州体育学院武术学科奠基人之一张登魁教授,就是1933年第二届"国术国考"摔跤项目的冠军。

随着时代发展,有志之士不断借鉴西方知识、体育资源,更新中国武术,使套路运动和搏斗运动并驾齐驱,有规可循,目标亦从格斗技击演化为以强健体魄为主。

当代,中华武术已成为"全民健身""奥运争光""文脉相系、非遗传承"的民族体育项目。

羊城晚报:在凝聚粤港澳大湾区文化认同上,南派武术有怎样的作为和优势?

李朝旭:以咏春拳为例,它的发展真的是超出了我们的预期,值得庆祝,更该珍惜,且当敬畏。

近年来,越来越多的文艺门类从这一岭南武术瑰宝中汲取养分,如电影《叶问》、粤剧《鸿胜馆》、舞剧《咏春》等,非遗传承人和艺术家的有机融合与创造大大扩展了岭南武术的影响力。

粤港澳大湾区文化同源、人缘相亲、民俗相近,这些特点都在岭南武术中有着鲜明体现。时至今日,能在香港、澳门等地,没有代际代沟、没有地域差异、没有沟通障碍的非遗项目,南派武术首屈一指。

数十年来,无论是武术故事中的人物,还是与武术深度相关的舞龙舞狮、跌打正骨,都是粤港澳大湾区共存、相通的文化记忆和日常生活,维系着我们共同的人文情怀。

延伸

精武体育会与广东人

1904年，流亡日本的梁启超署名"饮冰室主人"，出版《中国之武士道》一书，呼吁尚武精神。

1910年，霍元甲在上海创办的精武体育会，是以教授、弘扬中华武术，培养革命力量为主要活动和任务的群众性武术团体，也是中国近代体育史上历史最悠久、成立最早并有深远影响的民间体育团体。

霍元甲去世后，陈公哲、卢炜昌、姚蟾伯、陈铁笙担负起传续重任，被称为"精武四杰"，除姚蟾伯外，其他三人均为广东人。

对精武体育会创立和发展贡献最大的当数陈公哲。他主导下的精武会，努力改变人们对武术的态度，并将武术改造为体育，借鉴西方体育运动会的形式，提升武术的社会地位与群体观瞻价值。

陈公哲还大力引入摄影术，成立精武会摄影部。通过在上海大剧院等场所放映武术影片，邀请各国领事观看，令精武会迈出武术文化国际传播的第一步。

广东人卢炜昌、陈铁笙则引领精武会著书风潮。卢炜昌写下了四万余字的《我的拳术意见百则》，借鉴西方体育理论，对武术的传播、教学起到重要作用；陈铁笙以阐发传统武艺及其精神为己任，编成《精武本纪》，收集整理精武会成立十年以来出版的武术著述，为后人留下史料基础。

原载于2023年5月26日《羊城晚报》A11版

广府龙舟：
灵秀水乡划出威猛民俗

文、图/羊城晚报记者　周欣怡（除署名外）

端午将至，岭南同"燃"。在珠三角大大小小的河道上，鼓声阵阵，呐喊不断，龙舟竞渡"狂飙"之景令人叹为观止。

沉寂三年，2023年端午的广府龙舟活动盛况空前。健儿夜训的视频在网络"破圈"，挥桨漂移、转弯不减速等一幕幕水上版的"速度与激情"看得人热血沸腾。龙舟制作订单亦呈井喷之势，匠人们纷纷感慨"百年一遇""历年之最"。

龙舟竞渡有着上千年历史，其传承发展蕴含着深厚的民俗文化底蕴和体育精神。如今，赛龙舟已然从一项传统民俗发展为正式的比赛项目，甚至"划"入了奥运会；同时，广府龙舟作为一项宝贵的非物质文化遗产，其传统仪式感也未被削弱。

一年一度的龙舟盛景到来之时，水乡儿女万众齐心、赛龙夺锦，既寄托国泰民安、风调雨顺的美好愿景，又是一代代广府人团结奋进、拼搏争先的精神写照，彰显着岭南地区族群之间、村镇之间、城市之间的深厚情谊。

溯源：图腾崇拜以祈福

古往今来，对端午扒龙舟的由来众说纷纭，目前无确凿文字可考。根

据闻一多先生的考证,龙舟竞渡最早源于吴越地区每年春夏之交的龙图腾祭祀活动。古越人伴水而居,崇龙敬龙,将舟船制成龙形,以竞渡形式逐疫祈福、禳灾迎祥,由此逐渐产生了扒龙舟习俗。

广府地区水乡、河网密布,河涌纵横,民众依河而居。2000多年来,各种典籍、传说和民间活动相互叠映,不断丰富和发展着本地龙舟文化内涵。

广州首个以龙舟文化为核心的非遗传承展馆坐落于广州天河区车陂村。日前,羊城晚报记者在车陂龙舟文化促进会党支部书记苏志均和团支部书记郝满健的带领下,走进了这个一水同舟·龙舟文化展览馆。

放眼望去,展馆内各类手工艺品、村民自发捐赠的老物件,以及再现民俗情景的珍贵照片等,将龙舟的历史沿革、习俗和造"龙"故事娓娓道来。

步入展览馆,左手边的展板上详细记述了岭南龙舟的历史沿革。现有关于岭南龙舟竞渡最早的记载出自唐代李贞的《峡山观竞渡》:"峡山晴带霞,峡水倒榴花。芳渚停千舫,寒潭浸几家。飞舟海客度,急鼓醉人挝。何处来神女,凌波出水涯。"李贞是唐太宗第八子,被封为越王,诗中描写了他在东莞峡山观竞渡的情形。

一水同舟·龙舟文化展览馆

五代十国南汉时期，广州城内的西湖就有龙舟竞渡活动。南汉后主刘䶮（958—971年在位）命人在广州城西疏浚"玉液池"，每年的端午节，宫人便竞渡其中。

乌木龙舟算盘（苏志均捐赠至龙舟文化展览馆）

到了南宋，广州的端午赛龙舟活动愈发精彩。南宋名臣、番禺人李昴英在《水龙吟·观竞渡》中如是描述其时盛况："一声雷鼓，半空雪浪，双龙惊起。"气势之恢宏，令人犹能想象。

明清时期，端午赛龙舟活动已十分普遍。清初学者屈大均曾在《广东新语》一书中提到，"岁五六月间斗龙船"，龙船"得胜还埠，则广召亲朋燕饮"。此处所说的"燕饮"，即广府人所说的"龙船饭"。

广府特色龙船饭全宴模型

郝满健告诉记者，龙作为贯穿中国传统文化的一种信仰，以各种方式出现在人们的生活中，"在岭南，人们把对龙图腾的崇拜和敬畏之心，化作龙舟这一具象，以扒龙舟的方式祈求风调雨顺、蚕丰鱼肥"。

趁景：老表情深意更长

俗语说："不趁车陂景，不算扒龙船。"苏志均说，每年五月初三是车陂招景日，2019年曾有来自天河、海珠、黄埔、番禺等区兄弟村、老表村的

200多条龙船前来趁景,颇为壮观。2022年5月,"车陂龙舟景"入选省级非遗项目。

传统扒龙舟仪式,珠三角各地大体一致,主要分为起龙、采青、点睛、吃龙舟饭、趁景、斗标、藏龙、散龙等,每项仪式都保留着水乡的"古早味"。

其中,参与群众最广泛、场面最盛大的仪式要数趁景和斗标。趁景指扒着龙舟到兄弟村、老表村探亲互访,举行游龙仪式。趁景活动轮流在各村举行,有一个约定俗成的排期表,正如屈大均所言,龙舟之会"自五月朔至晦,乡乡有之"。

清代时番禺的茭塘司就定下:五月初一新洲景,五月初二官山景,五月初三市头景,五月初四新造景等。难得有机会到兄弟村探亲走访,各村都会将龙舟打扮得"花枝招展",在趁景之时"争奇斗艳"。

白尾雕亮相2023年车陂龙舟赛(羊城晚报记者 钟振彬 摄)

采访过程中，苏志均提到车陂村目前唯一的一条"花龙"（船身绘制有花纹的龙舟）——白尾雕。他介绍，白尾雕原是一条百年老龙舟，20世纪70年代被变卖，如今的这条是由车陂清溪双社村民所复刻。

当地曾流传的民谣"车陂龙船白尾雕，扒到官山人就笑。丢桡唔扒都会飙，老表睇见把手招"，说的就是它的"威水史"。当年，白尾雕出自番禺官山村的造船工匠之手，归为车陂清溪双社族人之后，每年都会回"娘家"官山探亲，双方村民成了兄弟老表，这首民谣正唱出了老表村之间的情深意长。

斗标：赛龙夺锦最"威水"

赛龙舟争夺锦标，即斗标，"锦标赛"一词便来源于此。清代番禺沙湾何氏家族的音乐家何博众、何柳堂等，有感于当时当地龙舟竞渡盛况，创作了极具岭南特色的广东音乐《赛龙夺锦》。

在传统农耕社会，每个氏族拥有的龙舟数量、比赛战绩，反映出财丁兴旺与族群团结的程度。这种观念影响至今。

为在2023年的比赛中夺标，广州各区的龙舟队都比往年提早集训备赛。黄埔街龙舟队教练刘尧森曾是中国龙舟队队员，多次征战龙舟世锦赛，2010年广州亚运会的龙舟比赛中也有他的身影。他告诉记者，自己原是皮划艇项目运动员，2003年转入职业龙舟队，一划就是近20年。"龙舟那种团结一心、拼搏进取、同舟共济的精

珠江上的龙舟老照片（龙舟文化展览馆供图）

地域撷珍

广州亚运会龙舟纪念章（龙舟文化展览馆藏）

神深深吸引了我。"刘尧森说。

赛龙舟从群众自发的传统民俗发展成为官方组织的竞赛项目，已有数十年时间。资料记载，广州市有关部门从1953年起就开始组织龙舟比赛或表演，参加的龙舟数量逐年增加，至1961年达60艘，赛径多是从珠江上的二沙头至海角红楼处。

1980年起，赛龙舟被列入中国国家体育比赛项目。1994年，广州市人民政府正式把五月初五定为"广州龙舟节"，广州龙舟竞渡赛也升级为广州国际龙舟邀请赛。每年，来自全国各地乃至美国、澳大利亚、新加坡等国家的龙舟都会在珠江上劈波斩浪争上游。

2021年8月3日，在东京奥运会皮划艇的赛场上，中国龙舟作为展示项目亮相，这标志着龙舟已启动入奥程序。刘尧森说，划龙舟在技术上和赛艇、皮划艇项目有不少相似之处，外国体育爱好者对东方文化也有浓厚的兴趣，龙舟成为他们了解中国文化的一张重要名片。

传承：守住乡愁焕新生

赛龙舟是岭南端午期间最为重要的习俗之一，于2011年被列为国家级非遗。其实，龙舟"全身都是宝"。据不完全统计，目前广东与龙舟相关的省级以上非遗项目就达26项。

在龙舟文化中，龙头制作是独特而重要的一环。端午将至，龙舟龙头、龙尾制作技艺传承人张伟潮"忙到几乎没时间睡觉"。身兼数职的他，白天要统筹黄埔区几支龙舟队的训练，只能在深夜制作龙头，经常工作至凌晨4时。

他也给自己定下目标：给每个村打造出能代表村落历史文化的龙头。为此，他要求前来订龙头的负责人提供本村历史、风俗、文化等信息，基于此来设计龙头造型。

近来，张伟潮徒弟之一张艺瀚也成了大忙人，一边要在师傅工作室帮忙制作龙头，一边还要依时参加黄埔街龙舟队的训练——23岁的他，是队里最年轻的正式队员。

其实，龙舟活动参与者远不止船上几十名划手。训练时，每条龙舟旁都跟着一艘快艇，提供应急、后勤和补给服务。开着快艇"保驾护航"的，往往是村里的长者、上一代的划手。2022年6月，车陂发布"育龙计划"，以期在青少年群体中培育新一代"龙的传人"，古老而生猛的广府龙舟愈发后继有人。

与此同时，艺术家们也没有忽略这一灵感宝藏：2021年，广州歌舞剧院创排以龙舟为题材的大型当代舞剧《龙·舟》；当下，广佛两地联手，正制作取材于车陂村龙舟竞技的动漫剧集《破浪》……龙舟，这项极具岭南风情的非遗民俗在当代审美和传播的"加持"下，正豪情激荡，一浪更比一浪高。

扫码看视频

> 访谈

"水与舟"的无穷魅力

■曾应枫　广东省文化学会副会长、广府民俗文化专家

羊城晚报：关于龙舟习俗的由来，各地众说纷纭，应怎么看？

曾应枫：扒龙舟这一习俗并不是固定不变的行为模式，关于其意义的赋予也是各地人民根据自己的思想观念和地方资源不断创造的结果。人，是民俗活动的主体，节日民俗是人类表达思想感情的手段。民俗是一个区域内群众共同的生活方式，是集体认同的文化标志。

羊城晚报：广府龙舟反映出怎样的湾区地域特色、文化特征？

曾应枫：广府水乡地区的龙舟活动，是村民之间、族群之间的文化交流与实力展现，蕴含着岭南人民奋勇争先的精神。这种精神是互相促进的，除了输赢以外，还有着更广泛的意义。

在竞渡方面，和兄弟村、老表村一起合作提高技巧实力；在趁景过程中，七八十人乘着龙舟，带着鞭炮、烧猪和满腔诚意，沿着曲折的河道互相走访。这种盛情世代传承，这种拼搏不屈、团结一心的精神构成了强大的凝聚力。

广府龙舟是湾区人民地域认同的载体。粤港澳大湾区同根同源，大家同饮珠江水，"水与舟"便是将不同地域、不同村落的人们团结、凝聚在一起的纽带。同时，大湾区各地的龙舟在保持总体风格类似的基础上，呈现出灵活多变、百花齐放的态势，和而不同。

龙舟直至今日仍以手工打造，靠人力划动，这样的传统延续千年。参与龙舟活动时，大家都是平等的，并无贫富、身份差

民国香港北角名苑赛龙舟老照片（苏志均捐赠至龙舟文化展览馆）

别。赛龙舟可以被视为一次血脉上的"还乡",代表着岭南人民的务实、团结,这种精神深入骨髓,代代相传。

羊城晚报:龙舟作为凝聚中华民族文化认同的非遗宝藏,有什么优势?

曾应枫:龙舟竞渡是岭南地区最具传统特色、最具大众参与性、最具传承发展性的民俗活动之一,从大湾区辐射到全世界,成为全球华侨华人维系情感的纽带。

扒龙舟强调同心协力,高度的群众参与性带来了生动、活泼、富有激情的生活体验,这种奋勇争先的核心价值多年未变。我看到很多年轻人也加入到扒龙舟的队伍中去,他们是文化传承中的新鲜血液。

如何唤醒青年对家乡和中华文化的认同?龙舟就是一个很好的载体、一个鲜明的文化符号。如今龙舟竞渡已扬名海外,持续在社交网络"出圈",即使不能亲临现场,其精神也能通过大小屏幕在全球华人心中升腾起对中华儿女身份的认同,龙舟技艺的传承亦在不断壮大,生生不息,这就是文化自信最好的体现。

羊城晚报:扒龙舟从最初的民俗发展到今天的专项竞技赛事,您如何看待这一演变过程?

曾应枫:自20世纪80年代起,国内各种社会力量和资源开始介入龙舟活动。龙舟竞渡逐渐从民间地方习俗演变成由官方举办的专业竞技活动,形成有章法、有规范的龙舟体育文化,并延伸到世界多个国家和地区。

与此同时,广州乃至珠三角地区人民并没有忘记传统,他们一方面积极参加体育竞技,另一方面仍然坚持传统游龙,举办龙舟景活动。所以,竞赛和传统习俗是可以兼顾的,目前广府龙舟相对完整地保留了传统的民俗内容,这点非常值得欣慰。

扒龙舟这类民俗活动来源于生活日常,一定也要回到生活日常中去。

从传统民俗到竞技赛事,只关注赛事、赛果本身,或只停留于提出概念或喊口号是不够的。广府龙舟文化的传承源自水乡人民日常生活中不断地"打交道",亲切的日常形成他们的共同记忆。这是根植于岭南生活的一部分,是我们民族文化生生不息留下的精髓,理应得到保护与弘扬。

延伸

南越国文物印证岭南先进造船技术

广州西汉南越文王墓是南越国第二代王赵眜的陵墓,墓中出土的不少珍贵航海文物见证了当时以番禺为中心的海上贸易盛况。此间出土的文物中有九件大小不一的铜提筒,大小相套,其中一件羽人船纹铜提筒的表面刻画有四艘海船的纹饰,这是目前考古发现规模最大、最完备的海船图形。

船纹铜提筒(南越王博物院供图)

纹饰上的四艘船前后相接,首尾高翘,船体明显绘出甲板,船内分隔成五舱或六舱,满载着战利品。每艘船上有五位羽人,头戴羽冠,上身赤裸,下身穿羽毛状短裙。第二位羽人都坐于一器物上,似在敲鼓或演奏某种乐器;第五位羽人都操持着一条大弧度的狭长物体。

据推测,船上第五位羽人操持的狭长工具应为当时的尾橹,这是目前关于橹的最早形象证据。橹最迟在汉代已出现,它比桨更高效、便捷,能将桨的间歇划水变为连续划水,大大加快了船的航行速度,还兼有操纵和控制航向的作用,体现了船舶推进工具的重大革新。

这组船纹展现的应是战争凯旋之后欢庆的场景,也有学者认为和祭祀水(海)神有关,其形态上与后世的龙舟已有所类似。该船纹铜提筒的发现证明2000多年前,广州已拥有相当规模的造船能力与先进的技术水平,为今人了解秦汉时期岭南造船技术的发展提供了重要的图像参考。

原载于2023年6月21日《羊城晚报》A6版

广东醒狮：
始于江湖 威震八方

文/羊城晚报记者 周欣怡 朱绍杰

日前，2023年广州市青少年醒狮表演赛决赛在广州市文化馆举行，来自广州、佛山、香港、澳门等地的狮队共同参与，现实版"雄狮少年"竞逐狮王桂冠。

近年来，根植于岭南大地数百年的醒狮多次被置于聚光灯下，以醒狮为创作灵感的文艺作品频频"出圈"：动漫电影《雄狮少年》亮相银幕，火出海外；大型民族舞剧《醒·狮》燃爆全国……实际上，醒狮在岭南人民的生活中无处不在，香港电影黄飞鸿系列的《狮王争霸》至今仍然为人所津津乐道。

2023年广州市青少年醒狮表演赛（主办方供图）

时近年末，岭南各大醒狮队正加紧训练，要以最好的状态迎接即将到来的元旦和新春。自古以来，醒狮长盛不衰，尤其在岭南一带，凡有节庆活动，必有醒狮助兴。对于迁居海外的游子而言，每当狮头昂起、鼓声雷动，即使身处天涯海角，故乡也近在眼前。作为一个文化符号，醒狮早已成为一代代岭南人民的集体记忆，凝聚着湾区人民的文化认同，深深刻在人们的血脉之中。

狮武同源

2023年夏天，数十头"狮子"在广州文化公园中心台翻腾跳跃，第十四届广州市工人龙狮表演大赛在这里举行。记者留意到，所有参赛队员都是来自各行各业的一线职工，有的来自国企，有的来自民企、村集体企业，还有的是教育系统、公安系统的职工。

其中，在此次比赛中摘得3项金奖的广汽本田醒狮队早在2006年就成立了，是由热爱醒狮文化的员工自愿组织而成。如今，醒狮队已发展壮大，现有队员120人。

在岭南地区，醒狮的传承向来有着极其广泛的群众基础。根据广州市龙狮协会2022年的调研数据，在广州从事醒狮表演的人数（不含在校学生）超过1万，其中非职业醒狮队员就有8000多人，远超职业醒狮队员人数。由此可见，广东醒狮的传承者很大一部分是各有其本职工作的劳动者，这一点可以追溯到清代广东醒狮的主要传承组织——武馆。

浙江师范大学副教授彭伟文的专著《关于广东醒狮传承的社会史考察》，揭示了醒狮传承群体与武馆之间的密切关系。20年前彭伟文就读于中山大学中文系，机缘巧合，这位地道的广州人随导师叶春生前往广州番禺沙坑村看醒狮表演，由此进入醒狮的世界。

清代至民国年间，广东可谓武馆林立。根据彭伟文的研究，这些武馆的主要功能不是修习武术，而是作为劳动者互助网络而存在的。武馆的背后是清代以来的劳动者组织——西家行。

清初的广州"一口通商",与作为内贸枢纽的佛山共同构成珠三角的工商业中心。大量来自广东省内其他地区的农村剩余劳动力流入都市,成为雇佣劳动者。基于平衡雇佣关系、调和利益与矛盾的需要,在手工行业内部出现了工人群体和雇主群体各自所依托的行业组织,即由雇主组成的东家行和由劳动者组成的西家行。这在广州、佛山以及香港、澳门等工商业发达的粤语方言区普遍存在。

从大量史料来看,清代的武馆与行业组织相结合的现象非常普遍。例如黄飞鸿最早的武馆——务本山房就是在广州铜铁行的资助下开设的,而他的首徒梁宽原本是打铁铺的学徒。一般武馆都设立"狮会",在练习武术之外,他们会刻苦学习舞狮。在广佛两地周边,不少村落建有以"某某堂""某某社"为名的狮社,大多是武馆的外围组织。舞狮就是由武馆及其外围狮社传承的。

醒狮醒国魂

舞狮群体都是工余习武的劳动者,与谋生之间并不冲突。例如佛山鸿胜武馆的附属狮社——螺涌社,有来自各行各业的成员两三千人,其第二代掌门陈盛是铜箔工人。陈盛的一位同门师弟李苏是扫把小作坊主,首徒钱维方则是建筑工人……

佛山鸿胜纪念馆(羊城晚报记者　周欣怡　摄)

醒狮醒国魂,击鼓振精神。在清末民初,醒狮具有特定的精神内涵。广东醒狮本称"瑞狮",寓意吉祥。后来"中国先睡后醒论"广泛传播,粤语的"瑞"与"睡"发音相同,舞狮团遂将"瑞狮"改名为"醒狮",寓意唤醒国家、国民。

舞狮具备的唤醒之意，还可以从当时的报道、图像中找到印证。1903年，邹容《革命军》在上海发表，其有"天地清白，霹雳一声，惊数千年之睡狮而起舞，是在革命，是在独立"，为醒狮赋予革命和独立的内涵，惊醒国人。

根据广州美术学院艺术与人文学院副院长郭伟其

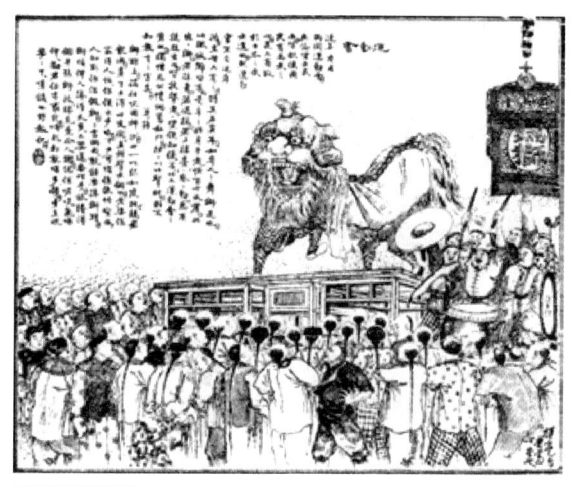

1907年第五期《时事画报》插图《运动会》（资料图）

的研究，1907年第五期《时事画报》上的一幅舞狮图画即有"被唤醒"的意义。画中舞台上二人舞动狮子，旁边一旌旗上写着"瑞狮"二字。画上的一则粤语题跋以"狮醒未"三个字开头发问，然后描述狮子占据神州大地，形象威武，后又讽刺这头狮子是纸糊的假狮子，不过供人捧着狮头戏耍，毫无还手之力。

郭伟其指出，舞狮能完美地体现出"醒"和"睡"之间的不同状态，而在清末民初广东舞狮的套路中，已经发展出一套与"唤醒"观念极其吻合的表演套路：出洞、下山、过桥、饮水、采青、醉睡、醉醒、上山、玩球、大头佛戏狮等。

在风云激荡的近代历史上，醒狮人亦留下浓墨重彩的一笔。辛亥革命中带领弟兄攻陷佛山千总衙门的，是小作坊主李苏；广州起义时担任工人赤卫队副总指挥的，是原在鸿胜武馆习武的理发工人梁桂华……

创造多个"全国第一"

走进广州市工人文化宫，广州工人醒狮协会会馆设在园区内一角。室内的天花板上倒悬着诸多硕大的狮子头，五彩缤纷，威风凛凛。协会成立于

广州工人醒狮协会办公室（羊城晚报记者 陈晓楠 摄）

赵伟斌儿时与父亲赵继红一起表演舞狮（受访者供图）

1985年元旦，直到现在，这里仍然保持着20世纪的模样。

1949年后，西家行的功能被工会代替，内地武馆不复存在，工会成为醒狮的主要传承载体，其中最为典型的便是广州工人醒狮协会。

《广东省志·体育志》记载："20世纪50年代末60年代初，广东舞狮门派很多，很难统一协调。当时中南局书记陶铸曾叮嘱广州市总工会，要把广东工人舞狮组织起来，丰富文化生活。"这进一步促进了醒狮的发展，使其步入有组织、有梯队、集体化、统一化的传承生态。

20世纪70年代初，广州市总工会下属的业余工人醒狮队成立，出身于醒狮世家的赵继红担任队长。本是建筑工人的他以借调的形式到市总工会上班，统管工人醒狮活动。每到下班时间和周日，赵继红就骑着自行车直奔工厂、企业，帮助基层工会组建醒狮队，手把手传授南国狮艺。

经赵继红向市总工会提出申请，广州工人醒狮协会诞生。这是全国首个醒狮社团，且不断创造出数个"全国第一"，包括创立全国第一支青少年醒狮队、组建全国第一支女子醒狮舞龙队、出版全国第一本《醒狮竞赛规则》等。赵继红还对工会管理下的醒狮进行了一体化改造。

以往民间的醒狮后脑上，往往写着流派和团体名称，但他们协会的狮头上既没有流派，又没有协会名称。赵继红的儿子、广州工人醒狮协会现任会

长赵伟斌告诉记者,父亲连"赵家狮"也不提,因为他认为"舞狮是一种民间艺术,最多有南北之分,不该有以往武术常有的门派之争"。

海外生长开出新枝

在高桩上飞舞向来是醒狮表演的一大看点,不过赵伟斌介绍,"如今最吸引人的跳高桩,其实也不过30年历史"。随着醒狮逐渐成为独立的竞技项目、竞赛评分体系的逐渐完善,在桩上盘旋跳跃才成为醒狮的主要技巧。

改革开放以来,醒狮传承出现了新的变化。根据佛山科学技术学院人文与教育学院副研究员谢中元的总结,传统的醒狮套路逐渐式微,醒狮逐渐成为独立的竞技运动项目,从民俗场域进入竞技舞台。

传统的拜师习拳学狮被中小学、醒狮队集中授课等取代,由原来的口传心授,转为共享化传承。其技艺从戏剧化、武术化表演转变为标准化、杂技化表演,作为民俗活动,也从在村落间的内部交往发展为公共展演。

醒狮的竞技化始于20世纪80年代,第一套醒狮竞赛规则在1986年推出,成为现行醒狮竞技规则的雏形。1995年,国际龙狮总会在香港成立,两年后搬到北京,不久龙狮运动纳入国家体制管理之下。2002年,《国际舞龙舞狮竞赛规则及裁判法》公布实施,后几经修改,形成了一套非常详细的评分体系。

与此同时,海外的醒狮也在发展,甚至反过来影响国内的醒狮表演方式。其中,"高桩狮"就是"出口转内销"的典型,它起源于马来西亚,被列入马来西亚国家文物遗产"重要文物"名单,在30多年前才传回中国。

像这样醒狮走出国门的历史,可以追溯到清代。广东醒狮随着粤籍移民的脚步向海外传播并落地生根,起初主要在华人社区内流行,后来逐渐成为当地多元文化活动之一,如今盛行于世界各地。

赵伟斌记得,2019年,广州醒狮还登上国际邮轮,开启长达53天的南太平洋巡演,全程16000海里,抵达13个国家和地区,创造了中国醒狮对外交流时间最长、出访国家最多的奇迹。

心怀传承热情奔赴

如今，醒狮早已成为一个代表着喜庆吉祥、积极向上的文化符号，与人们日常生活密不可分。各种醒狮题材的文艺作品改编再创造，加之自媒体短视频的助推，醒狮的传承进入新阶段。

赵伟斌致力于让孩子们"乐享非遗"，他创新地提炼出传统醒狮的基本动作，编成醒狮操后带进校园。目前广州11个区均有中小学开设醒狮课程，参加醒狮活动的学生（大中小学）人数超过3万名。在2023年7月正式发布的岭南地区首部非遗醒狮教材的编写名单上，他的名字也位列其中。

鸣鼓出狮，威震八方。近年来，在影视剧作和文艺作品的助推下，广东醒狮进一步火出圈。2018年，大型民族舞剧《醒·狮》获得第十一届"荷花奖"舞剧奖，这是中国专业舞蹈艺术最高奖项。《雄狮少年》则成为豆瓣2021年度电影榜评分最高的华语电影。而原创音乐剧《雄狮少年》也在近日官宣演出阵容，将于2024年1月11日至14日在广州首演。

在醒狮持续传承创新的道路上，不变的是人们对中华传统文化的热情与热爱。戴上狮头，他们是聚光灯之下威武勇猛的雄狮；摘下狮头那一刻，他们又变回生活中的普通人。

广汽本田醒狮队队长邵演洪坦言，为参加2023年的广州工人醒狮表演赛，他们提前三个月就开始了训练。"但工作也繁忙，最大的障碍就是时间不足，队员聚齐的机会寥寥无几。"即便如此，大家依然利用工余时间分头训练。"这是值得我们热情地去奔赴的一件事。"邵演洪说。

地域撷珍

 访谈

威武醒狮背后，是奋勇争先的岭南人

■彭伟文　浙江师范大学副教授

羊城晚报：在岭南一带流行的醒狮多指南派醒狮，南狮和北狮在风格上有什么不同？

彭伟文："南狮""北狮"是比较粗糙的概念。其实根据20世纪80—90年代进行的全国民族民间舞蹈调查，我国除了西藏以外都有舞狮分布。微观地看，它们都各有特点。

现在通常说的南狮和北狮，南狮以广东醒狮为代表，以神似为主要特征，需要结合南派武术基础，特别强调醒狮队员的下盘功夫，要求低重心，马步扎实。在外观上，除了狮头，其他造型比较朴素，在过去穿着日常方便行动的裤子和鞋子即可。我们现在看到的带毛或流苏等装饰的裤子和鞋子，只有二三十年历史。

北狮以河北双狮和北京太狮为代表，更重形似，几乎全身缀毛。它原本是作为一个杂技表演项目传承下来的，所以北狮更需要考虑给观众足够的视觉刺激，表演的动作会更多一些。

但这都只是笼统的说法，不能代表我国所有舞狮的情况。

羊城晚报：作为大湾区人民的集体记忆，醒狮的精神内涵是怎样辐射到世界范围的？

彭伟文：总体来讲，醒狮的接受度很高，老少咸宜。每当鼓声响起，广东人就知道可能是哪里在舞狮，那种熟悉感和亲近感是醒狮作为一种文化符号的特征。但在不同人心里，醒狮会有不同的精神内涵。

过去武馆里的人就选取狮子威武勇猛的特性，将其作为自我表达的艺术形式。对于看舞狮的人来说，狮子威武勇猛的形象代表着积极向上的精神面貌，也符合岭南人务实和奋勇争先的特点。

现在所说的粤港澳大湾区，地域范围原本就是广东醒狮的传承地。民国时广州起义失败之后，很多广东人逃亡到澳门、香港，从香港辗转到东南亚。所以整个粤港澳区域都是这些人谋生的可选择范围，醒狮也自然在粤港澳三地生长。后来则由华侨把醒狮带到东南亚及世界其他地方。

羊城晚报：您如何看待醒狮从民俗走向竞技这一变化？

彭伟文：所谓"文无第一，武无第二"，以套路武术为基础的广东醒狮本来就具备竞技性特征。舞狮与武术一样属于难度美感类项目，通俗来说，就是把难做的动作做得好看就能得到高分。

醒狮竞技化以后，比赛由裁判打分，相应的标准和细则由此出现。醒狮队员为了拿高分，会主动适应这些规则。比如高桩的出现就是竞技化的结果之一。

此外，比赛会限定时间。为了在短时间内尽量做出更多既有难度、完成度又高的动作，舞狮的两个搭档会不断地重复已经编排好的一套动作，形成肌肉记忆。过去从扎马步开始打基础，一天只学一个动作，循序渐进，而现在的训练可能更多是为了比赛或表演。

羊城晚报：近几十年来，醒狮的传承过程中，最显著的变化是什么？

彭伟文：2006年广东醒狮被列入国家级非遗名录以后，整个社会对醒狮的认识有了提升。

赵伟斌与醒狮进校园（受访者供图）

在此之前，对于醒狮的传承主体来说，"非遗"这个概念是不存在的，醒狮就是人们日常活动的一部分。在它成为非遗以后，醒狮的传播会更依赖一种文化自觉，在整个社会的话语权提升，舞狮的群体也自然会提高他们的自我认识。于是他们利用这种新的文化语境去争取更多活动空间，其中最显著的变化就是"醒狮进校园"。

醒狮在过去也有"进校园"，主要是作为课余活动，现在则是作为整个传统文化建设推广的工作在做。

同时，现在与醒狮相关的文创产品也很多，传承人自己会做一些文创，在庙会集市上售卖会获得一些收入，还有的会用醒狮元素去做服装设计。此外就是像电影《雄狮少年》这样的影视剧作出现，在传播方面起到助推的作用。

但这种"非遗化"也存在一个问题。我们在宣传、研究，或在社会活动中，可能把注意力较多放在各级代表性传承单位或传承人身上，各种资源都集中在少数人身上，而其他大多数散布在各地的非遗传承群体可能被忽视。那些鲜活的传承现场、传承者的情感、他们的自我认识，还需要得到更多关注。

扫码看视频

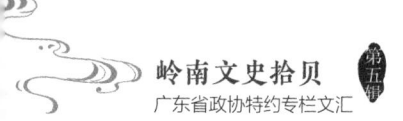

延伸

黄飞鸿：被构建的银幕英雄

黄飞鸿是广为人知的广东武术家，其形象也与醒狮紧密联系。从1949年到1997年的近50年间，共有100部以黄飞鸿为主人公的电影面世，被称为世界上最长寿的电影系列。他既是一个真实存在过的历史人物，又是一个通过大量电影作品被逐步建构起来的银幕英雄。在这一过程中，黄飞鸿武馆弟子发挥了重要作用。

黄飞鸿电影的基础是其再传弟子朱愚斋所创作的以黄飞鸿为主人公的小说。电影导演胡鹏在一个偶然的机会，接触到朱愚斋所写的黄飞鸿故事，通过友人的介绍与朱愚斋取得联系。就这样，第一部黄飞鸿电影由东南亚投资商温伯陵出资，以关德兴为黄飞鸿的扮演者，在1949年应运而生。

朱愚斋把很多在港黄飞鸿门人都带进了黄飞鸿电影的制作，并将他们的行动逻辑，以及所处的社会环境直接反映在电影中。20世纪50—60年代，大量黄飞鸿电影陆续问世，将其塑造成儒家伦理观念下的儒侠代表，成为武术家的理想形象。

1981年，由黄飞鸿直系弟子、武术指导刘家良导演的《武馆》，成为1949年以来黄飞鸿电影的集大成之作。

十年后，香港导演徐克执导、李连杰主演的《黄飞鸿》上映，随着影片进入内地，得到前所未有的广泛传播，黄飞鸿作为爱国爱民的岭南英雄形象更加脍炙人口。

原载于2023年11月29日《羊城晚报》A6版

"世界灌溉工程遗产"佛山桑园围：
千年水脉顺势而围 文兴商盛涵育一方

文、图/羊城晚报记者 黎存根

在佛山西樵山山脚，穿过岭南水乡风味十足的南海区西樵镇民乐圩，一座连接水道两岸的黄岗岩石拱桥出现在眼前，这就是民乐窦，一座古老的水闸。

明清时期，南海民乐是广东最大的土丝集散地。满载丝绸的渡轮从民乐窦出发外运，经官山涌至广州或江门，再通过水路便可远销东南亚、印度、中东和欧洲……

桑园围标志

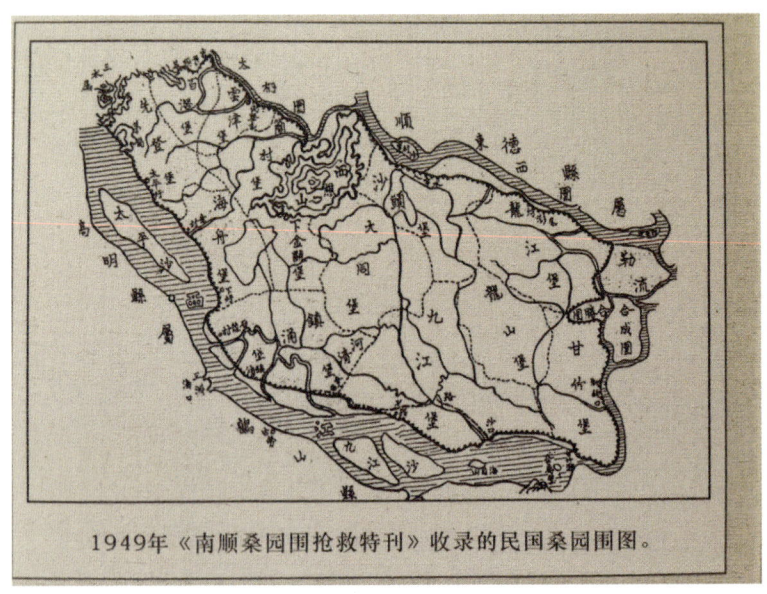

1949年《南顺桑园围抢救特刊》收录的桑园围图

在佛山的南海、顺德两区,像民乐窦这样沧桑存续的古老水闸有很多。它们不只是吸引游人"打卡"的乡间遗址,还是佛山桑园围排水灌溉工程的重要组成部分。

始建于北宋的佛山桑园围跨越了900多年历史,被水利专家评价为我国古代最大的基围水利工程,至今仍在发挥作用,历史科技文化价值十分突出,2020年成功入选了"世界灌溉工程遗产"名录。

始于"人定胜天",成在"天人合一"

桑园围始建于北宋徽宗年间,地跨南海、顺德两区,由北江、西江大堤合围而成,历史上因种植大片桑树而得名。

它的整体堤防工程有60多公里,历史上灌溉农田面积达20多万亩,集围垦、灌溉、防洪、抗旱、交通、运输、养殖等多种功能于一体。现在的灌溉面积仍约有6.2万亩。

佛山桑园围虽是人工修建的灌溉工程,却绝不一味地与水争地,与江河

洪水相抗衡，而是既行人定胜天，又讲天人合一。

桑园围修建过程中充分地利用了地形、地势的特点，同时对区域水势有科学的认识。利用西江和北江之间的水位差，把握时机，关闭窦闸可拒水入围，开则自流引水入围或排水出围，维持围内的合理水位。

唐代中后期，部分中原人士为躲避战乱陆续南下，迁至岭南珠江三角洲一带。其时珠江洪水频发，严重威胁村民居住和生产安全。

根据史料记载，北宋徽宗崇宁、大观年间（1102—1110），广南路宪张朝栋路过南海九江，适遇洪水暴发，目睹了这次洪水给当地居民造成的巨大危害。他"抵省后，即谕县传集里民，筹建基堤，以防水患"，并上疏请示，得到批准。

这次筑围由工部尚书何执中主持，在西樵山沿西、北江两侧筑起了两道高1—2米的防洪土堤，桑园围自此开始建设。经过前后三年的施工，东西两基终于建成。后来，又在上游修筑了吉赞横基来抵御上游洪水。

桑园围申遗特邀顾问专家、佛山市水利专家陈彦文介绍，在桑园围建设伊始采用了巧妙的办法，宋代水利官员将浮糠抛入江水中，然后跟随浮糠的走势，选择修建堤围的合适地点。正因这样顺势而"围"，60多公里长的桑园围防洪和灌溉的方式别具智慧，弯弯曲曲如巨龙蜿蜒在西江与北江之间。

"顺应大自然的规律，成为大自然的一部分。这也是佛山桑园围'申遗'成功的重要原因。"陈彦文说，这与都江堰的飞沙堰有异曲同工之妙。

明代是桑园围建设的重要时期。明洪武二十九年（1396），九江堡乡绅陈博民请旨，率众筑坝甘竹滩，堵塞倒流港，连接西北两江防洪堤。至此，开口围转变为闭口围，西基段基本上全线有堤，桑园围雏形初显。

此后，经过历代修筑加固，桑园围形成了基围、河涌、窦闸三位一体的灌溉体系，18世纪末已成为我国古代最大的基围水利工程。清末，这里已有"居民数十万户，农桑田地一千数百顷"，被誉为"近省第一沃壤""粤东粮命最大之区"。

1925年至1926年，桑园围开始采用钢筋混凝土水闸。20世纪50年代官山水闸修建后，桑园围与樵北大围联成一体，合称为樵桑联围。经过联围、培堤、整治险工等措施，桑园围区域整体防洪标准由原来不足10年一遇提高至50年一遇。

在1998年遭遇特大洪水时，樵桑联围水闸崩决，幸有南海、顺德数万军民以桑园围吉赞横基和东基作第二道防线，保住了围内人民生命财产安全。

历经近千年的风雨洗礼，桑园围仍保障着当地的灌溉供水和防洪排涝安全，默默守护一方百姓。

水患避，人文兴

"桑园围的建设，开启了珠三角地区社会经济与人口快速发展的历程，具有社会发展的里程碑意义。"参与佛山桑园围申遗工作的中国水利学会水利史与水利遗产专委会秘书长李云鹏说，"桑园围修筑后，防洪排涝自如，种植面积迅速扩大（围内面积265.4平方公里，灌溉／排水面积4126.8公顷），令此地成为'粤东粮命最大之区'。据《桑园围志》记载，每逢大旱之年，周边许多地方农田无法适时耕作，'而围民早已得水灌溉，翻犁播种，踊跃春耕'。"

在古代，中国农业还普遍属于"看天吃饭"，但在桑园围的保护下，围区内远离水患侵扰的佛山人已经建成了一个个富足的村庄。除水稻等粮食种植之外，围内同时发展桑基鱼塘等多种农业经营模式，使围区成为珠三角农业经济最发达的地区之一。

桑园围区内的宗族文化、龙舟文化、醒狮文化、书院文化等一系列文化越发繁荣，催生了大

桑园围民乐窦

桑园围和龙江水利历史展示馆

量的非物质文化遗产，国家级非遗香云纱就诞生于此。

在桑园围的核心区，西樵山被称为珠江文明的灯塔，也是滋养岭南文化的理学名山。明代正德、嘉靖年间，西樵山上书院、精舍林立。

富饶的珠三角文明和鼎盛的理学风气也培养了博学睿智的有识之士。在南海区九江镇下西村，有一座380多年历史的探花桥，它是南海最古老的石桥，是史称"明末三忠"之一的陈子壮科举高中探花后，回下西村探望外祖父朱让的时候所建。

经清代重修，桥旁的古窦闸依然发挥着重要的排灌作用，如今是佛山市级文物保护单位。

而在桑园围内最低洼处的南海区九江镇烟桥村，先后获评"中国传统村落""广东省历史文化名村"等。

村中的何氏六世祖祠是一座典型的清代岭南祠堂，现在是广东省级文物保护单位。祠堂前竖立着众多旗杆夹石，彰显该村文脉兴旺。

烟桥村的首位进士是清代官至兵部主事加员外郎的何文绮，晚年回乡执教,又多次参与九江桑园围决堤救灾,他教导的学生中包括后来的一代名儒朱九江(康有为的老师)。

"一船丝运出,一船白银归"

历代对桑园围工程的修建,极大促进了围内水运和商业的发展。

在明代,佛山桑园围地区就出现了"果基鱼塘",即在塘基上种植果树。后来随着蚕桑业兴起,"池埂种桑,桑叶养蚕,蚕茧缫丝,蚕沙养鱼,鱼粪肥桑",慢慢形成了"桑基鱼塘"这种极富岭南水乡特色的农业模式。

作为最具经济效益的基塘类型之一,桑基鱼塘的收益"十倍禾稼"。在可观收益的驱动之下,当地群众纷纷从"种田"变为"耕塘",越来越多的土地被开垦成为基塘。这催生了珠三角发达的蚕桑经济和丝织业,也为岭南文化带来新的创造。

明清时期,桑园围内丝织业发达,其中尤以南海西樵、九江,顺德龙江

南海九江烟桥村何氏六世祖祠

等地丝织业规模极大，产品不仅畅销国内市场，还远销东南亚，成为广东省著名的蚕桑之乡、丝绸重镇。

位于西樵下北老街的民乐窦水闸，就见证了西樵丝绸业的发展，当地逐渐成为当时广东最大的土丝集散地。"民乐有个窦，家家纺织声""一船丝运出，一船白银归"的谚语，一度传唱珠三角。

进入现代，随着经济社会的发展，桑园围的耕种面积逐渐缩小，其历史与现实价值也不容小觑。

南海区西樵镇在改革开放后成长为"纺织之乡"和"面料名镇"，就是脱胎于桑园围发达的蚕桑业和缫丝业；南海区九江镇则凭借桑园围把淡水养殖业发展到高峰，成为闻名遐迩的"中国淡水鱼苗之乡"。

建设大湾区独具特色的文化节点

2020年，佛山桑园围入选国际灌溉排水委员会（ICID）评选的"世界灌溉工程遗产"名录，成为首个以基围水利灌排工程体系为主体的灌溉"世遗"。

2021年10月，佛山市正式印发《佛山桑园围世界灌溉工程遗产保护与利用规划（2020—2035年）》，提出按照"系统规划、功能优先、科学保护、合理利用"的总体原则，统筹推进灌溉工程遗产水利功能持续发挥和遗产资源保护、利用、发展。

推动建设历史厚重、文化突出、安全高效、和谐美丽的生态围区，扩大桑园围水利历史文化的海内外影响力，成为粤港澳大湾区独具特色的文化节点。

南海区也积极挖掘桑园围文化资源，活化利用文化遗产，让市民游客走进并重新认识桑园围。2022年3月，南海发布桑园围水脉规划。

记者了解到，此次桑园围水脉规划主要集中在南海区境内，南北贯穿丹灶、西樵、九江三镇，通达西、北两江，涉及沿线水脉58公里，规划面积16.29平方公里。

西樵麦村文澜书院曾是桑园围总局议事决策地点（资料图翻拍）

文旅规划是桑园围水脉规划的核心，项目计划打造8个生态公园、8条乡村振兴精品示范村、11个主题文旅场景、4段特色水上体验项目、1套游径体系。

佛山市还依托桑园围灌溉工程遗产，积极筹备建设桑园围博物馆、水情教育基地等。

目前，"松塘村—民乐窦—吉水窦—西樵山—烟桥何氏六世祖祠—下北石塘闸—探花桥—九江吴家大院"已被广东省文化和旅游厅列入广东省历史文化游径名单，正策划实施旅游保护开发。

地域撷珍

 访谈

这是"活着"的历史文化遗产

■ 李云鹏　中国水利水电科学研究院水利遗产保护重点实验室主任、中国水利学会水利史与水利遗产专委会秘书长

羊城晚报：佛山桑园围入选"世界灌溉工程遗产"的原因是什么？桑园围在中国的灌溉工程遗产中有哪些独特性？

李云鹏：佛山桑园围是大型滨海基围灌溉排水工程体系的典型代表，历史悠久，工程体系完备，功能效益十分显著，保存完好，而且至今仍在发挥作用，历史科技文化价值十分突出。因此能够在世界灌溉工程遗产申报评选中脱颖而出，成功入选。

桑园围灌溉工程遗产的历史遗存数量众多，类型丰富，是我国"世界灌溉工程遗产"项目中历史遗存最多的一项。

它不仅见证了佛山乃至珠三角地区水利与社会经济文化发展的历史脉络，还是唐宋以来中国东部经济区不断向南拓展和经济中心南移的重要历史见证。

对岭南地区的发展而言，桑园围的意义极其重大。它的建设营造了稳定、安全的生存环境，开启了珠三角地区大规模农业开发的历史，也孕育了社会经济转型和人口结构的深刻变化。

羊城晚报：具体来说，桑园围对于历史上珠三角地区的开发，特别是对古代佛山顺德、南海地区长期保持经济和文化的繁荣，发挥了哪些重要作用？

李云鹏：佛山桑园围兴建之前，所在区域的土地频受西江、北江洪水和海潮上溯的侵扰，人居环境、农田安全都得不到保障。

桑园围的建设，将洪水和咸潮阻挡在围堤之外，围堤上的窦闸因时因势启闭则可根据需要实现引排水的功能，围内密布的河涌水网则成为农田灌溉排水、城乡聚落引水排涝、水运交通的重要通道。

顺德、南海地区因此农田能够旱涝保收、鱼桑丰产，商贸也随之快速发展，城镇乡村安居乐业，文化不断繁荣。可以说桑园围是珠三角地区社会经济文化快速发展的里程碑，至今依然是南顺地区发展的基本保障。

羊城晚报：如何让桑园围遗产和文化在保护与发展中找到平衡点，您有什么好建议？

李云鹏：桑园围是依然在用的水利工程，是"活着"的历史文化遗产，要遵循可持续发展的理念，认识到水利遗产的保护与区域发展并不矛盾，如果处理好了则二者可以相互促进。

我认为，要严格有力实施《佛山桑园围世界灌溉工程遗产保护与利用规划（2020—2035年）》，基础是保护好古代水利工程与文化遗存，在城市化进程与水利、交通等基础设施建设中更加注重水利遗产的保护。

这要求我们以延续和发展古代水利工程的"生命"为核心，在保障桑园围水利功能持续发挥的同时，拓展提升其社会文化服务功能。

当代，传承桑园围文化是关键，要进一步挖掘和广泛宣传水利对区域社会经济文化发展不可替代的基础支撑作用，营造共同保护桑园围的社会氛围。

扫码看视频

延伸

桑园围"新工程"勇夺全国科学大会奖

2023年5月25日,广东省工业和信息化厅正式向位于佛山市顺德区龙江镇的甘竹滩洪潮发电站授予"广东省工业遗产"牌匾,这是此次佛山唯一获评省级工业遗产的项目。

甘竹滩是桑园围的重要节点,位于西江下游龙江左滩段通向北江支流甘竹溪的入口处,是广州经顺德往江门、肇庆等地的水上要冲,滩口狭窄,暗礁林立,水流湍急,"船过要沉,艇过要翻,鹩哥飞过要兜弯"。

这里自古水患多发,到20世纪70年代初仍未完全解决问题。

1971年1月,为化水害为水利,当时的广东顺德县委组织全县10

桑园围甘竹滩洪潮发电站

个公社、2个镇的7000多名青年民兵，齐聚甘竹滩建设发电站，大搞建设。

历经3年4个月的艰苦奋斗，1974年5月1日，我国第一座微水头发电站——甘竹滩洪潮发电站终于建成。

在那个缺少机器辅助的年代里，顺德人建起了当时全国发电水位最低的潮汐发电站，解决了当时邻近地区的发电、通航、防洪问题，荣获1978年全国科学大会奖。

目前，甘竹滩洪潮发电站已经全面停止发电，但"退役"后的它有了新的使命。

园区内，建有桑园围和龙江水利历史展示馆、顺德中心沟围垦工程历史展示馆、龙江历史文化展览馆等多个展馆，展出了众多充满历史厚重感的老旧物件，让前来参观的游客都能了解到甘竹滩、桑园围以及顺德中心沟围垦的历史文化，聆听顺德人民艰苦奋斗和攻坚克难的故事。

原载于2023年7月21日《羊城晚报》A6版

广东书院

岭南文史拾贝

○ 广州古城文脉绵延 书院林立蔚为壮观
○ 丰湖书院：西湖半壁涵书藏 师席传续誉古今
○ 梅州东山书院：梅岭英才钟此地 不辍弦歌蝶变新

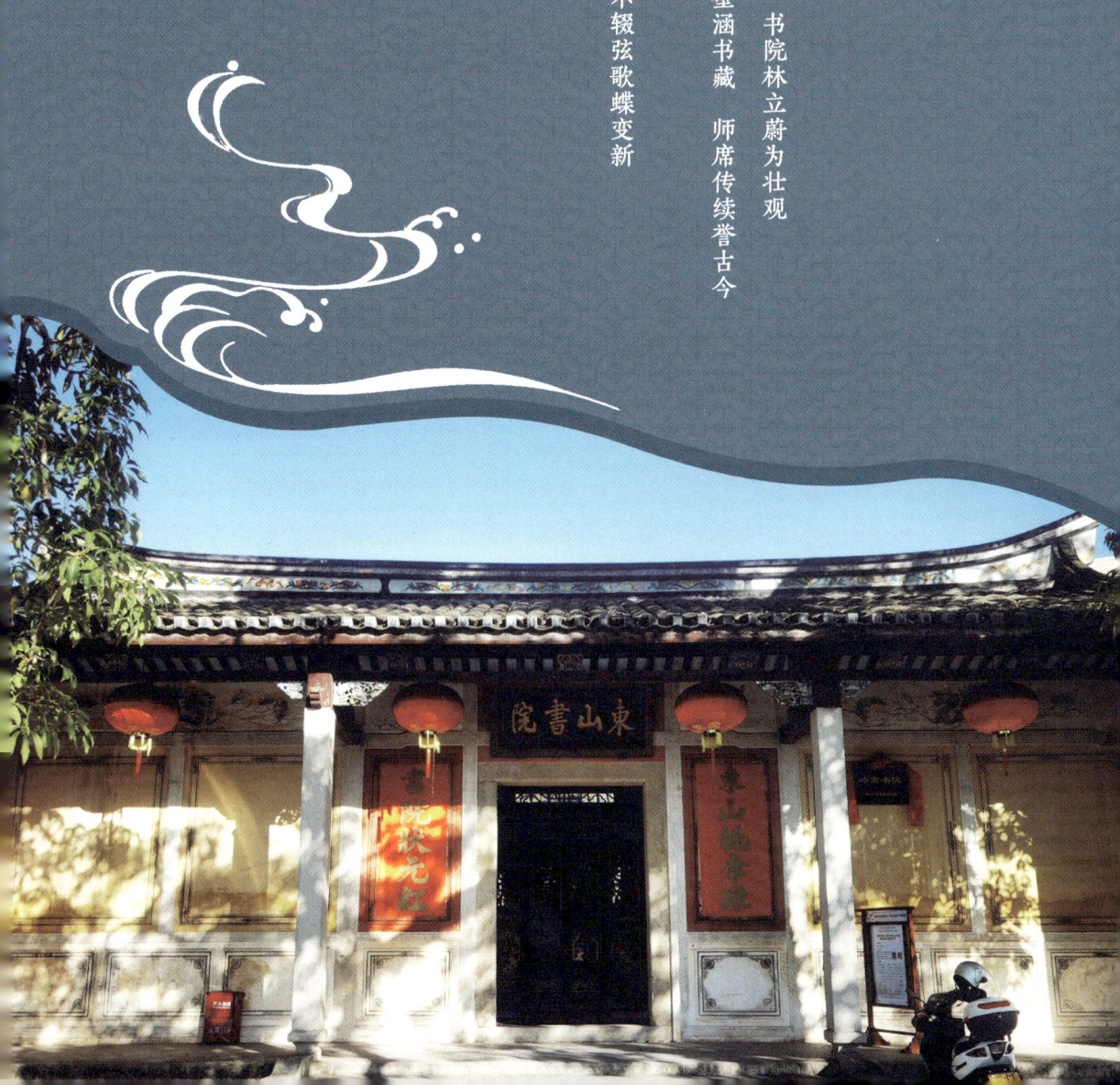

广州古城文脉绵延　书院林立蔚为壮观

文、图/羊城晚报记者　黄宙辉　实习生　宋骥才

建城2200多年的历史文化名城广州，文脉源远流长。广州地区盛极一时的古代书院文化，是文脉传承的独特载体，泽被后世。

广州书院有近千年历史，由南宋至清末，广州地区曾出现的书院数量众多，遍布羊城内外。

据广州市第四次文物普查及考古发现，广州现存历代学宫及遗址4处，历代书院及遗址20余处，历代书室、书舍、家塾等遗址280余处，历代宗族（祠）书院及遗址近20处。

200年前，在广州城制高点——越秀山及其周边，一批闻名全国的书院——学海堂、菊坡精舍、应元书院等陆续设立，成为明清以来南粤各地顶尖学子求学之地。如今，这里既是广州城市传统中轴线的起点，又是千年羊城文脉所系，成为历史文化名城广州的珍贵文化遗产。

肇始南宋，崇文重教

广州地区的书院始创于南宋，至清末已绵延700余年。《广州古书院》（广州市文化广电旅游局编，2022年）记载："据不完全统计，自南宋至清末，广州地区书院、书室、家塾及宗族（祠）书院至少有456所，创建或早或晚，规模有大有小，有学宫、官办书院、民办书院，有正统学校功能的书院，也有宗族（祠）性质的书院，还有兼具家族祠堂和学校功能的书室、书社、家塾、学堂等。"

南宋时期，程朱理学兴起，朱熹等大儒强调"格物致知""知行合一"的教育理念，倡导独立的学术探索。在这一学术思想的影响下，书院应运而生。广州地区的书院也由此兴起，"当时创建之动机，一方面为纪念被贬谪到这里的名儒，流风余韵，建书院以资敬仰；一方面为当时官吏或乡儒所亲手创建，用以讲学者"（刘伯骥：《广东书院制度沿革》，商务印书馆，1937年）。

此时，广州计有玉嵒、濂溪、禺山、菊坡、番山等数座书院。据广东文史学者、《广州传》作者叶曙明在《儒林芳草：广州书院史话》一书中记述，南宋宁宗嘉定十七年（1224）由番禺人梁百揆创办的禺山书院（位于今

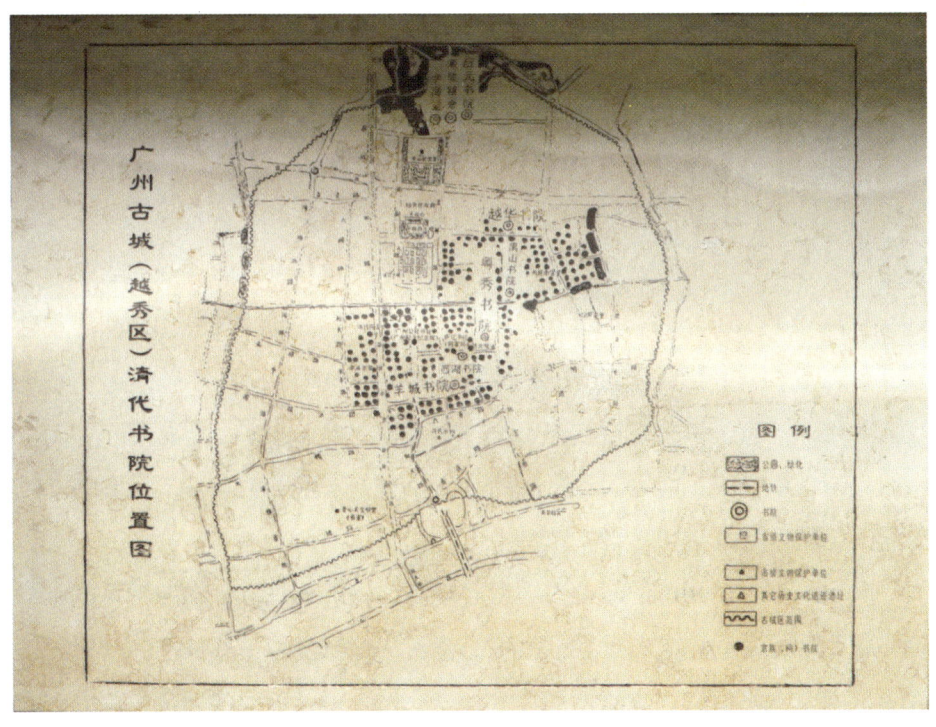

广州古城（越秀区）清代书院位置图

广州北京路城隍庙西侧），是广州历史上第一所有文字记载的书院，它还与其南数百米的广州府学、其东数百米的番禺学宫一起，形成了广州历史上最早的一个文教区。

在元明更替的战火中，广州地区教育机构也与全国其他地区一样，大多毁于战火，名存实亡。到明代，国家重视兴学育才，出现官立书院的形式，"知府知县莅临郡邑，多以创建书院为良吏政绩的表征"（刘伯骥：《广东书院制度沿革》）。府学、书院等蓬勃发展，无论城乡，多有建立。

岭南著名理学家陈献章、湛若水、黄佐等人纷纷立说讲学，创办书院。此时，广州计有崇正、明诚、晦翁、白沙、粤洲、莲花、白云、天关、甘泉等至少30座官办及民办书院。

清初政局未稳，一度在全国禁止创设书院。但随着政权渐趋稳定及皇权教化的需要，在清廷"赐帑千金"的支持下，书院在全国逐渐恢复。康熙至光绪年间，广州不断有书院建立，至鸦片战争前后盛极一时。其中有名的，包括番山、穗城、粤秀、越华、西湖、羊城、应元、增江、圣洲、羊石、文澜等官办与民办书院（《广州古书院》，广州市文化广电旅游局编）。

除了这些正规的公立私立书院外，清代广州城乡还有众多的宗族（祠）书院（或称"姓氏书院"），比较著名的有陈氏书院、何氏庐江书院、朱氏考亭书院、苏氏武功书院、梁氏青云书院等。它们实际上是各姓宗族在广州建立的合族祠，以书院命名。"原为本姓弟子应试居住及合族受屈讼事输粮往来暂寓"［《清介书院条款家塾同例》，清咸丰三年（1853）广州西湖路效文堂刊本］，可见其建立的目的与教育有相当关联。

此外，还有诸多分布城乡的家塾、书舍、书室、书塾、学堂等，亦属于宗族书院性质，虽不能等同于正规的公立及私立书院，但均具备较好的文教功能，与教育有着密切联系。

阮元、张之洞督粤期间，大力发展经济，在广州创办了学海堂、广雅书院等新式书院，培养了大批经世致用的精英，岭海文教蒸蒸日上，广州俨然成为全国学术之中心。这两处书院成为广东教育史乃至中国近代教育史上的亮点。

越秀城内，书院奇观

回看广州地区书院发展史，位于当今越秀区内的广州古城区（以下简称"越秀古城区"）古书院群占有极为重要的地位。

在明代，设在越秀古城区内的书院约有11间，包括创建于1437年的崇正书院、创建于1531年的白沙书院等。这些书院都名噪一时，其中尤以湛若水所建的天关书院最为著名，心学传人湛若水在此讲学，吸引了大批士子追随求学；而粤秀山（现称越秀山）附近又兴建了多间书院，为粤秀山在清代成为广东学术中心打下了基础。

《广州越秀古街巷》（广州市越秀区文联编，2013年）中记载："在清后叶，以广州府衙为中心，半径一公里范围内，集中了三所学宫、五所省级书院、一所府级书院、二所县级书院。还有在今大南路、大德路以北，解放路以东，文德路以西，中山四、五路两旁，大小马站、流水井一带云集的数百家以姓氏命名的书院、书室、家塾、家祠，街巷连片，书声相闻，形成高密度的古学校奇观。"

清代，广东各级官府都参与办学，越秀古城区内创办的书院规模愈来愈大，质量也愈来愈高。据学者统计，清代越秀古城区建立的书院（不包括宗族/祠书院）就有13间。

这些书院在广东书院发展史、学术史及教育史上均占有重要的地位。如省级的粤秀书院、越华书院与府级的羊城书

考亭书院旧址内的奎阁

越秀书院街街口

万木草堂（邱氏书室）

院并称"广东三大书院"，汇聚了数千人入读，精英荟萃，堪称清前期广东教育的重心所在。

而县级的西湖书院、禺山书院也不遑多让，竞相聘请名师授徒课业，成就者众多；其后在粤秀山的学海堂、菊坡精舍更是掀起了广东书院的改革风气，使广东书院趋于讲求实学，开创了晚清广东朴学兴起的新格局；加上只招举人肄业的应元书院的创办，粤秀山俨然成了广东的学术与文教中心。

越秀古城区借着区内书院的兴盛，聚集了大批优秀人才，刊刻了大量书籍，使之在清代成为广东的文化教育中心，在清中后期更是全国的学术中心之一。

这个地区还连带起文化产业的兴旺,各省的书商云集广州,在双门底(今北京路北段)、西湖街(今西湖路)、学院前(今书坊街、教育路南段)一带建起一个书坊群,有案可考的书坊达百余间,书铺鳞次栉比,在光绪初年达于极盛,使广东成为全国的刻书中心之一。

广东的藏书家如曾钊、丁日昌、伍崇曜、谭莹父子、潘仕成、孔广陶、邓实、黄节、叶恭绰等,声名鹊起,直接提升了岭南地区的文化地位,也可以视作古城区书院文化造就的文化产业。

越秀古城区书院更广泛的影响,还在于书院人才在晚清社会生活中所起的重要作用。书院教育的发达,使广州士子在乡试及会试中都取得了好成绩,入仕人数大量增加,在政治上的作用凸显。

如应元书院主讲何璟,曾官至两江总督兼办理通商事务大臣,后至闽浙总督;一代名臣、书法名家李文田官至侍读大学士兼工部右侍郎,也曾任应元书院主讲;"戊戌变法"的领袖康有为曾执教于万木草堂,梁启超曾入读学海堂、万木草堂等著名的广州书院。

修复改造,重获新生

随着清末全国学制改革的推行,越秀古城区书院相继停办,但也有不少书院改办为新式学堂。

青云书院

庐江书院

从民国到中华人民共和国成立后的数十年，书院基本不再承担教育功能，大多被改建成大杂院供人居住，有的改建为校舍，因拆迁、改造、征用而被毁弃的亦有，曾经著名的大小马站、流水井书院群落也逐渐没落。

进入21世纪之后，不少学者和文化界人士呼吁重视羊城古书院风貌，对其进行保护与活化。一方面可兴建古书院博物馆，保存部分历史记忆，另一方面可以借鉴书院教育模式，弘扬优秀传统文化。

随着近年来各级政府日益重视对广府文化核心地资源的保护，一些现存的羊城古书院获得新生。像清代广州四大书院之首的粤秀书院，原址位于现在的北京路越秀书院街，后于2013年在越秀公园内复建，成为广东省民政厅首家批复成立的书院。

此外，广州市政府于2006年开始对万木草堂进行腾空并对其进行修缮，目前万木草堂已被建成文化地标。而青云书院被越秀区政府修复后，有文化机构接手将其改为青云书院艺术馆，继续发扬该书院的办学精神，举办文化活动。庐江书院则变身为金融文化新阵地——岭南金融博物馆，最大限度保持其古建筑本身的特色。

2013年，广州市政府正式通过《广州市大小马站书院群保护与更新规划》方案，大小马站书院群地块拟打造成"广府文化书院街"，书院群将以全新面貌呈现。

2023年2月，广州市发改委印发的《广州市2023年重点建设项目计划》等文件中又明确，大小马站书院群保护项目分为两期，其中一期工程项目计划对位于教育路以东、大小马站路以西、南方剧院以北一带书院群进行修复建设，占地约1.5万平方米，建筑面积约1万平方米；二期工程项目位于中山五路以南、教育路以东、伍权里以北、小马站路以西，总用地面积9710平方米，对大小马站书院群进行改造。

保护古老书院，能唤醒广州历史文化名城的文化记忆，贯通文化的传承，让历史的沉淀变成广州文化自信的新名片。未来，越秀古城区书院群的保护与更新值得我们期待。

大小马站书院群遗址

 访谈

书院沉淀的无形遗产更为宝贵

■ 梁凤莲　广州市社科院岭南文化研究中心主任、一级作家

羊城晚报：在您看来，广州古书院对于岭南的文化教育以及文脉的传承，具有哪些积极作用？

梁凤莲：书院在古代文化史上发挥的作用主要有两个：一是思想传播，二是应试教育。

从思想传播的角度来说，书院的发展与岭南学术风气的树立基本上是同步的。古代书院传播思想的途径有三个：一为祀贤，二为讲学，三为藏书。从宋代开始，岭南学术大厦完成奠基，明代南海人郭棐在《粤大记》中将冯元、王大宝、余靖、崔与之、李昴英、郭阊列为宋代岭南六先生，赞叹六先生"真五岭间气之钟灵，百代士林之仪表"。

宋之后到清，岭南学术风气清朗、大师辈出。但是，仅仅有大师，并不能惠及大众。大师与大众之间，需要一座桥梁，才能将大师的知识、思想传播给大众。百年树人，在过去，书院就是桥梁。

明朝，岭南书院在思想传播方面达到一个高峰，以湛若水等为代表。屈大均在《广东新语》中归纳，湛若水一生建书院23所。《明史》说他"平生足迹所至，必建书院以祀白沙"，用来传播陈献章的白沙之学。南海人霍韬、方献夫也一样，出为名臣，入为名士，众多理学名儒在赢得自己学、仕两方面成就的同时，也成全了岭南学术独树一帜的盛誉。

羊城晚报：如今，广州古书院大多难寻踪迹，只留存在文字档案里。在新时代，我们应该怎样发挥古书院的作用？

梁凤莲：书院的消失是社会进步的产物、时代发展的需要。我们回顾过往，在看到其历史价值的同时，也要一分为二客观分析书院存在的历史局限性。

书院文化遗产可以分为无形遗产和有形遗产两种，其中无形遗产包括制度遗产、观念遗产、习俗遗产，有形遗产包括文献遗产、文物遗存等。相比有形遗产，书院在千百年演变中沉淀下来的无形遗产更为宝贵，其尊师重教的优良传统、修身齐家的道德情怀、好学求知的人生态度才是值得永久延续下去的。

羊城晚报：您曾建议，在广州各区保护、传承文脉，比如在越秀区等地打造书院街、书院群落等。具体来说要如何操作？

梁凤莲：是否有必要和有可能打造书院街，要看区域内是否拥有相应的文化遗产。传承性保护、创新性发展文化遗产的路径是实现文商旅融合。

国内其他城市在利用科举文化、书院文化方面已经取得了不错的成绩。像南京夫子庙拥有全国规模最大的江南贡院，建立了中国科举博物馆，是文商旅融合的经典范例。其具有艺术欣赏、历史溯源、科学研究、教育推广等多重功能，已经成为城市公共文化服务和商业旅游发展的有效载体。

同样，广州也拥有丰富的书院文化遗产。我们可以从文商旅融合的立场出发，将书院遗址打造为集展示、研究、教学、交流、旅游等功能于一体的复合型景点，将有利于城市文脉的传承、文化认同的实现。

扫码看视频

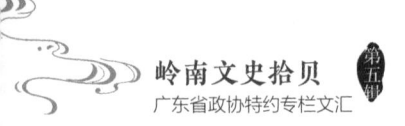

延伸

推进广州中轴线申报世界文化遗产

2023年,广州市政府工作报告首次提出"推进广州中轴线申报世界文化遗产"。

早在2022年下半年,广州市档案馆、南越王博物院就接连举办了广州传统中轴线相关展览,带观众领略广州城市传统中轴线的历史文化与2200多年的建城历史。

相关政策也进一步规范。2022年3月,《广州市传统中轴线(近代)历史文化街区保护利用规划修编(2021—2035年)》公示,其中要求,在建设控制地带内进行新扩改建活动的,建筑高度应控制在18米以内,且体量、色彩、材质等应与街区历史风貌相协调。

2023年3月,广州市文化广电旅游局副局长、文物局局长刘晓明介绍,当前,广州已设立工作领导小组和办公室等工作机构,有序开展遗产地点规划、价值研究、调研评估等工作,初步明确广州传统中轴线的申遗路线。在此基础上,广州争取加快进入中国世界遗产的预备名单。

广州有众多古书院处于广州城市传统中轴线范围内或周边,它们身上的岁月痕迹以及承载的历史文化也正可为广州城市传统中轴线的申遗添砖加瓦。

原载于2023年4月7日《羊城晚报》A7版

丰湖书院：
西湖半壁涵书藏　师席传续誉古今

文、图/羊城晚报记者　孙磊　实习生　吴依桐（除署名外）

　　书院，作为中国传统儒家传道授业解惑的"大学"之地，历经千年，遍及华夏。

　　岭南书院肇始于宋代的广州、惠州、河源等地，仅宋代就有41所，在全国书院数量中占比超五分之一；明代广东的书院总数跃居全国第三；晚清时，岭南书院数量更是一度位居全国首位。

　　在源远流长的中国文化与教育史中，岭南书院占有重要位置，岭南文化的绵延不绝也得益于书院文化的发展与繁盛。位于惠州西湖之畔、有着700余年历史的丰湖书院，是其中一颗璀璨明珠。它自南宋建院伊始，即跻身广东四大书院之列，成为岭南地区传播程朱理学的中心地之一。

　　以传承儒学、传道授业为己任的丰湖书院，培育了一代代贤人志士。梁鼎芬任书院山长期间创建的丰湖书藏，更是为现代图书馆的管理提供了范本，使其成为中国最早拥有近代图书馆的书院之一。

　　近年来，许多传承数百年、上千年的老书院得以整修和复原。绵延数百年、几经兴废的丰湖书院，也迎来全新的改造升级，不仅在园林建筑上再现了当年的历史文化风貌，还开设了博览馆，全面立体地展示了中国书院的历史源流和文化菁华。

丰湖书院航拍图(受访者供图)

理学摇篮

"人文古邹鲁,山水小蓬瀛。"惠州西湖湖畔,扶疏绿叶之间虚掩着古官式建筑,粉墙黛瓦,古朴素雅,这里便是惠州文脉的发祥地——丰湖书院。

书院内,园林观景、亭台榭阁俱全,四周回廊相接,环境清幽。登上留云亭,临楼远眺,对岸的泗州塔、苏公堤遥相呼应,浮碧洲苍翠欲滴,半壁西湖美景尽收眼底。

丰湖书院始建于南宋宝祐二年(1254),初名"聚贤堂",后经惠州太守刘克刚改建为"丰湖书院",书院格局至此成型,惠州文风大振,名儒辈出。

据广东省民俗文化研究会理事、惠州民俗学者林慧文介绍,丰湖书院的前身是为纪念陈偁、苏轼等12位名儒而设立的"十二先生祠",通过祭祀先贤,体现对儒家文化道统的尊崇和继承。

"祭祀先贤是宋代广东书院发展的主流,不仅为广东书院文化注入了岭北学术渊源,还向书院所在地区的文化发展进行辐射。"华南师范大学政治与公共管理学院教授王建军说,"刘克刚当时建丰湖书院,就是为了祭祀著名理学家罗从彦,并聘州学教授郑济甫兼首任山长,使书院具有了祭祀及讲学功能。"

在罗从彦的推动下,罗浮山成为岭南学术中心。宋代广东有书院41所,其中惠州就有11所,仅次于广州。著名学者刘伯骥在《广东书院制度沿革》中提出:"广东在宋代的学术中心地在罗浮。"

林慧文介绍,创建之初的丰湖书院,既是程朱理学的传承者,又有考订经史百家的学术研究功能。《惠州府志》载曰:"惠人始知伊洛之学。"

所谓"伊洛之学",是北宋理学家程颢和程颐所创的儒学学派,后朱熹把二程理学发展成为程朱理学,丰湖书院首任山长郑济甫也是南宋时期著名的理学大师。

宋代书院兴起主要是传播理学思想的需要,理学家们也借助这个平台开展研究与授徒,推动书院这种有别于官学的教育机构兴盛起来。到了明代,随着广东名儒陈献章、湛若水、薛侃等人的崛起,儒学在岭南获得新的诠释,广东的书院建设也因广东本土学术精英的竞相讲学而得以长足发展。

明代,广东书院的总数达168所,仅次于江西、浙江,位居全国第三。清朝广东书院进一步发展,至晚清时更是达到了高峰。历代文人学者开馆课徒、薪火相传,才有了明、清时岭南士风提振、地域文化日益彰显的盛况。

丰湖书院旧貌图(受访者供图)

名师栽培

在长达700余年的岁月里，丰湖书院屡有兴废，始终坚持培养人才，文脉延绵不绝。特别是清朝，丰湖书院的发展更是上了一个新台阶。

清嘉庆五年（1800），惠州知府伊秉绶着手重建丰湖书院，扩房舍，邀名师，招收优秀生员，悉心教导，还聘请岭南名士宋湘出任山长，使书院进入"从者云集，人竞向学"的繁盛期，丰湖书院一跃成为广东最著名的书院之一。

被誉为"岭南第一才子"的宋湘有着先进的教育思想，在他看来，好的文章就是"写我心"，学子不能只会写八股文。任山长期间，宋湘常与伊秉绶召集生员，同堂讲论至深夜。

在丰湖书院主讲期间，宋湘留下大量著作、楹联和书迹，其代表作《丰湖漫草》《丰湖续草》便是在此间创作的。离任时，他登上书院的澄观楼，题壁一首《五别诗》。今天，这些名句碑刻都被陈列在书院主体建筑内的两旁厢廊，供游客欣赏。

时任惠州知府伊秉绶为书院题"敦重"二字，作为书院的院训。如今"敦重"石刻拓片立于书院内

丰湖书院博览馆内展区

据惠州市旅游发展促进中心工作人员梁艳阳介绍，丰湖书院自南宋首任山长郑济甫之后，可考的山长有46人，仅次于岳麓书院（55人），是中国书院史上师席传承最为完整的书院之一，已成为研究中国书院山长文化的珍贵样本。特别是伊秉绶重建丰湖书院后，历任山长多为两榜进士，不少还跻身翰林，官居显要。

在名师栽培下，丰湖书院培养了一大批才人俊杰，先后走出了江逢辰、李绮青、许寿田等"丰湖十子"。在风起云涌的辛亥年，丰湖书院（时改为惠州府中学堂）又为广东辛亥革命、惠州光复培养了大批人才，青年学子投身时代大潮中。

如今，走进丰湖书院，步入新开设的博览馆展区，砚台、笔架、墨盘、青花油盏等古代学子的读书用具在玻璃展柜内一字排开，静候游人。行走其间，琅琅书声犹在耳边。

丰湖书藏

丰湖书藏是中国书院图书馆发展史上的一座丰碑。清光绪十二年（1886），受两广总督张之洞聘请，梁鼎芬出任丰湖书院山长，其间创建了丰湖书藏，还设立借书规章制度，鼓励生员看书、读书，风气一振。

梁鼎芬的一生与粤地多座著名书院结缘：启蒙授业于学海堂，主理丰湖、端溪两大书院，主讲广雅书院。梁鼎芬受惠于粤地书院，又反哺书院，推动书院制度改革，丰湖就是他书院梦、藏书梦开始的地方。

初到丰湖，梁鼎芬发现书院里藏书匮乏，于是"走简名流，投书贤吏"，很快就收到捐书46000余册，藏书数量最多时达10万册，一度执广东各大书院之牛耳。藏书品类也大幅增加。惠州也因此成为全国现存山水志书最多的城市，有历代《罗浮山志》《惠州西湖志》等山水志书近20种，其中不少皆来自丰湖书藏。

梁鼎芬不独厚古人而薄今人，他主张读书不唯训诂之学，鼓励学生们阅读时文时书，乃至工艺"杂书"。如今，惠州市图书馆内还保存着两本丰湖书院藏书——《陶渊明文集卷第四》《桐荫论画二编目录上卷》，后者是清道光时期收藏家秦祖永所作的书画艺术点评类书籍，并非传统科考书目，可以此一窥当年丰湖藏书的多样。

为管理并发挥书藏之效用，梁鼎芬订立图书管理制度，名为《丰湖书藏四约》，其他书院也相继效仿。所谓四约，即"藏书约、借书约、捐书约、守书约"。其中，"捐书约"的社会贡献尤为突出，这让许多书籍从各家私有变为公有。

丰湖书院藏书楼

丰湖书院藏书楼内景

《丰湖书藏四约》计有56条，对藏书管理详作规约，是清代藏书规章中条目最为详备的管理条文，说明其已具近现代图书馆管理制度之雏形。丰湖书藏也成为广东最早的近代图书馆之一，开了中国传统藏书楼向近代图书馆转变的先河。

近年来，丰湖书院藏书楼重新对市民开放。藏书楼目前藏书1600多册，收藏了《西湖志》《惠州府志》等方志书籍以及丰湖书院山长、学生的作品集等，另有部分古籍保存在惠州市慈云图书馆中。今人品读这些历经数百年的文字与墨香，仍能感受到昔日丰湖书藏的辉煌。

赓续文脉

历经近千年变迁，丰湖书院现位于惠州西湖丰湖岛内，经重新规划建设，已根据历史原貌基本恢复重建了丰湖书院门楼、藏书楼、澄观楼等历史建筑和其他人文景点，增建了书院景点建筑群。

丰湖书院优美的园林建筑和人文景观得益于清代惠州知府王煐的巧思。书院原址在惠州银岗岭，清康熙年间，王瑛重建丰湖书院于西湖湖畔的沁园（即现址），此处三面环水，毗邻西湖，素有名园美誉。"尽拓窗三面，

丰湖书院新建门楼上的楹联"人文古邹鲁，山水小蓬瀛"为时任书院山长宋湘所撰写

平收水一湾。验荷知鸭睡，窥石认星还。"一座孕育于山水之间的书院由此而起。

近年来，随着中国传统文化的逐渐回归和复兴，书院文化又重新回到了大众视野，不少书院得以整修和复原。2021年，广东省委、省政府将岭南书院建设工作列入广东省十件民生实事，并制定了《打造岭南书院工作方案》，惠州丰湖书院被列为全省重点打造的十个岭南书院之一。

2022年11月，丰湖书院博览馆正式揭幕。作为专题博览馆，这里将传统书院和现代博览馆有机结合在一起，开设中国书院、惠州书院、丰湖书院和丰湖书藏四个展区，共展出文物63件、各类展品80余件。博览馆运用现代技术配套多媒体互动体验区，模拟体验课堂复原昔日丰湖书院上课的情景。

丰湖书院博览馆挂牌后，同时具备讲学、阅读、捐书等功能，将开展文化交流、学术研讨等系列活动，并持续打造学术高地、最美古籍图书馆等。

记者在现场看到，不少游客纷纷拍照"打卡"，这座有着百年历史的书院俨然成了最新的"网红打卡地"，从当初严肃庄重的文化教育场所，蝶变为亲民的公共文化空间。

访谈

岭南文化的独有个性成就广东书院

■王建军　华南师范大学政治与公共管理学院教授

羊城晚报：广东书院的发展大致经过哪几个阶段，有何特色？

王建军：书院是中国古代重要的教育组织，它重在"自由研讨学问，注重身心修养"。与当时官学重在科举的宗旨不同，书院通过祭祀与讲学传播学术、传播文化、培养人才，对地方教育的发展发挥了重要作用。

两宋时期，一批理学家在广东任职，如周敦颐、罗从彦等，还有一批贬谪岭南的名宦学者，如唐代的韩愈、宋代的苏轼等。他们在广东传播学术，为广东人民做了实事，因此广东地方官员兴办书院纪念他们，进一步促进了中原文化在广东的传播。

明朝，随着广东名儒陈献章、湛若水、薛侃等人的崛起，儒学在岭南获得新的诠释，广东书院进入大发展阶段，总数达168所，仅次于江西、浙江，在全国位居第三。

清朝，广东书院的发展走向成熟期。此时广东书院不但数量扩大，规模也不断扩大。据相关史料记载：粤秀书院和越华书院学员最多时曾达到320多人，广雅书院亦收两广学生各百，规模甚为可观。

清代岭南地区书院数量已经领先全国。更重要的是，格致之学以及与西学有着密切关系的"杂学"也成为教学中不可忽视的部分，为国人开眼看世界提供了一定的知识和观念储备。

羊城晚报：广东书院对岭南文化的发展有着怎样的意义？其中丰湖书院起到了怎样的作用？

王建军：广东书院近800年的发展，由弱渐强，受到中原主流文化影响，但岭南文化的独有个性才是促成广东书院文化生成的真正因素。

宋元时期，广东书院分别以周敦颐、苏轼、韩愈、罗从彦、张九龄等为祭祀对象，表现出鲜明的不定于一尊的包容性，为广东书院文化的个性发展留置了相当的空间；明代，陈献章、湛若水这样的本土学术精英脱颖而出，推动广东书院地位在全国有效提升；清代两广总督阮元创办学海堂，后有张之洞创办广雅书院，传统士大夫的书院理想在岭南大放异彩；到晚清，广州的书院更是新旧并存，转型在望。广东书院的发展历史是国家主流教育机制与地方文化个性碰撞、交融的历史，也是广东书院文化个性形成的历史。

历史上，丰湖书院虽几经沉浮，但为惠州、广东乃至全国培养了大量优秀人才。古时民间学习的地方主要有两种：一是书院，二是学宫。书院更加推崇创新、价值导向以及文化氛围的渲染。这也营造了后来惠州走出廖仲恺、叶挺等革命进步人士的文化氛围，为岭南文化增彩。

羊城晚报：书院文化在今天有着怎样的教育意义和文化意义？

王建军：书院文化是中国传统文化的一个重要方面，对中华文明的延续与发展，尤其是对传统人文教育理想的追求作出了重要贡献。书院在人文教育和学术追求等方面始终保持其独立、兼容、批判的精神内核，这也最终成为中国传统文化的养分。这些都是我们应该发扬光大的。

扫码看视频

延伸

湛若水：所到之处皆建书院

岭南地区书院兴盛，可以说，湛若水的功劳甚大。湛若水生活的明代正德、嘉靖年间是广东书院极盛时期，新建80余所，而他一人撑起的书院就占到四分之一。

广州增城明代莲花书院遗址（羊城晚报记者 邓勃 摄）

29岁时，湛若水成为岭南心学开创者陈献章的门生，悟出"随处体认天理"，被认定为白沙心学的正宗传人。据统计，湛若水一生所建的书院遍布七省，由湛若水直接创立的书院有近30所，若再加上弟子门人为他而建且他曾去讲学的，总计超过35所。其中，广东地区就有22所，仅罗浮山上就有3所，分别是朱明书院、青霞书院与天华精舍。

自40岁至95岁高龄谢世，湛若水几乎无日不讲学，无日不授徒。湛若水有一首《四居吟》，描述自己晚年春居罗浮山朱明书院、夏至西樵山大科书院、秋来广州天关书院、冬住增城甘泉书院的讲学生活："罗浮春花发，西樵夏木蕃。天关秋水清，甘泉冬背寒。"

2016年，考古工作者在增城南香山东南麓的半山腰挖掘出湛若水在家乡所建的莲花书院遗址。该遗址被誉为"2018年南粤古驿道文物重大发现"，是这位岭南教育家创办的书院中目前唯一经过考古发掘且保存完整的。2021年底，莲花书院遗址保护项目竣工后，已重新向公众开放。

原载于2023年3月3日《羊城晚报》A11版

梅州东山书院：
梅岭英才钟此地　不辍弦歌蝶变新

文、图/羊城晚报记者　黎存根　实习生　肖佳妮

在梅州市区周溪水与梅江交汇处，走过历经沧桑的状元桥，就来到了历史悠久的东山书院门前，继续前行则是广东梅县东山中学（以下简称"东山中学"）的校园。

近300年来，这里成为不少梅州学子人生中"学无止境，追求卓越"的一段必经之途。

东山书院始建于清乾隆十一年（1746），是清代梅州最高学府，当代全国重点名校东山中学的前身。厚重的门墙青瓦诉说着历史的沧桑，传承着延绵千年的客家文脉，也是梅州人文教育发展史的缩影。

从古老书院到现代中学，这里英才辈出，弦歌不绝。

今天的东山书院位列省级重点打造的广东十大岭南书院之一，正从文保单位向文化品牌、文化空间转变，日益成为梅州市民引以为傲的"金色名片"，为岭南文化传承发展守住底色、注入亮色而不懈努力。

传统：崇文重教，几番科举折桂

自宋代以来，梅州就以崇文重教、文风昌盛闻名，民间俗话说"有田要养猪，有儿要读书"。这里私塾、学堂遍及城乡，有"十室之邑必有一校"

东山书院正门

之说。

在科举时代,梅县(包括梅江区)参加童试、乡试和殿试,考取秀才、举人、进士的人数众多。据《广东通志》《光绪嘉应州志》《采芹录》等资料统计,从宋代至清代,经会试、殿试考取进士的有109名(其中翰林21名),明通进士10名,另有梅县寄籍外地的考取进士8名。

众多士子蟾宫折桂,他们的身后是当地星罗棋布的书院和私塾。在客家人的教育体系中,在私塾接受了初级教育之后,有志读书者便会进入更高层次的书院学习,因此书院的地位举足轻重。

据相关资料记载,仅清乾隆年间梅州境内就建有9所书院,至清末废科举前,据不完全统计,梅州已有书院24所、义学14所、社学20所、官学4所,私塾遍及城乡,而其中最具代表性的当数创建于清乾隆十一年(1746)的东山书院,也是当时梅州官立最高学府。

缘起:状元桥前,后起东山书院

在状元桥畔,这座既有客家传统建筑特色,又存四合院遗风的古建筑,正是梅州保存最完整的古书院——东山书院,也是我国客家地区规格最高的重檐歇山顶式书院建筑，被列为广东省文物保护单位。

东山书院坐东朝西，占地1642平方米，由大门楼、前堂、中堂、后进组成，是典型的三进两横建筑结构。整个书院以魁星阁为中轴对称，具有客家方形围龙屋的结构，被誉为研究客家古代书院式建筑及其教育制度的活化石。

而院前的状元桥可追溯的历史要更加悠久，据考证宋代已存，其名寄托了客家人渴望早日出状元、提振士风的美好愿景。据记载，清乾隆九年（1744），王者辅调任嘉应知州（嘉应为梅州古称），不久将状元桥重修改建为下辟双孔的石拱桥，一直沿用至今。

王者辅良政善治，有感于本地尚未出现状元文魁，遂在乾隆十一年（1746）做出决定，倡议"先修书院，延请名师，名师出高徒，高徒逐状元"。

据现任梅州市岭南书院（东山书院）院长李月云介绍，当时王知州的倡议一出，就得到了当地客家人的大力支持，书院很快落成。"这不仅是因为王者辅以往的政绩，更是因为客家人一向都很重视教育。"李月云表示。

全盛：初步云梯，此地人文称冠

王者辅将书院命名为东山书院，并以"东山培国栋，书院育人才"为宗旨，让客家人的求学之路更为宽广。书院创办当年，便有了第一个考上国子监的学生钟许，王者辅为之题写"初步云梯"匾额，如今仍高悬于东山书院正堂。

近代攀桂坊诗人黄荇鹗有《晚宿东山书院》诗："梧桐庭院石桥东，绛帐人人效马融。梅岭英才钟此地，书声夜噪鲁灵宫。"这也是时人对清末东山书院人文兴盛、应者如云的印象。

东山书院深耕于此方人文沃土，萧系闳、萧廷发、黄仲安等宿儒先后出任山长。如今书院天井两侧走廊的展框内，挂着晚清重臣张之洞为东山书院主讲黄莘田生日撰写的《寿序》一文。

黄莘田是清同治二年（1863）癸亥恩科进士黄基的父亲，黄遵宪的堂叔祖。黄基与张之洞为同科进士，有同年之谊，当年的探花张之洞亲自撰文，敬贺毕生致力教育的黄莘田。

曾任礼部主事的黄基也曾长期主讲东山书院，如今大门上的"东山书院"牌匾正是黄基所题写。其时，东山书院学子的主要课艺是八股文和策论。

东山书院"初步云梯"匾

经历多代学识高深广博的儒家学者潜心执教，东山书院共培养出100多名进士、700多位举人，是古代梅州文教兴盛的浓缩。清状元吴鸿督学广东，曾盛赞梅州"人文为岭南冠"。当代，郭沫若亦赋诗赞之"文物由来第一流"。

转身：名家接力，创办新式师范

同治年间，东山书院毁于战火，后来重修。随着清末新政到来，清政府颁布《钦定学堂章程》，宣布要逐步废除科举制度，东山书院面临着何去何从的问题。

此时，晚清著名外交官、维新思想家、爱国诗人、被誉为"近代中国走向世界第一人"的黄遵宪，在戊戌变法失败后被革职回到家乡梅州，决意探索教育救国实践。当时各地纷纷兴办新学，他敏锐地发现师资短缺是迫在眉睫的问题，遂决定在东山书院创办一所初等师范学堂。

光绪二十九年（1903），东山书院改名为"东山初级师范学堂"。这是梅州兴办的第一所师范学校，也是近代中国最早创办的民办师范学校之一。

为容纳更多学生，1904年黄遵宪筹资对东山书院进行大规模重建。他主张"以新学求切用，以专门定趋向，以分科求促进，以自治为精神"，先后选派杨徽五、黄之骏、黄遵庚、黄季伟、黄延豫等人赴日本学速成师范，第二年回国后筹备开学。

遗憾的是当东山初级师范学堂建成，黄遵宪却已于1905年春逝世，他的挚友、爱国志士丘逢甲代为主持招生。当年，120名新生通过考试，成

距离东山书院不远的黄遵宪故居

为初级师范学堂的第一批学生。东山初级师范学堂学制一年，课程有修身、读经讲经、中国文学、教育学、历史、地理、算学、博物、物理、化学、习字、图画、体操13科。

"1903年至1912年底，是东山书院的第二个发展时期。这时的师范学堂为梅州培养了许多杰出人才，尤其是教育界的人才。"李月云感慨地说，梅州盛产"教书先生"，与黄遵宪当时的贡献密不可分。

历史悠久的东山书院在黄、丘两位先生的教育改革下重新焕发生机，此番带动下，梅县还兴办起数百所小学、十余所中学，志在培养拥有"爱国"之德、"理化实业各科"之智和"尚武"之体的客家学子，充实光大近代客家文化。

焕彩：少年精英，种下红色基因

东山书院不仅是近代人才培养的沃土，还是传播革命火种、进步思想的摇篮，是梅州重要的红色革命遗址所在。

1912年，东山初级师范学堂与务本中学堂、嘉属官立中学堂、梅东中学堂四校合一，改名为公立梅州中学，东山书院原址停止使用。1913年，在地方进步人士和海外华侨支持下，县议会批准在东山书院旧址成立私立东山中学，由此揭开了这所古老书院新的焕彩篇章。

东山书院二楼曾是私立东山中学学生自治会所在

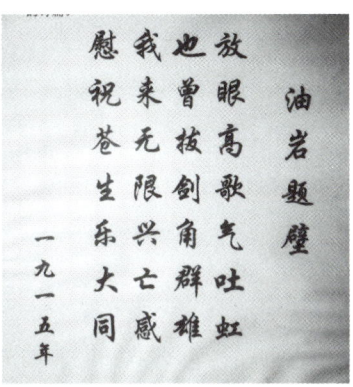
叶剑英元帅《油岩题壁》诗句

1913年至1915年，叶剑英在东山书院度过了青少年时期的求学时光，他在此阅读进步报刊，确立了求学报国的宏愿。学校成立学生自治会，叶剑英因组织能力和威信突出，被推选为首任会长，并连任两届。

叶剑英亲自起草，为学生自治会制定章规："今日之学生，即将来之公民。学校所以养成有用人才，为将来利国福民。故学生在校，即当锻炼其身心，增进其学识，以实利为归。非从前之学究之熟读书本，博取无谓之功名而已。"这成为后来东山中学的办学宗旨。

1925年，时任东征军政治部主任周恩来率东征军到梅县，对当地教育事业大加夸赞："梅县教育尤为普及，即至贫之家亦令其子弟入学，全县不识字者极少数，亦梅县之特色。"他还亲临东山中学作关于中国革命问题的演讲，激励学生："我们要团结起来争取独立自主，你们青年学生是国家未来的主人，应该好好学习，天下兴亡，匹夫有责。"

东山中学在长期的革命启蒙和斗争中形成了光荣的革命传统。1926年4月，中国共产党东山中学党支部成立，这里也成为梅县最早建立中国共产党党团组织和开展活动的中学之一。

活化：新型空间，传承客家文脉

2008年11月18日，东山书院被广东省人民政府公布为第五批广东省文物保护单位。2021年，广东省委宣传部又将东山书院列为全省重点打造的广东十大岭南书院之一。2023年5月，东山书院入选广东第二批革命文物名录。

记者走进今日东山书院，四壁回廊遍布名家题刻和各类文物，笔墨书香充溢其间。如今，东山书院全年无休对市民游客免费开放。

李月云表示，这里不仅是可以游览的景点，还是一个公共文化平台，主客共享的城市文化客厅，"我们希望梅州市岭南书院（东山书院）不仅是东山师生的书院，还是梅州所有市民游客共同的文化家园，让'我们的书院'成为本地文化的橱窗和客厅，向各方客人展现梅州的文化自豪"。

目前，梅州市岭南书院（东山书院）的建设秉承"修旧如旧"原则"微改造"，立足书院功能定位，对东山书院建筑本体进行保护性改造提升，着力打造了"一馆一堂四区八室"，新增了数千册藏书，并配备了多媒体、桌椅等设备设施。

在今日梅州，这座古书院已焕发新生，成为集学习、交流、培训、收藏、展陈、科普、文创和手作等功能于一体的新型文化活动空间，具有鲜明的岭南文化特色。随着丰富的教育文化活动频频落地举办，这所百年书院不仅"活"了起来，也"火"了起来。

目前，东山书院正在积极探索打造一系列书院活动品牌。李月云告诉记者，东山书院精准对焦群众精神文化需求，围绕"立志、立德、立功、立言"等主题，开设红色讲堂、道德讲堂、客商讲堂、名家讲堂，组织开展"四史"宣传教育，弘扬中华优秀传统文化，让市民、游客在此领略更优质的文化服务。

访谈

焕发百年书院新活力

■黄淼章　广东省政协文化文史研究专员、广东省文史研究馆馆员

羊城晚报：为什么在有着崇文重教传统的梅州，直到清代乾隆年间才广泛创建了东山书院等有影响的教育机构？

黄淼章：传统书院为中国古代教育组织和学术研究之地，是传承历史文脉，蕴涵优秀文化传统的重要载体。梅州第一间书院开办于宋代，由刘安世（号元城）所创，故名"元城书院"。

由于梅州地处粤东山区，人多地少，导致古代梅州经济落后，客家人生活艰难，因此梅州书院的创建相对珠三角较晚。

但客家人系从中原南渡而来，延续着耕读传家的传统，客家文脉绵延，缕缕书香不断。读书是客家人谋生最为重要的手段之一，他们可以通过科举考试考取功名，到外地去做官，从而解决本地资源不足的难题。

到了清代，随着客家地区经济发展，梅州书院林立，还有官学、义学、社学等，私塾遍及城乡，兴学育才蔚然成风。清代梅县是华侨之乡，华侨一贯关心家乡的发展，也很重视家乡的文化教育，因此梅县成为广东五个科举发达县之一，东山书院的建设发展恰逢其时。

羊城晚报：为什么在不到300年间，东山书院能为梅州、广东乃至全国培养出许多杰出人才，甚至对中国历史发展影响深远？

黄淼章：客家人崇文重教，东山书院在其中起了非常重要的作用。到了清代晚期，梅州书院文化逐渐融入了社会发展潮流，承担起推动梅州教育走向近代化的责任。

清末新政推行教育改革，黄遵宪筹资对东山书院进行大规模重建。正是通过黄遵宪的改革，东山书院在转型中焕发了生机，由一个传统的儒学教育场所蝶变为近现代教育的助推地，让梅州成为岭南的人文荟萃之地，对

推动客家文化传承、传播岭南文化、培养经世安邦的杰出人才发挥了重要的作用。

辛亥革命以来，梅州走出了540多位将军、340多名大学校长（院长）、30多位院士，盛产"教书先生"，这与黄遵宪等人开风气之先的贡献密不可分。

羊城晚报：您认为当下应该如何发展建设和利用好东山书院这一独特的文化平台？

黄淼章：东山书院历经百年风雨沧桑，整体建筑风貌完整地保留下来，风采犹存，本身就是一个奇迹。作为省级文保单位，应进一步做好书院的文物保护和利用工作。

东山书院被列为广东省重点打造的广东十大岭南书院之一，迎来了千载难逢的新机遇。要努力发掘东山书院深邃的文化教育资源，通过不断地探索和实践，总结出一套兼具传统书院教育与现代教育之间的人才培养模式。

当下，还有多种方式活化东山书院。例如，持续开展包含院校合作、文物展览、研学、书香节、特色品牌等活动，举办面向不同社会群体的文化教育活动，深度开发文化创意产品……古老的东山书院存续至今，它完全有条件被建设为最具特色的客家文化教育景点，成为客都梅州亮丽的文化名片。

扫码看视频

延伸

丘逢甲对广东教育贡献良多

近代爱国先驱、抗日志士丘逢甲生于福建省台湾府淡水厅双峰山区（今台湾苗栗县），祖籍在广东嘉应州镇平县（今梅州蕉岭县）。

作为近现代客家籍知名先贤，丘逢甲也是著名的爱国诗人、教育家，与黄遵宪、丁日昌、何如璋并称为"岭东四先生"。1905年，他替已逝的师友黄遵宪主持东山初级师范学堂建成后第一批招生工作，主持学务，居功甚著。

丘逢甲一生热衷教育，堪称近代最有声望的广东教育家之一。他24岁中进士，被钦点为工部虞衡司主事。但他不想做官，回到台湾从事教育和修志工作，曾主讲于台中宏文书院、台南崇文书院、嘉义罗山书院等地。在这些教育实践中，丘逢甲改革八股，教授文艺兼讲中外历史，宣讲维新进步思想，成为当时士大夫中富有影响力的人物。

甲午战争爆发后，1895年秋丘逢甲内渡回广东梅县原籍定居，创办学校，推行新学，决定走教育救国的道路。

1897年，他赴潮州出任韩山书院掌教。讲课中，他注意联系实际，"以实学训士""课文外兼讲科学"，向青年学士介绍新思潮和东西方文明。1898年，他主讲潮阳东山书院，又兼任澄海景韩书院主讲，坚持以"新思想及有用之学课士"。

在连年的讲学活动中，丘逢甲深感旧式书院难以造就先进人才，有了自己办学校的念头。

1901年至1904年，他在汕头创办岭东同文学堂，以欧西新法教育青年，以革命维新鼓励士气，开了粤东民办学校的先河，掀起兴办新式教育的高潮，对推动近代社会进步产生了深远影响。

1904年，丘逢甲在家乡镇平县创办了镇平初级师范传习所，培养闽粤赣边区地方小学教师人才。他还派宗人门生到福建的武平、上杭以及广东的兴宁、梅县、五华、平远等地去开办新学，带动粤东办学风气大盛。

丘逢甲创办新学，成绩卓著，深受社会的好评和政府的重视。清末两广总督岑春煊于1906年聘他任两广学务处视学及广州府中学堂监督。不久，他又被拥戴为两广方言学堂监督。1908年，丘逢甲被教育界同人推举为广东省教育总会会长，并受聘两广学务公所议绅。

原载于2023年12月22日《羊城晚报》A7版

编后语

岭南大地承载悠远的历史记忆，也一直涌动着鲜活的时代脉搏。自2018年10月，广东省政协文化和文史资料委员会与羊城晚报携手推出《岭南文史》专栏，迄今已迈过七年之期。这一栏目逐渐成为华南地区持续时间最长、最具影响力的文化历史传播品牌，以扎实的史料钩沉、生动的故事讲述和学术发现，为岭南文化留存了一份立体的档案。该栏目创办之初，即以文史资料走出库房与书房、走向大众为己任，而今《岭南文史拾贝——广东省政协特约专栏文汇（第五辑）》付梓，我们既可以从中见到此番初心的搭成，更欣喜地发现，当代文化建设也日益在主动寻求历史根脉的滋养，连接古今，守正创新。

岭南文化，因地理与历史的双重塑造，形成了自身的品格气质。如果说《岭南文史》栏目创办之初，我们还隐隐有"广东并非文化沙漠"的辨正之意，那么六年后的今天，则可欣慰地取得共识：这里既是古老海上丝绸之路的起点，也是明清以降华夏文化勃兴之地，更是近代中国思想变革的最前沿；岭南之影响，改变中国，及于世界。且今日之广东，正以高度的文化自信自觉，推动岭南文化从"地域现象"向"时代精神"转化。

近年来，全社会空前重视文化传承与文化自信，"文博热""考古热""非遗热"等流行风尚不断兴起，反映出时人寻找自身文化根脉、在与时代对话中走向世界的时代必然，其本质是公众对文化身份认同、提升文化自信的深层需求。《岭南文史》专栏的选题与叙事，恰与此趋势形成共振。本辑当中，专辟出"南粤考古""地域撷珍""广东书院"等章，聚焦对文化遗产保护传承的关注，联动学术机构、文化胜地及代表性传承人，力图呈

现权威而不失鲜活的表达;因应中华人民共和国成立75周年、黄埔军校创建百年等历史节点,选取南粤子弟兵筑路天山、军校"遗珍"遍布羊城等新发现切入叙事,以小见大;而在人物方面,也从英烈先贤、科学名家与南粤水土人文相交织的多侧面选题,勉力为"岭南群英谱"增添更新、更动人的篇章。

  文化的传承,从来不是简单搬运,而要让历史的熹光穿透当代棱镜,折射出新的光谱。回望《岭南文史》这一时段的诸多选题文字及视频,透过那些重见天日的珍闻新知,掩卷而观众多"有心人"风尘仆仆的抉发爬梳,我们愈加感觉到:政协文史工作"亲历亲见亲闻"的"三亲"方式,与主流媒体新闻工作者"脚力、眼力、脑力、笔力"的"四力"要求,在此高度契合,再幸得对文化传承怀着无限热望与厚学的各方人士加持,这才令《岭南文史》的出品有人、有史、有情在,也紧接"地气",不断催生出文化传承发展的崭新动能。

  在人工智能深度介入知识生产的当下,我们理应认识到,欲守护岭南文化的根与魂,让年轻一代在触摸历史温热的同时获得直面未来的文化自觉,必须借技术之翼拓展边界。未来,《岭南文史》专栏将在坚持田野考证、现场访历的基础上,更善用数字化手段建立岭南文化资源索引,通过短视频、数字互动等年轻化载体创新表达,让典籍里的智慧与当代生活产生共振,在技术洪流中为人文精神谋定一些坚实生动的锚点。

  希望这样的持守与探新,能得到互联网时代读者们的会心感知。期待前方有您加入。

编者

2025年6月